Mathew D. Rose

Eine ehrenwerte Gesellschaft

Die Bankgesellschaft Berlin

: TRANSIT

Inhalt

For my daughter Gwyneth Clare Elizabeth

Vorwort

Der Name Bankgesellschaft Berlin steht für die größte Bankenpleite in der Geschichte der Bundesrepublik – und den größten Wirtschaftsskandal, allenfalls vergleichbar mit Enron in den Vereinigten Staaten. Während der Fall Enron von allen Seiten durchleuchtet wird – von der Securities and Exchange Commission, einem Untersuchungsausschuß im Congress, vom FBI und den Medien – bleibt die Bankgesellschaft verhüllt in einem Nebel der Undurchsichtigkeit. Es gibt einen parlamentarischen Untersuchungsausschuß des Berliner Abgeordnetenhauses, eine Sonderermittlungsgruppe der Berliner Staatsanwaltschaft, die Politik schreit nach Aufklärung und Bestrafung und die Medien produzieren Tausende von Artikeln. Bloß im Gegensatz zu Enron, niemand – außer den Tätern selbst – kennt die tatsächlichen Zusammenhänge. Und so soll es bleiben.

Die volkswirtschaftlichen Auswirkungen des Bankgesellschaft-Desasters sind noch längst nicht erkannt. Der Niedergang des Geldinstituts bedeutet nicht nur einen herben wirtschaftlichen Rückschlag für die Finanzen der Stadt Berlin, sondern für das gesamte Wirtschaftsgebiet. Aber die Stadt ist sowieso nicht mehr zu retten. Die Politik und ihre Freunde habe Berlin völlig ausgeplündert. Die Stadt ist finanziell am Boden, und in dieser Situation kommen ihr immer noch weitere offene Rechnungen ins Haus. Es bleibt der Politik nur übrig, Sand in die Augen der Öffentlichkeit zu streuen – nur: irgendwann funktioniert auch das nicht mehr. Die Tatsachen holen die Lügen von Jahrzehnten endlich ein.

Die Ursachen des Niedergangs der Bankgesellschaft sind relativ einfach auszumachen und zu verstehen. Die Politik versucht mit Rhetorik und Täuschung, den Zugang zu den Ursachen zu verhindern. Auch die Mittäter aus der Finanz- und Wirtschaftswelt lenken mit ihrem Fachlatein nur von der Wahrheit ab. Dieses Buch hat ein Ziel: Es will Licht ins Dunkel bringen.

Wer hier pikante Details, wie sie fast täglich häppchenweise in der Presse enthüllt werden, über das Nassauer-Dasein der Bankgesellschaft-Manager sucht, wird enttäuscht sein. Denn diese Details lenken nur vom Wesentlichen – und in diesem Buch geht es um das Wesentliche – ab.

Der Kollaps der Bankgesellschaft stellte die Medien vor immense Probleme. Der von Detail zu Detail springenden Berichterstattung wegen konnte kaum jemand die Geschehnisse in der Bank verstehen. Immer wieder haben normalerweise gut informierte und intelligente Menschen offen erklärt: »Ich begreife nicht, was eigentlich passiert ist.«

Wie gibt man eine Problematik dieser Dimension wieder? Eine Lösung wurde nicht gefunden. Das »Manager Magazin« hat es immerhin einmal mit dem Artikel »Die Spielbank« im April 2002 versucht, verfaßt von einem Team von vier Journalisten: Georg Jakobs, Jörg Schmitt, Thomas Werres und mir. Am Schluß gab es eine gute szenische und atmosphärische Beschreibung der Hintergründe. Leider fehlten noch immer die wichtigsten Unterlagen, die erst später ans Licht kamen. Auch aus der »Kontraste«-Redaktion des Sender Freies Berlin (SFB) heraus haben Ursel Sieber und ich es mit zwei halbstündigen Dokumentarfilmen versucht. Beim zweiten kamen wir eher an den Kern der Sache.

Die Impulse für dieses Buch kamen von Gudrun Fröba und Rainer Nitsche vom Transit Verlag. In dieser Formation, ein kleiner Verlag und sein Autor, ziehen wir wie David ins Feld, um nicht nur einen, sondern gleich mehrere Goliaths herauszufordern – die übrigens mit den Geldern, die sie von der Bankgesellschaft abzwackten, gewappnet sind.

Ich wollte von Anfang an kein »deutsches Sachbuch« schreiben, sondern mich auf eine angelsächsische Tradition beziehen: eine Mischung aus Journalismus, Chronik und subjektiver Wahrnehmung – keine verlogene »deutsche Objektivität«. Das versuche ich seit Jahren in der Bundesrepublik mit dem Ergebnis, daß alle diese angelsächischen Elemente aus meinem Arbeitsergebnis herausredigiert werden: »So schreibt man in Deutschland nicht«, heißt es immer wieder.

Es scheint, daß manche Leute hierzulande es nicht schätzen, einen Journalisten zu haben, der als eine besondere Art von Auslandskorrespondent über ihr eigenes Land in ihren eigenen Medien berichtet. Ich glaube nicht, daß ein Deutscher den notwendigen Abstand zur Aufklärung der vielen Mißstände haben kann. Das hat auch der Verlag so gesehen; nicht ein einziges Mal mußte ich hören: »So schreibt man in Deutschland nicht.«

Ich möchte außerdem Petra Lidschreiber und Reinhard Borgmann vom SFB danken. Ohne sie gäbe es dieses Buch nicht. Sie haben eine konsequente Aufdeckung dieser Bankenaffäre gefordert und gefördert. Einfach war das nicht. Zuerst hatten sie den Mut, mich überhaupt für das ARD-Magazin Kontraste zu rekrutieren. Mich damals zum Sender Freies Berlin zu holen – eine von Klaus Landowskys Hochburgen – war, gelinde gesagt, ein couragierter Schritt, den man heute so nicht mehr nachempfinden kann. Das war damals schon fast eine Revolution – eine Kriegserklärung an die politischen Zustände Berlins, auch im Sender Freies Berlin.

Den ersten »Kontraste«-Beitrag werde ich – und wahrscheinlich alle Beteiligten – nie vergessen. Es war der 1. März 2001. Der Landesfürst Landowsky war erst angeschlagen, keinesfalls entmachtet. Er war immer noch der mächtigste Mann im SFB-Rundfunkrat. Und in diesem ersten Beitrag ging es um Landowsky und eine illegale politische Spende. Als Neuling beim SFB konnte ich den Wirrwarr des Abends zunächst kaum begreifen. Die Hintergründe wurden mir erst später durch einen Artikel der »Süddeutschen Zeitung« klarer.

Zu diesem Beitrag in »Kontraste« sollte zunächst ein Vorbericht in der Hauptnachrichtensendung des Regionalprogramms des SFB, der Abendschau, ausgestrahlt werden. Der wurde dann aber von der Fernsehdirektorin (und CDU-Mitglied) Barbara Groth höchstpersönlich aus dem Programm genommen. Dazu sollte ich hier wohl verraten, daß Frau Groths geschiedener Ehemann niemand anderes ist als Klaus Groth, prominentes CDU-Mitglied und einer der Baulöwen dieser Stadt.

Bei der Abnahme des »Kontraste«-Beitrags, der später, aber am gleichen Abend in der ARD ausgestrahlt werden sollte, stand auf einmal Frau Groth mit einem Fax der Berliner Hypotheken Bank, der Landowsky damals vorstand, in der Hand im Schneideraum. Ein einmaliger Vorgang, denn es war offenbar nie zuvor passiert, daß die Fernsehdirektorin persönlich im Schneideraum anwesend war und noch kurz vor der Sendung auf die Gestaltung eines »Kontraste«-Beitrages Einfluß nehmen wollte. Wir hatten Landowsky und die Bank selbstverständlich vorher mit unseren Vorwürfen konfrontiert. Frau Groth las die Einwände der Bank vor, als ob es ihre eigenen wären, und forderte dementsprechend auch Änderungen im Beitrag. Sie hatte zuvor außerdem den Namen eines Informanten erfahren wollen – ein höchst ungewöhnlicher Vorgang, der selbstverständlich von der »Kontraste«-Redaktion abgelehnt wurde. Lidschreiber und Borgmann wichen vom Inhalt des Beitrags in keinem einzigen Punkt ab. Am Schluß wurde nur ein einziges Wort im Sinne der besseren Verständlichkeit verändert. Der Beitrag ging wie geplant auf Sendung. Ich werde nie vergessen, wie Barbara Groth ihre Niederlage hinnahm und den Schnittraum verließ. Man hörte die unsichtbare Struktur des Senders Freies Berlin zusammenkrachen. Es war ein ohrenbetäubender Lärm – für mich persönlich ein einmaliges Erlebnis. Das war nicht Deutschland, wie ich es seit Jahrzehnten kannte.

Über die nächsten zwei Jahre haben Lidschreiber und Borgmann die Arbeit zur Bankgesellschaft ununterbrochen unterstützt. Während man in der Bundesrepublik endlos über die Zukunft des investigativen Journalismus debattiert, wird diese Form des Journalismus bei »Kontraste« einfach praktiziert – ohne Eitelkeiten, als Selbstverständlichkeit. Was ich Lidschreiber und Borgmann auch hoch anrechnen muß, ist ihre klare Absage an den Scheckbuch-Journalismus. Ihr Motto: »Die Wahrheit kostet nichts«.

Ich möchte mich auch bei Wolfgang Reuter vom »Spiegel« bedanken. Ohne seine Zusammenarbeit und Klarsicht wäre der Fall Bankgesellschaft nie das geworden, was er heute ist.

Ebenso wichtig in der Aufdeckung des Bankenskandals war Olaf Jahn. Kapitel sieben und zwölf dieses Buches sind eine gemeinsame Arbeit mit ihm. Ohne ihn wären sie nie zustande gekommen. Während des Schreibens an diesem Buch stand mir Olaf mit Rat und Tat zur Seite.

Fast sämtliche Fernsehbeiträge bei »Kontraste« und für den SFB wären ohne die Zusammenarbeit mit Ursel Sieber nicht möglich gewesen. An dieser Stelle möchte ich auch (in alphabetischer Reihenfolge) René Althammer, Glenn Becker, Frauke Börner, Oliver Brand, Regina Elbnick, Hermann Engelbrecht, Sarah Harte, Bartholomew La Guma, Steffen Mayer, Anke Naujock, Susanne Opalka, Norbert Siegmund, Kristina Tschenett, Alexandra Tumler und Anna Voth für ihre Mitarbeit bei den Fernsehproduktionen danken.

Von den Print-Medien möchte ich Karl Hermann und Britta Geithe vom »TIP-Magazin« für ihre Unterstützung – besonders in schwierigen Zeiten – danken. Auch an Ralf Schönball vom »Tagesspiegel« wie Michael Sontheimer vom »Spiegel« geht mein Dank für kollegialen Einsatz. Nur dank Rainer Staudhammer von der Dokumentation des »Spiegel« gewannen unsere Artikel in dieser Zeitschrift die Tiefe und Gründlichkeit, die sie brauchten. Die Zusammenarbeit mit Georg Jakobs, Jörg Schmitt und Thomas Werres vom »Manager Magazin« war sehr lehrreich und produktiv. Das Ergebnis schlägt sich auch im Buch nieder.

Bei Professor Johannes Ludwig bedanke ich mich für das Zitat von Erasmus von Rotterdam.

Außerdem möchte ich den Mitarbeitern des Handelsregisters im Amtsgericht Charlottenburg danken, die fast zehn Jahre lang Tausende von Akten für mich herausgesucht haben. Ohne den Rat und die wichtigen Hinweise von Nathalie Altamirano und Theodore Bear wäre dieses Buch inhaltlich ärmer. Und ohne die Unterstützung von Annette Mettendorf hätte es dieses Buch gar nicht gegeben.

Ich möchte weniger dankbar darauf hinweisen, das trotz all ihrer Bekenntnisse zur Aufklärung meine Arbeit von der Berliner SPD und CDU, der Bankgesellschaft, den Landesverwaltungen und der Staatsanwaltschaft systematisch behindert wurde.

Zuletzt möchte ich die Zusammenarbeit von Mitarbeitern der Bankgesellschaft Berlin und vielen anderen, deren Namen ich hier nicht nennen kann, hervorheben und für ihre selbstlose Hilfe – im Bewußtsein, daß diese Mitarbeit existentielle Konsequenzen haben könnte – danken. Sie haben aus der Bankgesellschaft Berlin eine gläserne Bank gemacht. Ihr Mut und soziales Engagement steht im krassen Widerspruch zu der Selbstbedienungs-Mentalität, die zu der gegenwärtigen Katastrophe der Bankgesellschaft geführt hat und fortgesetzt wird. Ein so massives persönliches Engagement dieser Menschen zur Aufklärung dieses Falls hätte ich mir vor zwei Jahren nicht vorstellen können. Solange es solche Menschen in Deutschland gibt, hat dieses Land noch eine Zukunft. Meine allerhöchste Achtung und Dankbarkeit.

Mathew D. Rose, Berlin im Februar 2003

Prolog

Aufstieg der Zwerge

Ende des 17. Jahrhunderts stürzte die damalige Volkswirtschaft Großbritanniens in eine schwere Krise. Ursache war die Produktionsweise von Silbermünzen. Diese wurden noch mit der Schere geschnitten und von Hand geprägt. Dadurch hatten die Silbermünzen leichte Unregelmäßigkeiten in der Form; sie waren weder genau kreisförmig noch wiesen sie an den Rändern eine Markierung auf. Es gab Menschen, die dies ausnutzten und immer wieder kleine Streifen des Münzrandes abtrennten, als Silber verkauften und sich so zu Lasten des Staates bereicherten.

Dies führte mit der Zeit zu einer Entwertung der Silbermünzen und einer Lähmung des Handels. In dieser Situation begannen immer mehr Menschen mit dem »Clipping«, wie man die Praxis des Abschneidens des Münzrandes nannte. Das Land und seine Wirtschaft befanden sich in einer ernsten Krise.

Am Ende des Jahrhunderts stellte die Regierung fest, daß das Gewicht der Silbermünzen nur noch halb so schwer war wie zur Zeit der Prägung. Damit war das Geld des Landes praktisch zur Hälfte entwertet. Um einen Wirtschaftskollaps zu vermeiden, mußte die Regierung für den ursprünglichen Wert der Münzen geradestehen. Neue Münzen mit geprägten Rändern wurde gegen alte, minderwertige eingetauscht. Diese Rettungsaktion bedeutete eine immense finanzielle Belastung für den Staatshaushalt und führte zu einer bis dahin unbekannten Staatsverschuldung.

Geschichte hat die Gewohnheit, sich zu wiederholen, wenn auch in Ausprägungen der jeweiligen Zeit. In Berlin gibt es ebenfalls eine Tradition des »Clipping« – bei der öffentlichen Hand. Viele Zielstrebige, besonders aus Politik, Verwaltung und Wirtschaft, zweigten sich jahrzehntelang ihre Prozente aus öffentlichen Geldern ab. Sie nannten dies Provisionen, Beraterhonorare, Förderungen, Prämien, Aufträge, Versorgungsbezüge oder Vorstandsgehälter. Angesichts einer länger und gieriger werdenden Kette von »Zielstrebigen« hat das »Clipping«, insbesondere in der Kombination von Frechheit und Inkompetenz, beträchtliche Dimensionen angenommen. Heute ist, dank dieser Praxis, das Land Berlin pleite. Zumindest so pleite, wie es ein Bundesland überhaupt sein kann, da, wie Berliner Politiker stolz erläutern, Bundesländer im technischen Sinne nie zahlungsunfähig werden können. Denn hinter ihnen steht die Bundesrepublik Deutschland.

Dies wird den Bewohnern der Hauptstadt allerdings wenig Trost spenden. Die Konsequenzen der Krise sind für sie schon schmerzlich spürbar. Zwar haben die Berliner bisher nur die Spitze des Eisbergs gesehen – aber schon die ist fürchterlich genug: Die Schließung von sozialen oder kulturellen Einrichtungen, der Verfall von Schulen (nicht nur der Gebäude, sondern auch der Unterrichtsqualität), der Abbau von Arbeitsplätzen, hohe Gebühren für Schwimmbäder und vieles mehr. Doch das alles sind erst die Vorboten eines absehbaren, weitaus radikaleren Kahlschlags. Ursache dieses Niedergangs der Stadt und treibende Kraft hinter dieser verheerenden Variante des »Clipping« ist die Berliner Oligarchie. Diese »ehrenwerte Gesellschaft« betrachtet sich selber ganz selbstverständlich als die Elite der Stadt, ihre Kritiker bezeichnen sie ebenso selbstverständlich als »Berliner Filz«.

Die Berliner Oligarchie, hauptsächlich aus dem Westteil der Stadt stammend, hebt sich von der restlichen Gesellschaft nicht nur durch rapide Einkommenssteigerung ab, sondern vor allem durch Negierung jeglicher gesellschaftlicher Verantwortung. Sie hat sich Margaret Thatchers Philosophie zueigen gemacht: »Es gibt keine Gesellschaft. Es gibt nur Individuen: Männer, Frauen und Familien.«

Ein anderer Engländer, Samuel Taylor Coleridge, sah die Gemeinschaft noch anders: »Der Zwerg kann weiter sehen als der Riese, wenn er auf der Schulter des Riesen steht.« Doch die »ehrenwerte Gesellschaft« besteht aus Zwergen, die sich als Elite aus eigener Leistung versteht, die sich ihre Privilegien angeblich selber verdient hat. Gleichzeitig – und das ist das Besondere an ihr – behauptet sie, jahrzehntelang Berlin als Bastion der Freiheit gegen den Kommunismus verteidigt zu haben. Daß die Steuermilliarden aus der Bundesrepublik und die Militärmacht der Vereinigten Staaten hierbei auch noch eine gewisse Rolle gespielt haben, verdrängt sie, wie alles, was ihrem Selbstbewußtsein schaden könnte.

Erfolg bedeutet für die Mitglieder der »ehrenwerten Gesellschaft«, die Macht an sich zu reißen und zu behalten. Sie sind in einer breiten Palette von Ämtern und Berufen zu finden, sie sind Politiker, Vorstände, Aufsichtsratsmitglieder, Banker, Medienchefs, Chefredakteure, Journalisten, Werbemanager, Universitätsprofessoren, Intendanten, Wirtschaftsprüfer, Immobilienentwickler, Chefärzte, Administratoren, Gutachter, Berater, Rechtsanwälte und Richter.

Die Berliner Oligarchie wird kein kulturelles Erbe hinterlassen, nur Schulden – sie hat keine politischen Glanzlichter gesetzt, sondern für den Niedergang der politischen Kultur gesorgt. Willy Brandt war ein Berliner Bürgermeister, den viele nie vergessen werden. Eberhard Diepgen, den am längsten amtierenden Regierenden Bürgermeister der Stadt, möchten die Berliner so schnell wie möglich aus ihrem Gedächtnis streichen. Klaus Wowereit hat offenbar selber vergessen, was es bedeutet, Bürgermeister dieser Stadt zu sein.

Viele Mitglieder der Berliner Oligarchie sind heute geächtet. Sie haben die Finanzen des Landes oder des Unternehmens, dem sie vorstanden, oder auch beides ruiniert. Die großen Männer haben sich als kleine Ganoven entlarvt – in aller Öffentlichkeit. Das stört die übrigen Mitglieder der Oligarchie überhaupt nicht. Ungerührt orientieren sie sich an den Koordinaten der Macht – und verstehen die ganze Aufregung nicht.

Die Berliner Oligarchie präsentiert sich wie ein Mann, der sich seit Jahren nicht gewaschen hat. Er trägt feinsten Zwirn, teuerste Schuhe, seidene Krawatte, englisches Hemd, Schweizer Armbanduhr und war gerade bei einem renommierten Friseur. Aber warum reden die Leute nur über den Gestank?

Diese feine Gesellschaft hat kein Unrechtbewußtsein. Gesetze, einst zum Schutz der Gemeinschaft geschaffen, gelten aus ihrem Rechtsverständnis nur für andere, aber nicht für sie. Sie nutzt sie allenfalls zur Absicherung eigener Privilegien. Die gesellschaftliche Gemeinschaft hat nur ihrem Vorteil zu dienen und ist damit de facto aufgelöst.

Auch das bürgerliche Wertesystem, auf das eine Demokratie sich beruft, ist dieser Oligarchie fremd. Wie der Aristokratie des 18. Jahrhunderts ist ihr größter Feind die Intelligenz. Intelligente Menschen gelten als Herd radikaler Undankbarkeit. Auf deren Widerspruch reagiert die Oligarchie mit Intoleranz und Arroganz. Kritische Geister werden als »Kommunisten von gestern« oder »Ratten von heute« abgetan. Es ist kein Wunder, daß die Bildung – die Basis jeder Demokratie – sich in

Berlin in einem dermaßen desolaten Zustand befindet. Für die Berliner Oligarchie hat das Bildungssystem nichts mit der Zukunft der Gesellschaft zu tun, sondern dient hauptsächlich als Quelle gut bezahlter Posten und Bauaufträge für Freunde und Günstlinge.

In einem wichtigen Punkt unterscheidet sich die Berliner Oligarchie jedoch von der früheren Aristokratie. Sie empfindet keine Pflichten gegenüber der Gesellschaft. Ein Konzept wie »Noblesse oblige« ist ihr völlig fremd. Macht verpflichtet höchstens zur Befriedigung eigenen Dünkels.

Nach ihrer aufopfernden Tätigkeit hat Berlins »ehrenwerte Gesellschaft« eine ausgeplünderte Stadt hinterlassen: eine Stadt mit einer substanzlosen Wirtschaft, mit einer Infrastruktur, die sie sich nicht leisten, und mit einem Schuldenberg, den sie aus eigener Kraft nicht überwinden kann.

Kapitel 1

Bankrott als Vater der Erfindung

Selten wird man von einem Bankenvorstand in dessen Haus eingeladen. Noch seltener, wenn man ein völlig Fremder – am seltensten aber, wenn man Journalist ist. Und das gilt erst recht für ein Vorstandsmitglied, das gerade mit Zivilprozessen und strafrechtlichen Ermittlungen überzogen ist. Doch als ich diesen Banker anrufe, um ihm Fragen zur Bankgesellschaft zu stellen, sagt er spontan: »Es ist einfach unglaublich, was sie hier machen.« Das »sie« wird verächtlich betont, als ob er von der Russenmafia oder der Steuerfahndung redete. Es geht aber um den Vorstand der Bankgesellschaft Berlin und ihre hochdotierten Rechtsanwälte. »Es gibt viel zu erzählen«, fährt er fort, »Kommen sie doch mal vorbei.« Eine Bedingung stellt er aber: niemand darf davon erfahren.

Mich erwartet ein unauffälliger Mensch mittleren Alters, leger gekleidet, nicht affektiert. Er war lange Jahre bei der Bankgesellschaft. Er sitzt zu Hause und läßt die Ereignisse der letzten Jahren vorüberziehen – immer wieder, tagein, tagaus – und versucht zu begreifen. Er ist überzeugt, daß er nichts Falsches gemacht hat, geschweige denn etwas Illegales. Es gibt zwar umstrittene Entscheidungen, die er als Vorstand getroffen hat, von Selbstbereicherung oder kriminellem Handeln kann jedoch nicht die Rede sein.

Daß er mit mir sprechen will – Banker reden gewöhnlich mit Fremden nie über ihr Geschäft –, war ein Zeichen dafür, daß etwas Schwerwiegendes passiert sein mußte. Diese Gesprächsbereitschaft ist seine Reaktion auf Verrat, Enttäuschung und Wut.

Ich treffe ihn in seiner Wohnung. Wir sitzen in seinem Wohnzimmer und trinken Kaffee. Es begegnen sich unmittelbare Bedürfnisse: ich mit meiner Begierde, zu verstehen, er mit seinem Willen, zu erklären. Es ist einer von diesen Grenzmomenten, wo man weniger Journalist und mehr Chronist wird. Inmitten dieser deutschen bürgerlichen Normalität erzählt er seine ungewöhnliche Geschichte.

Plötzlich ist es still im Raum – ich weiß nicht, wie lange schon. Sein Diskurs ist zuende. Nach Stunden des Zuhörens ist mir klar, daß er eine

Schlüsselrolle bei der Aufklärung im Fall Bankgesellschaft spielen würde. Nicht nur, weil er an den wesentlichsten Entscheidungen der Bank maßgeblich beteiligt war, auch wegen seiner emotionslosen Sicht der Dinge.

Obwohl ein Prototyp eines Technokraten geht es diesem Bank-Manager in unserem Gespräch ganz und gar nicht um Nuancen. »Der Kollaps der Bankgesellschaft war nicht ein Produkt der Ereignisse des Jahres 2001«, erklärt er. »Der Niedergang war schon bei der Entstehung der Bank vorprogrammiert.« Nüchtern betrachtet, sei die Bankgesellschaft eigentlich nichts anderes als der Zusammenschluß einer konkursreifen Regionalbank, einer kapitalstarken Sparkasse und einer außerhalb Berlins bedeutungslosen Hypothekenbank gewesen.

Die Bankgesellschaft Berlin entsteht am 1. Januar 1994 durch die Fusion von drei Banken: der Berliner Bank AG, der Landesbank Berlin und der Berliner Hypotheken- und Pfandbriefbank AG (im Bankenjargon »Berlin Hyp«). Mit der freien Marktwirtschaft haben diese Banken wenig Erfahrung.

Eigentlich sind nämlich alle drei staatliche Institutionen. Die Landesbank und die Berlin Hyp gehören zu 100 Prozent dem Land Berlin. Das Land hält außerdem eine klare Mehrheitsbeteiligung an der Berliner Bank von 56 Prozent. Von Institutionen, die sich ergänzen, kann kaum die Rede sein. Die Berliner Bank und Berliner Sparkasse (Vorgänger der Landesbank Berlin) haben jahrzehntelang um die gleichen Kunden und Geschäftsfelder auf demselben Markt, dem abgeschotteten West-Berlin, konkurriert. Der Unterschied liegt in der Unternehmenskultur. Die Landesbank ist strukturiert analog dem öffentlichen Dienst, die Berliner Bank als Aktiengesellschaft hat die Organisationsstruktur einer Privatbank.

Keines der drei Institute ist ein Global Player. Selbst innerhalb der Bundesrepublik spielen sie keine wesentliche Rolle. Es sind drei Regionalbanken, die unter den Fittichen der öffentlichen Hand ein gehätscheltes Dasein geführt haben. Ein langjähriges Aufsichtsratsmitglied der Bankgesellschaft karikiert die Euphorie der Verantwortlichen in Berlin bei der Gründung der Bankgesellschaft so: »Da hat der Sohn des Metzgers die Tochter des Bäckers geheiratet. Und bei der Hochzeit stossen sie aufeinander an mit den Worten: Jetzt haben wir eine Lebensmittelindustrie-Dynastie gegründet.«

Die Banken-Holding ist das Produkt verschiedener Interessengruppen. Jede schachert um die eigenen Vorteile und sichert ihre Pfründe. Keine davon aber denkt an das Interesse der Bank insgesamt oder gar der Berliner Steuerzahler. Eine unternehmerische Strategie gibt es ohnehin nicht. Als Kreditinstitut erscheint die Bankgesellschaft wie zusammengeflickt. Keine gute Voraussetzungen für eine erfolgreiche Geschäftspolitik.

Für den Manager, mit dem ich gerade bei einer Tasse Kaffee rede, ist die damalige Große Koalition Hauptverantwortlicher für das Desaster. »Die Regierung brauchte dringend Geld. Aus der Bankgesellschaft sollte durch Dividenden, Gefälligkeitsgeschäfte und Anteilverkäufe eine Cashmaschine entstehen. Schon die Eingangsbilanzen der Teilbanken stimmten nicht. Sie sind bewußt überbewertet worden – und zwar beträchtlich.«

»Geht Berlin pleite?« Mit dieser Schlagzeile wartet das Springer-Blatt »BZ« am 19. Februar 1995 auf Seite eins auf. Die »BZ«, eine typische Boulevardzeitung in kleinem Format, gilt als Lieblingsblatt und Sprachrohr der Berliner Oligarchie. Wenn die »BZ« aufschreit, hat wieder jemand Berlins Beutegemeinschaft angegriffen oder bloßgestellt.

Ursache des diesmaligen Ärgers ist eine Titelgeschichte im »Spiegel« »Von New York Lernen«. Die »BZ« faßt den siebenseitigen »Spiegel«-Artikel in einem Satz zusammen. »Neue schwere Breitseite gegen Berlin: ›Abenteurer‹ regieren die Hauptstadt, Senatoren ›plündern‹ öffentliche Kassen, Kliniken und Unis stehen vor dem Ruin«. Heute würde jeder in Berlin diesen Satz als schlichte Tatsachenbeschreibung betrachten. Doch damals ziehen die Berliner fröhliche Lügen traurigen Wahrheiten vor. Auf Seite vier derselben Ausgabe kommt die »BZ« ihrer Vasallenpflicht ausführlich nach. Dort wird der Sachverhalt durch ein Interview mit dem damaligen Berliner Finanzsenator Elmar Pieroth (CDU) ins »richtige« Licht gerückt. Die Überschrift sagt schon alles: »Pieroth: Böse Kampagne gegen die Hauptstadt«. Die Reaktion von Pieroth, der einige Verantwortung für den Niedergang der Bankgesellschaft und der Stadt trägt, auf den »Spiegel«-Artikel ist typisch für Berlins »Elite«: Wer sie angreift, schadet der Stadt. Berlin c'est moi – die Denkweise des höfischen Absolutismus.

Das Schandmaul ist in diesem Fall der »Spiegel«-Autor Harald Schumann. Er gilt als einer der kompetentesten und genauesten Redakteure der Zeitschrift, ein gebildeter und scharfsinniger Mensch. Schumann genießt inzwischen auch einen internationalen Ruf als Co-Autor des Buches »Die Globalisierungsfalle«. Sein Resümee damals: Wegen der völlig verantwortungslosen Politik der Großen Koalition steuert das Land Berlin einem finanziellen Kollaps entgegen. Schumann liegt mit seiner Analyse goldrichtig. Ihre Bestätigung erfährt sie nämlich von der glaubwürdigsten Autorität: der Realität.

Die Verhältnisse, die schließlich zum finanziellen Niedergang der Stadt führen, existieren allerdings schon lange vor dem Erscheinen von Schumanns Artikel. Nach der Wiedervereinigung herrscht die West-Berliner Oligarchie plötzlich über die ganze Stadt. Jahrzehntelang haben sie über beinahe unbegrenzte finanzielle Ressourcen aus der Bundesrepublik verfügt. Doch der Wegfall der großzügigen Bundessubventionen aus den Jahren des Kalten Krieges ist für 1995 beschlossen. In Berlin war es nie notwendig, die Techniken der Kapitalverwertung zu erlernen und anzuwenden. Die West-Berliner konnten nicht – und mußten nie – kapitalistisch wirtschaften, sie können nicht »rechnen« nach marktwirtschaftlichen Kriterien. In West-Berlin herrschte ein eigener Realsozialismus.

Schon während des Kalten Krieges entwickelte sich, zwar unterschiedlich akzentuiert, in beiden Stadthälften ein Konsens zwischen der jeweiligen Elite und der beherrschten Klasse: Man saß im gleichen Boot, hatte strukturell gleiche Interessen. Allen ging es gut, der jeweiligen Oligarchie natürlich deutlich besser als dem Rest.

Die Politiker der Großen Koalition benötigen nun Milliarden, um ihr System von Klientelwirtschaft zu erhalten. Dazu zählt der maßlos überbesetzte öffentliche Dienst der Stadt: ein mit Steuergeldern gemästetes, anhängliches Stimmenpotential. Die eigenen Pfründe aufgeben will sowieso niemand. Die schlichte Konsequenz: Die Stadt wird ausgeplündert. Die Politik verscherbelt das »Tafelsilber« der öffentlichen Hand – viele wertvolle Eigenbetriebe und Grundstücke – an »gute Freunde«, selbstverständlich zu für den Steuerzahler ungünstigen Bedingungen. Ein Schattenhaushalt wird geschaffen, in dem Milliarden Schulden sich unsichtbar machen und sogar vermehren können. Immer größere Räder werden gedreht. Projekte, die mit öffentlichen Geldern auf Sand gebaut und ausgebaut werden, wie die städtischen Entwicklungsgebiete (zehntausende Wohnungen und Millionen Quadratmeter Büro- und Gewerbeflächen sollen dort errichtet werden), die den Nachteil haben, daß sie absehbar gar nicht benötigt werden, der Bau einer überflüssigen U-Bahn unter dem Regierungsviertel oder Sporteinrichtungen für Olympische Spiele, die in Berlin gar nicht stattfinden.

Für die regierenden Politiker ist die Bankgesellschaft nicht nur eine Geldquelle, sondern auch ein Prestigeobjekt, das zum damaligen Grössenwahn der Berliner Oligarchie (zum Beispiel die Bewerbung für die Olympischen Spiele 2000 oder das überdimensionierte Flugdrehkreuz Schönefeld) paßt. Die Bankgesellschaft wird auf einen Schlag sechstgrößtes Kreditinstitut der Bundesrepublik – allerdings mit der Ertragskraft einer mittleren Regionalbank. Die Großkoalitionäre, die offenbar nur in Superlativen denken können, schwärmen von einem »Global Player auf den internationalen Finanzmärkten«.

Eine Zusammenführung der Landesbank Berlin mit der Berliner Bank ist übrigens seit Beginn der achtziger Jahre immer wieder erwogen worden, von den Banken ebenso wie von der Politik. Im Jahr 1992 gewinnt die Sache aber an Dringlichkeit – aus verschiedenen Gründen.

Den Anstoß für die Bankenfusion liefert die bedrohliche Schieflage in der schon 1950 von Berlins legendärem Regierenden Bürgermeister Ernst Reuter gegründeten Berliner Bank. Verantwortlich für diese Entwicklung ist der damalige Vorstandssprecher der Berliner Bank, Wolfgang Steinriede. Der gebürtige Münsterländer und leidenschaftliche Jäger pirschte 1987 auf den Vorstandssessel der Berliner Bank. Damals initiierte er ein ehrgeiziges Expansionsprogramm für seine Bank. Doch Investitionen in West-Berlin galten als sehr riskant. An eine baldige Wiedervereinigung dachte zu dieser Zeit niemand. Steinriede brauchte große Kunden, die viel Geld von seiner Bank leihen würden, um das Kreditgeschäft auszuweiten. Diese Kunden gab es aber nur in Westdeutschland.

Allerdings war der westdeutsche Kreditmarkt schon längst unter den großen Banken aufgeteilt. Es blieben für eine Regionalbank wie die Berliner Bank, die rasch wachsen wollte, nur stark risikobehaftete Kunden. Steinriede, der als kompetenter Bankchef galt, wich dennoch nicht von seinen Expansionsplänen ab. »Er wurde beratungsresistent«, erinnern sich frühere Mitarbeiter. Steinriedes Bemühungen um die Ausweitung des Kreditgeschäfts endeten im Desaster. Es gab kaum eine Großpleite in den Folgejahren ohne Beteiligung der Berliner Bank: der Sportbodenhersteller Balsam-Procedo, der CD-Hersteller Pilz, die Lebensmittelkonzerne Moksel und März, das Bauunternehmen Maculan. Die Berliner Bank, deren Abkürzung BB war, wurde in Branchenkreisen spöttisch als »Banque de Blamage« bezeichnet.

Die Berliner Bank geriet zwangsläufig in eine Krise. Eine kurze Verschnaufpause erhielt Steinriedes Bank dank der inzwischen überraschend stattgefundenen Wiedervereinigung und durch die Treuhand. Sie verkaufte der Berliner Bank im Jahr 1991 die Berliner Stadtbank der Ex-DDR zu einem außerordentlich günstigen Preis. Insider reden von einer politischen Intervention. Leidtragender war der Steuerzahler, da die Treuhand auf Millioneneinkünfte verzichtet hatte. Der Bundesrechnungshof kritisierte das Geschäft heftigst – allerdings erst fünf Jahre später.

Steinriede setzte nun seine katastrophale Geschäftspolitik unerschrokken fort. Das Ergebnis für die Berliner Bank war eine ernsthafte Notlage, die erneut eine Kapitalaufstockung nötig machte. Doch die Landeskasse war schon überstrapaziert. Der Politik, die immer wieder in die Tasche greifen mußte, um Kapitalerhöhungen der Berliner Bank zu finanzieren, war das zu viel. Die Bank sollte Berlins Beutegemeinschaft finanzieren und nicht umgekehrt. Durch die Bankenfusion sollte die Schieflage der Berliner Bank verschleiert werden. Mit den prallvollen Koffern der Landesbank ließe sich die Misere der Berliner Bank wunderbar kaschieren. Und so könnte sich die Große Koalition eine politische Blamage ersparen.

Die Landesbank Berlin war im Jahr 1990 aus der Fusion der West-Berliner und Ost-Berliner Sparkassen entstanden. Auf dem kleinem Terrain Berlins hatte die Sparkasse Berlin jetzt mehr als eine Million Konten, eine traumhafte Situation für eine Bank. Durch ihre vorsichtige Geschäftspolitik hatte die Landesbank immense Reserven angehäuft. Diese Reserven sind es, die die Berliner Regierung und Steinriede mit der Fusion vereinnahmen wollen. Das ist kein Geheimnis. In einem internen Exposé des damaligen Wirtschaftssenators Norbert Meisner (SPD) wird als eine der wichtigsten Zielsetzungen der Bankgesellschaft genannt, daß der »Landeshaushalt mit Blick auf sonst notwendige weitere Kapitalzuführungen nicht in Anspruch« genommen wird. Es kamen nur die Reserven der Landesbank Berlin in Frage.

Ein weiterer Bankvorstandsvorsitzender schmiedet damals seine eigenen Pläne für die Bankgesellschaft: Klaus Landowsky, Chef der Berlin

Hyp und mächtiger CDU-Landesfürst. Landowsky, sagen viele, regiert die Stadt. Seine Herrschaftsformel ist von schlichter, aber wirksamer Qualität: er sitzt an allen wesentlichen öffentlichen Geldquellen der Stadt; wer etwas davon haben will, kommt an Landowsky nicht vorbei.

Landowsky ist CDU-Fraktionsvorsitzender im Berliner Abgeordnetenhaus. Er leitet eine Bank, die Milliarden zu vergeben hat. Er ist Teil des festen Mobiliars im Stiftungsrat der Deutschen Klassenlotterie Berlin, der jährlich Millionen zu verteilen hat. Außerdem gibt es eine Reihe anderer Posten, die er besitzt, alle ausgestattet mit Macht und Einfluß. Obwohl nur eines von vielen Mitgliedern im Rundfunkrat des SFB, macht es den Eindruck, als ob er den Sender als sein persönliches Instrument betrachtet. Nichts scheint ohne Landowskys Segen zu laufen. Eine Mitarbeiterin pflegte zu erzählen: »Unter Landowsky hatten wir die Freiheit zu senden, was wir wollten – solange wir diese Freiheit priesen, aber nie in Anspruch nahmen.«

Landowsky braucht die Bankgesellschaft. Der Berliner Pfandbrief-Bank, der er schon jahrelang vorsteht, bricht mit dem Wegfall des Berlinförderungsgesetzes nach der Wiedervereinigung die Refinanzierung und die Geschäftsgrundlage – und damit ihre Existenzberechtigung – weg. Um diese zu retten, wird das Förderinstitut Pfandbrief-Bank, die kaum Erfahrung im Bankenwettbewerb hat, 1992 als Aktiengesellschaft in eine landeseigene Hypothekenbank und damit in eine Geschäftsbank umgewandelt. Kapitalstark ist die neue Berlin Hyp jedoch nicht. Landowsky weiß nur allzu gut: ohne Geld kein Einfluß. Die Berlin Hyp muß deshalb schnell wachsen und kapitalkräftig werden. Er sieht die Lösung bei der Berliner Bank, die eine Mehrheitsbeteiligung an der Braunschweig-Hannoverschen Hypothekenbank besaß. Die »Braune Hanne«, wie sie hieß, ist weitaus größer, substanzkräftiger und vor allem erfahrener als die Berlin Hyp. Nach der Fusion zur Bankgesellschaft soll jedoch die kleine Berlin Hyp die größere Braune Hanne beherrschen. Der neue Chef wird Klaus Landowsky heißen. Damit wird ein Provinzpolitiker zum Vorstandsvorsitzenden einer wichtigen Hypothekenbank, und das, obwohl es genügend Zweifel an seiner Kompetenz als Banker gibt. Als Bankchef kann Landowsky Gelder freisetzen für seine wichtigste politische Basis – die Berliner Großbauunternehmer –, die nach dem Wegfall der Berlinförderung eine neue Quelle für frisches Kapital dringend benötigt.

Aber auch Politiker der Berliner SPD schachern bei der Schaffung der Bankgesellschaft mit, um die einen oder anderen Pfründe zu sichern. Es gibt eine Reihe von Sozialdemokraten, die sich im Vergleich zu ihren CDU-Kollegen bisher als Akademiker und Parteifunktionäre mit einem eher mageren Dasein begnügen mußten. Nun träumen auch sie davon, mit dem Hauptstadtboom Anfang der neunziger Jahre das große Geld zu verdienen. Die Gründung der Bankgesellschaft, aber auch die Privatisierung der Eigenbetriebe des Landes Berlin ermöglichen vielen die Erfüllung dieses Traumes. Dazu zählen: der Politologe Walter Momper, der Historiker und Kindererzieher Wolfgang Nagel, der promovierte Theologe Norbert Meisner, der Historiker Ditmar Staffelt, der Diplom-Verwaltungswirt Horst-Achim Kern und der Wirtschaftswissenschaftler Joachim Niklas. Momper, Kern und Nagel steigen ins Immobiliengeschäft ein. Staffelt betätigt sich im kommunalen Anlagegeschäft. Niklas wird Vorstandsmitglied von Berlins chronisch defizitärem öffentlichen Verkehrsbetrieb BVG. Meisner avanciert zum Manager bei der zwischenzeitlich insolventen Berliner Firma Herlitz, deren Hausbank die Landesbank Berlin ist. Mit der Schaffung der Bankgesellschaft im Jahr 1994 sitzen Meisner, Nagel, Staffelt, Niklas (alle bei der Landesbank) und Kern (Berliner Bank) in Aufsichtsräten der Bankgesellschaft.

Zu den Hauptantreibern der Fusion zählt Edzard Reuter. Er will mit der Schaffung der Bankgesellschaft die Arbeit seines verstorbenen Vaters vollenden und sich selber zusätzlich zu seiner Funktion als Chef von Daimler-Benz einen weiteren Stern vom Himmel holen als Aufsichtsratsvorsitzender der Bankgesellschaft. Außerdem profiliert er sich mit der Bankgesellschaft und Daimlers Engagement auf dem Potsdamer Platz als Hauptstadt-Visionär – wichtig für einen Mann, der damals sogar als Kandidat für das Amt des Berliner Regierenden Bürgermeisters gehandelt wird.

Die einzigen Zögernden sind die Vorstandsmitglieder der Landesbank Berlin. Als Landesbank hatte das Geldinstitut die Grenzen des öffentlich-rechtlichen Regionalprinzips der Sparkassenorganisation abgestreift und konnte prinzipiell national und international tätig werden. Das Geldinstitut will selber groß rauskommen. Doch die Umstellung fällt ihr schwer. Qualifizierte Führungskräfte sind in dem wirtschaftlichen Aufschwung nach der Wiedervereinigung schwer zu bekommen. In einem

Bereich aber lehnt sich die Landesbank weit aus dem Fenster: Immobilien. Die Landesbank will über das klassische Immobilienfinanzierungsgeschäft hinausgehen und selbst in das Bauträgergeschäft samt Immobilienfonds einsteigen. Eine folgenschwere Entscheidung.

Der Landesbank-Vorsitzende Hubertus Moser gilt als solider Sparkassen-Mann vom Scheitel bis zur Sohle. Er hat jedoch eine schicksalhafte Schwäche, erzählen frühere Kollegen. Er träumt davon, Vorsitzender einer großen Bank zu werden, scheiterte jedoch in seinem Versuch, die Berliner Sparkasse West mit der Deutschen Girozentrale (DGZ) zu fusionieren. Da bleibt die geplante Bankgesellschaft als letzte Aufstiegschance.

Es gab allerdings anderswo Bedenken: beim Berliner Landesrechnungshof. Der Rechnungshof stellt viele richtige Fragen. Er will wissen, wie die Landesbank Berlin, und damit das Land Berlin, gegen die Verluste der restlichen Holding abgesichert wird. Er weist auch darauf hin, daß trotz einer Mehrheitsbeteiligung an der Bankgesellschaft die Interessen des Landes »nur in begrenztem Umfang durch die Berliner Vertreter in den Organen beeinflußbar sein« werden. Vor allem würde die Kontrolle des Landesrechnungshofs ausgeschaltet. In seinem Schriftverkehr mit der Senatsverwaltung für Wirtschaft und Technologie beschwert sich der Rechnungshof schon damals immer wieder wegen fehlender Informationen zur Fusion der Bankholding. Doch Berlins Politik ließ den Rechnungshof – wie so oft – auflaufen. Die Bankgesellschaft wurde ohne Risiko-Absicherung der öffentlichen Hand gegründet.

Aus diesem Geflecht von verschiedenen Eigeninteressen kann keine starke und wirtschaftlich erfolgreiche Bank gebildet werden. Es entsteht kein Konzern, sondern ein schwaches Dach, unter dem die Landesbank, die Berliner Bank und die Berlin Hyp miteinander konkurrieren. Dazu kommt sogar noch eine vierte Bank. Die Bankgesellschaft hatte nicht nur die Holding-Funktion, sondern betätigte sich selbst in Investmentbanking: dem Handeln mit Wertpapieren und Unternehmensbeteiligungen. Damit gibt es ein viertes Geldinstitut, das um die Ressourcenzuteilung kämpfen muß.

Über die Fehler bei der Fusion gehen die Meinungen früherer Manager der Landesbank und der Berliner Bank heute noch völlig auseinander. Doch in einem stimmen alle überein: Bei der Bewertung der Teilbanken sei manipuliert worden. Die Große Koalition habe nur eins im

Auge gehabt: an der Bank viel Geld zu verdienen. Dazu war ein hoher Aktienwert notwendig, um später die Aktien des Landes teuer verkaufen und mit dem Erlös das Haushaltsdefizit stopfen zu können.

Um den Aktienwert der neuen Bankgesellschaft festzustellen, müssen vorher die drei zu fusionierenden Banken bewertet werden. Dafür haben die Wirtschaftsprüfer jeder Bank ihre Bewertung vorzulegen. Diese Berechnungen erstellen die BDO Deutsche Warentreuhand AG für die Landesbank, die Deutsche Baurevision AG für die Berlin Hyp und die KPMG Deutsche Treuhand-Gesellschaft AG für die Berliner Bank nach den Vorgaben der Investmentbank Goldmann Sachs, die die Fusion vorbereiten soll. Diese Bewertung gerät zur Farce. Die Kriterien der Wirtschaftsprüfer sind nach Ansicht maßgeblicher Mitarbeiter der Bank von »oben« vorgegeben und als Wertmaßstab nicht tauglich. Allen drei Banken werden zum Beispiel überhöhte zukünftige Erträge zugemessen, die der Realität eindeutig nicht entsprechen.

Bis vor einigen Jahren galten Wirtschaftsprüfer als über alles erhabene Größen. Heute ist der Ruf von Wirtschaftsprüfungsgesellschaften weltweit ramponiert. Dafür hat nicht nur die Enron-Affäre in den USA samt Verwicklung der Wirtschaftsprüfungsgesellschaft Arthur Andersen gesorgt, sondern auch die hiesigen Skandale um verschiedene betrügerische Vorstände, deren »Erfolg« auf Gutachten und testierten Bilanzen der führenden Wirtschaftsprüfungsgesellschaften der Bundesrepublik basierte. Es gibt in Berlin die doppeldeutige Formel »Gutachten und Jahresabschlußberichte werden bestellt«.

Die Wirtschaftsprüfungsgesellschaften leisten bei der Entstehung der Bankgesellschaft ihren ersten Beitrag zum späteren Debakel der Bank. Sie tragen über all die Jahre eine wesentliche Verantwortung für den finanziellen Zusammenbruch der Bankgesellschaft. Gutachten, Beurteilungen und Bewertungen fallen häufig im Interesse der Politik und der Bankenvorstände, nicht im Interesse des Steuerzahlers und der Kleinaktionäre aus. Warnungen über Mißstände und Fehlentwicklungen werden übersehen, manchmal sogar bewußt unterschlagen.

Die Wirtschaftsprüfer der KPMG, die über Jahre hinweg Jahresabschlüsse der Berliner Bank großzügig testiert hatten, bewerten Steinriedes marodes Institut zunächst nur knapp unter dem Wert der Landesbank. Die Investmentbanker von Goldmann Sachs vollenden den fragwürdigen Bewertungsprozeß. Sie werten die Landesbank aus kalkulatorischen Gründen ab. Nun steht die Berliner Bank als wertvollerer und damit als Seniorpartner da, und es werden ihr daher eine Mehrzahl der Vorstandsposten in der neuen Bankgesellschaft eingeräumt.

Zufall ist das nicht. Die Berliner Bank galt als CDU-nah, genau wie die Landesbank als SPD-nah. Der Proporz der Großen Koalition wird auf die Bankgesellschaft übertragen. Wie so oft geht es bei der Bankgesellschaft nicht um die Schaffung eines finanziell potenten Geldinstituts, sondern um politische Vorteile. Diese Ausgangskonstellation hat verheerende Auswirkungen.

Während der Eindruck, übervorteilt zu werden, beim Vorstand der Landesbank wächst, gießt Steinriede weiteres Öl ins Feuer. In einem Interview mit der »Frankfurter Allgemeinen Zeitung« vom 15. April 1993 erklärt er »bei allem Expansionsstreben ... (hat) der Vorstand der künftigen ... Holding offenbar nicht die Absicht, seine Risikopolitik zu ändern.«

Der Vorstand der Landesbank läuft Sturm. Am 23. April 1993 schreibt Moser an Reuter, der dem für die Fusion federführenden Lenkungsausschuß vorsteht. In seinem Brief beschreibt er die ganze Problematik. Außerdem läßt er Reuter wissen, daß im Jahr 1996 bei der Bankgesellschaft ein Kapitalbedarf von rund 1,9 Milliarden Mark wegen Risiken der Berliner Bank entstehen würde. »Dies wäre allerdings eine Entwicklung, die ich ggf. als Mitglied im Vorstand der Holding nicht mittragen würde.« Reuter und Goldmann Sachs geben nicht nach. Goldmann Sachs weiß sich jedoch rechtlich abzusichern, indem die Berater in ihrem »Final Draft« zur Bankenfusion vom 22. September 1993 erklären, »... wir sind keine Experten in der Beurteilung von Kreditportfolios oder diesbezüglicher Wertberichtigungen.« Ein cleverer Schachzug. So kann man sich selber von der Verantwortung und dem möglichen Vorwurf des Betrugs freisprechen – und gleichzeitig, laut einem vertraulichen Bericht der Landesbank, ein nettes Honorar von drei Millionen Mark sichern.

Auch die Berliner Politik – Moser hat Meisner als für die Fusion federführenden Senator eine Kopie seines Briefes an Reuter zukommen lassen – geht auf die Argumente der Landesbank nicht ein, sondern löst das Problem auf eigene Art. Am 3. Dezember 1993, knapp einen Monat vor der Fusion, verabschiedet das Berliner Parlament ein Gesetz über die Errichtung der Landesbank Berlin / Girozentrale (Paragraph 6, Abs. 5). Danach ist der Vorstand der Landesbank weisungsgebunden und muß der Fusion zustimmen – ein einmaliger Vorgang in der Bundesrepublik. Man schafft sich ein Gesetz, um damit ureigene Interessen durchzusetzen.

Der Berater der Landesbank Berlin bei der Fusion und ehemalige Vorstand der Hessischen Landesbank, Josef Meyer, ist immer noch überzeugt, daß die Fusion ein Fehler war: »Es ist wohl kein Geheimnis, daß ich – ich persönlich – letztlich unter den dann gegebenen Bedingungen nicht für diese Art des Zusammenschlusses plädiert hätte. Ich hätte als Vorstand das nicht abgeschlossen – aus … Erwägungen, die aber auch letztlich in die Bewertungsfragen hineingehen.«

Zur Mannschaft der kollektiven Verantwortungslosigkeit, die die Bankgesellschaft ermöglichte, gehört auch das damalige Bundesaufsichtsamt für das Kreditwesen. Dafür zuständig war unter anderen ihr Mitarbeiter des Grundsatzreferats Jochen Sanio, mit dem die Berliner im Jahr 1993 Fragen zur Haftung der öffentlichen Hand und Konstruktion der Bankgesellschaft erörterten. Sanio, später Präsident des Bundesaufsichtsamt für Kreditwesen und seines heutigen Nachfolgers, der Bundesanstalt für Finanzdienstleistungsaufsicht, sollte später eine entscheidende Rolle in der Geschichte der Bankgesellschaft spielen.

Gewinner bei der Gründung der Bankgesellschaft ist die Berliner Große Koalition. Fast eine Milliarde Mark fließen kurz darauf in die Landeskasse, als das Land Berlin aus ihrem Aktienpaket einen zehnprozentigen Anteil der Bankgesellschaft an die Norddeutsche Landesbank (Nord/LB) veräußert. Heute sind diese Aktien fast wertlos, und die Nord/LB hat den größten Teil in der Zwischenzeit abgeschrieben.

Schon bei der Entstehung der Bankgesellschaft seien die Weichen gestellt worden, sagt mein Gesprächspartner, »die Bankgesellschaft Berlin lief mit viel Feierlichkeit vom Stapel und nahm wie die Titanic Kurs auf einen Eisberg.«

Die Dämmerung bricht ein. Als ich meine Sachen zusammenpacke, um zu gehen, räumt mein Gastgeber wortlos das Kaffeegeschirr auf ein Tablett. Auf dem Tablett triumphiert die Rationalität: alles optimal sortiert und gestapelt. Die symbolische Entsprechung seiner klaren Aussagen in den vergangenen Stunden …

Kapitel 2

Die Ausplünderung beginnt

Am Abend des 7. Januar 1994 strömen trotz klirrender Kälte scharenweise Gäste ins Schauspielhaus am Berliner Gendarmenmarkt. Eintausendfünfhundert Damen und Herren wollen sich einen historischen Augenblick nicht entgehen lassen: Die Feier zur Gründung der Bankgesellschaft Berlin. Eigentlich ist das Schauspielhaus am Gendarmenmarkt gar kein Schauspieltheater, sondern ein Konzerthaus. Gebaut von Karl Friedrich Schinkel und im Jahr 1821 als Königliches Schauspielhaus eröffnet, wurde das Gebäude im Zweiten Weltkrieg dank der Bemühungen der Alliierten und der SS in Schutt und Asche gelegt. Als das Haus von der DDR-Regierung wiederaufgebaut werden sollte, wurde entschieden, daß Ost-Berlin genügend Theater hätte und eher ein Konzerthaus benötigte. Als solches im Jahr 1984 wiedereröffnet, war die Fassade Original Schinkel. Die Innenarchitektur und Dekoration blieben nur zum Teil Schinkel, ergänzt durch Bereiche mit sogenanntem »nachempfundenen« Schinkel.

Die Symbolkraft des Orts dieser Gründungsfeier ist unübersehbar, auch wenn sie wohl keiner der Anwesenden bemerkt: Die Gründung einer Bank, die keine Bank ist – ihr Ziel ist alles andere als Gewinn zu erwirtschaften –, in einem Schauspielhaus, das keines ist. Außer vielleicht an diesem Abend, an dem hier eine großartige Farce uraufgeführt wird.

»Wir werden also nicht unsere Gewinne aus Berlin in Nordrhein-Westfalen und Bayern zu Markte tragen, sondern endlich hier kräftige Steuerzahler haben«, verkündet Landesfürst Klaus Landowsky dem Fernseh-Journalist von der SFB-Abendschau zum Thema Bankgesellschaft: »Und das ist ein riesiger Vorteil für die Banken, aber auch für die Steuerzahler und für das Land Berlin als Mehrheitsgesellschafter.« Daß die Vorteile der Bankgesellschaft tatsächlich Landowsky, seinen Seilschaften und ihresgleichen zugute kommen würden, erwähnt Berlins Pate nicht. Das Fernsehbild ist übrigens ebenso irreführend wie Landowskys Aussage. Obwohl Landowsky nicht gerade von großer Statur ist, suggeriert der Aufnahmewinkel der Abendschau-Kamera, wie damals immer bei Landowsky, das Gegenteil. »Früher hieß es, wir hätten nur kleinwüchsige Kameramänner«, feixt heute ein SFB-Mitarbeiter, »doch beim SFB war es üblich, daß Redakteur und Kameramann ihre Interviews mit Landowsky knieend führten.«

An jenem Abend im Schauspielhaus sind alle dabei, die in der Stadt Rang und Namen haben. Auch aus dem Westteil der Republik ist viel Prominenz angereist. Die Spitzen der Gesellschaft sind unter sich. Politiker, Bankiers und Manager begießen das neue Geldhaus, das in der Liga der ganz großen Geldinstitute mitspielen soll. Die Bankgesellschaft ist im wahrsten Sinne ihre Bank. Sie werden unmittelbar von der Bank profitieren: Sie werden in Aufsichtsräten sitzen, einmalige Immobilienfonds erwerben, Kredite erhalten (viele werden nicht zurückzahlt) und mehr. Nachdem die Bank ausgeplündert ist, wird die Rechnung dem Steuerzahler präsentiert – eine schöne Tradition, die man bereits an diesem ersten Abend einübt.

Die Feier wird, wie es sich geziemt, zum größten Teil vom Berliner Steuerzahler als 67-prozentigem Inhaber der Bank finanziert. Viele der Eingeladenen gehören allerdings schon längst nicht mehr zu den (Einkommens-) Steuerzahlern – dank der immensen Steuerersparnisse aus Immobilienfonds, deren Anteile sie vorher schon von der Bank erworben haben.

Nach einigen ersten Cocktails eröffnet das Berliner Sinfonie-Orchester die Feier mit Anton Dvoraks Symphonie Nummer 9 in E-Moll, die den Namen »Aus der Neuen Welt« trägt. Der damalige Regierende Bürgermeister Eberhard Diepgen erklärt, die Wahl dieses Stücks sei »ein richtungsweisender Einstieg in eine Neue Welt«. Diese neue Welt, die Diepgen und die politische Klasse Berlins ansteuern, beschreibt er dann, unfreiwillig prophetisch, so: »Wenn unsere Gesellschaft … versagt und nur noch ein einziges gemeinsames Ziel übrig bleibt, nämlich möglichst rasch möglichst reich zu werden, wird die Politik immer ungezügelteren Egoismen ausgesetzt, und werden die Politiker nur noch von einem Wolfsrudel der Interessen getrieben.« Nach dem exquisiten Buffet gibt es um Mitternacht ein Feuerwerk.

Der Vorstand der Bankgesellschaft erwies sich nie als knauserig, wenn es darum ging, Gelder der Bank für sich und seine Seilschaften auszugeben. Unangefochtener Meister in dieser beliebten Disziplin war Klaus

Landowsky. Typisch dafür sind die finanziellen Zuwendungen der von ihm gemanagten Bank für jene Privatclubs, in denen Landowsky und andere Bankmanager zufälligerweise Mitglied waren.

Dazu gehört zum Beispiel der »Lawn-Tennis-Turnier-Club Rot-Weiß«. Besser bekannt als »Rot-Weiß«, liegt er in der Berliner Nobelgegend Grunewald. Wenn der Club dringend Geld braucht, findet Landowsky immer eine Lösung – mal beim Land, mal bei der Lottostiftung, mal bei der Bankgesellschaft.

Jahrelang war die Lufthansa Hauptsponsor des »German Masters«-Tennisturniers für Frauen, das jährlich bei »Rot-Weiß« stattfand. Das internationale Turnier verlieh dem etwas provinziellen Club einen Hauch Prestige und Glamour. Vor der Wende nutzte die Fluglinie damit eine Chance, in West-Berlin Flagge zu zeigen, weil ihre Maschinen die Mauerstadt nicht anfliegen durften. 1992 hatte sich die Situation verändert, die Lufthansa durfte die Flughäfen der Stadt nach der Wiedervereinigung wieder ansteuern. Außerdem steckte die Fluglinie in einer Finanzkrise. Nach den »German Masters« 1992 stieg die Lufthansa als Hauptsponsor des Turniers aus. »Rot-Weiß« saß auf dem Trockenen.

Klaus Landowsky fand die Lösung für seinen Club. Obwohl es 1993 die Bankgesellschaft noch gar nicht gab, entschieden sich die Berlin Hyp, die Landesbank Berlin (beide hundertprozentig im Eigentum des Landes) und die Berliner Bank (mit einem Mehrheitsanteil des Landes), als Dreierriege neuer Hauptsponsor des Turniers zu werden. Es dürfte dabei kaum geschadet haben, daß Landesbankchef Moser und einige Vorständler der Berliner Bank »Rot-Weiß«-Mitglieder waren. 1994 übernimmt dann die neue Bankgesellschaft die Rechnung. Zuletzt zahlt das Institut 522.000 Euro allein für das Jahr 2002. Erst in diesem Jahr, nachdem der Steuerzahler die Bank mit einem Milliardenzuschuß ausgestattet und nicht ganz freiwillig für weitere Milliarden gebürgt hatte, sollte den Vorstand der Bankgesellschaft die Eingebung überkommen, daß es zeitgemäß wäre, diesen Sponsorenvertrag ab 2003 zu kündigen.

Nach der Gründung der Bankgesellschaft ist »Rot-Weiß« für Landowsky und seine Freunde aus der Bank offensichtlich nicht mehr mondän genug. Trotz der schönen Lage am Hundekehlesee wirkt das Clubgelände verbaut. Die Ausstattung des Restaurants, obwohl mit einem Michelin-Stern geadelt, mutet an wie eine teure Ausführung der typischen Berliner Eckkneipe. Auch dem Namen »Grand Slam« fehlt die notwendige internationale Würde. Denn die Banker drängt es sehr aus dem farblosen Berliner Alltag. Clubs wie »Rot-Weiß« (oder die Konkurrenz von »Blau-Weiß«) scheinen den selbsternannten Global Players von der Bankgesellschaft nicht mehr standesgemäß. Landowsky und seine Vorstandskollegen sind schließlich nicht mehr nur Chefs von irgendwelchen Provinzbanken. Sie stellen plötzlich den Vorstand der sechstgrößten Bank der Bundesrepublik Deutschland. Für sie muß ein neuer Club her …

Am 29. April 1994 wird der »International Club Berlin« gegründet. Die Liste der Gründungsmitglieder spiegelt weniger internationales Flair wieder als vielmehr das gewohnte Bild der miefig-piefigen Berliner Oligarchie. Von den fünfundreißig Namen gehören sieben zur Bankgesellschaft. Deren gesamter Vorstand ist vertreten: Hubertus Moser, Wolfgang Steinriede, Klaus Landowsky, Knut Fischer, Hans Leukers, Karl Lotter und Leopold Tröbinger. Ansonsten waren sowohl der gewohnte Tross von Berufspolitikern aus CDU und SPD vertreten, wie der damalige SPD-Fraktionsvorsitzende im Berliner Abgeordnetenhaus Ditmar Staffelt, der CDU-Bundestagsabgeordnete und Landowsky-Vertraute Dankward Buwitt, der damalige parlamentarische SPD-Fraktionsgeschäftsführer im Abgeordnetenhaus, Achim Kern, sowie einige der üblichen Matadore der Berliner Wirtschaft. Landowsky wird stellvertretender Vorsitzender, Diepgen Ehrenpräsident. Selbstverständlich sucht die Berliner feudale Elite ritterlichen Kontakt zu anderen Adligen: Kein geringerer als der Prince of Wales wird zum Ehrenmitglied geschlagen.

Dank der Bemühungen von Berlins CDU und SPD erhält der »International Club Berlin« ein standesgemäßes Domizil: den früheren Offiziersklub der britischen Besatzungstruppen. Es gibt nur ein Problem: das Gelände gehört dem Bund. Dafür muß Eberhard Diepgen sich beim Bundeskanzler einsetzen. In einem Fax wird der Bundeskanzler über die Lage informiert. Ihm wird versichert, daß für die Finanzierung schon gesorgt ist: »Die Bankgesellschaft garantiert die finanzielle Grundausstattung des Clubs (ca. 1,5 Millionen DM pro Jahr).« Daraufhin wird das Clubgelände in einem Immobilientausch an das Land Berlin übertragen. Für die Nutzung des Geländes samt Clubhaus, Schwimmbad und Tennisplätzen verlangt der Berliner Senat – einige deren Mitglieder und Parteifreunde waren auch Clubmitglieder – selbstverständlich nur einen

Spottpreis, kaum mehr als die Pacht für ein Kleingartengelände. Die Öffentlichkeit schreit »Foul« – wahrhaftig eine Seltenheit in dieser Stadt –, und die Pacht wird daraufhin erhöht, bleibt jedoch immer noch sehr günstig.

Der Club spielt eine unauffällige, jedoch wichtige Rolle bei der Bank. Unter den Mitgliedern befinden sich nicht nur Politiker und Banker, sondern auch andere wichtige Mitspieler beim Niedergang der Bankgesellschaft: die Berliner Bau-Mafia, viele andere Großkreditnehmer der Bank und Wirtschaftsprüfer von Price Waterhouse Coopers, KPMG Deutsch Treuhand-Gesellschaft, BDO und Arthur Andersen. Hier in einer gepflegten, abgeschirmten Umgebung sammeln sich die Hauptakteure abseits des Protokolls und der Öffentlichkeit.

Während der Vorstand der Bankgesellschaft sich intensiv um diverse Clubs kümmert, geht es in der Bank selber drüber und drunter. Nur wenige Tage vor der Gründung des »International Club« gibt es erste Anzeichen, daß in einer Teilbank, der Berlin Hyp, nicht alles in Ordnung ist: Knapp vier Monate nach der Entstehung der Bankgesellschaft fliegen die Immobilienbetrügereien des Dr. Jürgen Schneider auf. Am Ende des imposanten Reigens von betrogenen Banken steht die Berlin Hyp. Zu einem Zeitpunkt, als sich andere Banken weigerten, an Schneider weitere Kredite zu vergeben, finanzierte die Berlin Hyp dem Baulöwen drei Immobilien für rund 315 Millionen Mark. Das größte dieser Engagements der Berlin Hyp war die ehemalige Französische Botschaft in Berlin-Mitte. 1992 hatte Schneider die Immobilie für 121 Millionen Mark von der Firma »Wagon Lits« erworben – ein Preis, der laut Expertenurteil schon weit über dem Verkehrswert lag. Ein halbes Jahr später veräußerte Schneider das Objekt an eine ihm selbst gehörende Gesellschaft in Belgien für 250 Millionen Mark – ohne auch nur einen Pfennig darin investiert zu haben. Diesen Kauf der Immobilie finanzierte wiederum die Berlin Hyp mit 230 Millionen Mark, die schnellstens ausgezahlt wurden. Zufall vielleicht: Im selben Jahr spendete Schneiders Ehefrau laut Rechenschaftsbericht der Bundestagsverwaltung 30.000 Mark an die CDU.

Jahre später treffe ich mich mit Dr. Jürgen Schneider und seiner Frau Claudia. Er ist schon lange wieder aus dem Gefängnis heraus. Weder von Hafttrauma noch von Reue ist etwas erkennbar. Von Asche auf ihren Köpfen keine Spur. Es herrscht die Atmosphäre angespannter Gelassenheit. Schneider bastelt an einem Image des verführten Betrügers. Die Logik geht ungefähr so: Wenn die Banker den Betrug nicht so einfach gemacht hätten, hätte ich das nicht gemacht. Seine Frau nickt ununterbrochen Zustimmung. In Deutschland will man immer Opfer sein – dann ist man auch immer der Gute. Als die Rede auf Landowsky, auf die Verhandlungen mit der Berlin Hyp oder die CDU-Spende kommt, kann sich das Ehepaar Schneider zum ersten Mal während unseres Gesprächs an rein gar nichts erinnern. Es setzt vielmehr peinliches Schweigen ein.

Wir kehren also zwangsläufig zur Opferkarriere zurück – und prompt ist das Gedächtnis wiederhergestellt. Schneider wundert sich, mit welcher Oberflächlichkeit die Berlin Hyp auf das Geschäft mit der ehemaligen Französischen Botschaft einging. Er ist der Meinung, daß die Berlin Hyp von seinem In-Sich-Geschäft mit der Immobilie wußte, »denn der Einkaufspreis von 121 Millionen Mark ergibt sich aus dem Grundbuch und zur Prüfung der Finanzierbarkeit muß das Grundbuch eingesehen werden«, erklärt er. Ein Besuch beim Grundbuchamt in Berlin bestätigt seine Behauptung. Die entsprechenden Unterlagen waren damals tatsächlich für jeden einsehbar vorhanden.

Es könnte sein, daß die Mitarbeiter des kreditgebenden Geldinstituts nie den Gang zum Grundbuchamt unternahmen. Wie ein Mitarbeiter der Bank erzählt, habe die Berlin Hyp keine Fahrzeuge bereitgestellt, um den Kreditsachbearbeitern eine Fahrt zu den Immobilien oder zum Grundbuchamt zu ermöglichen. Außerdem, erinnert sich ein Berlin-Hyp-Mann, ließ der Vorstand bis 1995 keine Objektbewertung durch die Kreditsachbearbeiter seiner eigenen Bank durchführen. Dafür gab es externe Mitarbeiter. Das heißt, die eigenen Mitarbeiter hatten die Objekte, die die Berlin Hyp finanzierte, möglicherweise nie zu sehen bekommen. Erst nach der Schneider-Pleite und der daraus resultierenden Kritik seitens des damaligen Bundesaufsichtsamtes für das Kreditwesen mußte die Bank ihre seltsame Praxis ändern.

Merkwürdigerweise schadet der Verlust aus dem Schneider-»Geschäft« zunächst weder Landowsky noch der Bilanz der Berlin Hyp. Der Verlust verschwindet einfach. Die Bank benutzt einen einfachen, übrigens nicht legalen Trick: Die Immobilien werden an eine Gesellschaft bürgerlichen Rechts übertragen. Im Fall der ehemaligen Französischen Botschaft gehört die Gesellschaft einem von der Bank finanzierten Strohmann. Die

Immobilie Thomaskirchhof in Leipzig, ein zweites von der Berlin Hyp finanzierte Schneider-Objekt, ist Eigentum einer Gesellschaft bürgerlichen Rechts, die je zur Hälfte der Berlin Hyp und der Landesbank gehört. Damit verschwinden die Kredite zunächst aus den Büchern.

Ganz reibungslos scheinen jedoch solche Ereignisse doch nicht über die Bühne zu gehen. Kurz nach dem Bekanntwerden des Schneider-Fiaskos beantragt die Grüne Fraktion im Berliner Abgeordnetenhaus eine Debatte über die Praktiken von Landowskys Berlin Hyp in Bezug auf Schneider. Das Ansinnen klingt plausibel, aber CDU und SPD stimmen den Antrag ohne Debatte nieder. So einfach funktioniert damals schon das Täuschen und Vertuschen beim Thema Bankgesellschaft.

Während sich die SPD einerseits im klaren ist, daß sie ihren Verbündeten Landowsky keinesfalls stürzen darf, ist sie andererseits unglücklich über Landowskys zunehmende Macht. 1995 versucht sie gemeinsam mit der Opposition, Landowsky ein Schnippchen zu schlagen, und verabschiedet die sogenannte »Lex Landowsky«. Das Gesetz verbietet Abgeordneten, Vorstandsmitglied eines Unternehmens zu sein, das mehrheitlich dem Land Berlin gehört. Landowsky kann also Vorstandssprecher der Berlin Hyp bleiben – deren öffentlicher Anteil liegt in der Zwischenzeit knapp unter fünfzig Prozent. Aber er muß den Vorstand der Bankgesellschaft im Juni 1996 verlassen.

Das hat allerdings keine Auswirkung auf seine Macht in der Bankenholding. Das Geldinstitut unterläuft das Gesetz, indem es einen »erweiterten Konzernvorstand« schafft. Die Chefs der Teilbanken, der Berliner Hyp, wo Landowsky regiert, der Berliner Bank und der Landesbank, nehmen danach als Vollstimmberechtigte an den Vorstandssitzungen der Bankgesellschaft teil. Spätestens nach der Veröffentlichung des Geschäftsberichts 1999 der Bankgesellschaft, auf dessen Seiten der erweiterte Vorstand in seiner ganzen Pracht abgebildet wird, muß das jedem bekannt sein. Die SPD sieht aber keinen Handlungsbedarf gegen diese trickreiche Konstruktion. Zu der Zeit steckt die SPD nämlich längst selber tief im Sumpf der Bankgesellschaft.

Knapp zwei Jahre nach der Gründung der Bankgesellschaft gibt es bereits dringenden Handlungsbedarf. Am 29. November 1996 trifft sich der Aufsichtsrat der Bankgesellschaft Berlin in der elegant ausgestatteten Konzernzentrale am Alexanderplatz. Die Euphorie ist verflogen. Dieses

Organ, deren sich an eine Sitzung anschließende Buffets angeblich viel länger dauern als die eigentlichen Sitzungen selbst, ist auf die schlechte Nachricht keinesfalls vorbereitet. Für drohende Kreditausfälle des Geldinstituts werden 2,2 Milliarden Mark Wertberichtigungen benötigt. Von den 2,2 Milliarden Risiken liegen, wie Moser zwei Jahre vorher in seinem Brief an den Aufsichtsratsvorsitzenden Edzard Reuter vorausgesagt hatte, rund 1,8 Milliarden allein bei Steinriedes Berliner Bank.

Um die Risikovorsorge (Geld, das laut Gesetz von Banken für mögliche Verluste bereitgehalten werden muß) zu decken und eine Dividende zahlen zu können, muß die Landesbank rund eine Milliarde Mark aus ihren Reserven hergeben. Die Ausplünderung der Landesbank im grossen Stil beginnt.

In der Branche werden die Hiobsbotschaften keineswegs als Überraschung gewertet. In der Fachwelt gibt es starke Zweifel an der Kompetenz des Berliner Bank-Chefs Steinriede, des Sparkassenvorstands Moser und des schillernden Politikers Landowsky, ein Geldinstitut dieser Grössenordnung zu führen. Während alle anderen deutschen Banken 1996 Rekordgewinne ansteuern, erwirtschaftet die Bankgesellschaft ein äusserst miserables Ergebnis.

Kein Wunder. Vor der Gründung hatten alle Beteiligten über ihre eigenen Vorteile, weniger jedoch über strategische Ziele oder unternehmerische Konzepte geschweige denn über deren Umsetzung nachgedacht. Eine Integration der Teilbanken, die die Bankgesellschaft formen, fand nicht statt. Nachdem die Landesbank zur Fusion gezwungen wurde, gab es eine unüberwindbare Spannung zwischen den zwei Bankgesellschaft-Vorstandssprechern Steinriede und Moser. Dieser Streit zog sich durch die gesamte Holding. Steinriede und Moser waren durch ihre Loyalität zu ihrer jeweiligen Stammbank kaum in der Lage, Holding-übergreifende Profitcenter zu entwickeln.

Stattdessen standen die Teilbanken praktisch zwar im Verbund, jedoch in der geschäftlichen Praxis öfters in Konkurrenz gegeneinander. Faktisch war eine zentrale Steuerung der Bankgesellschaft wegen der unbegreiflichen Unfähigkeit, ein Holding-übergreifendes EDV-System aufzubauen, schier unmöglich. Außerdem scheiterte ein anderer Plan: die Fusion sollte den Banken – dank Synergieeffekten – einen Abbau von zwei- bis dreitausend Arbeitsplätzen und damit höhere Profitabilität ermöglichen.

Doch das wollten SPD, Gewerkschaften und Betriebsräte keinesfalls zulassen. Eine Blockade-erprobte Allianz.

In der Bankgesellschaft fehlt es also an einem gemeinsamen Ziel. In einer Sitzung der wichtigsten Manager der Holding im September 1996 zur Festlegung einer vereinten Strategie für den Konzern hält Steinriede eine Einführungsrede. Darin bezeichnet er die Bankgesellschaft als »Flottillenverband«. Es komme darauf an, so Steinriede, alle Schiffe »auf Kurs« zu bringen. Das Problem in der Bank aber ist tatsächlich, daß jeder Vorstands-Kapitän seinen eigenen Kurs steuert. Sollte ein anderes Schiff aus dem Verband ihm in die Quere kommen, ist er auch bereit, ihm ein paar Salven vor den Bug zu feuern. Und zu allem Überfluß stritten sich die beiden Admiräle dann auch noch über den Kurs des Flaggschiffs. Man muß nicht Kenner der Christlichen Seefahrt sein, um zu erahnen, wie das Schicksal solch eines Schiffsverbands aussehen würde.

In der Verantwortung stehen jedoch nicht nur die Bankenvorstände. Auch die Unfähigkeit der Aufsichtsräte der Bankgesellschaft und ihrer drei Tochterbanken ist branchenweit legendär. Kaum ist die Bankgesellschaft geschaffen, teilt die Große Koalition die Beute, zum Beispiel die Aufsichtsratsposten, unter sich und ihre Freunde auf. Die Kontrollgremien sind mit wenigen Ausnahmen zur Hälfte mit Politikern der Grossen Koalition und deren Seilschaften besetzt. Die andere Hälfte besteht aus Arbeitnehmervertretern: Mitarbeiter der Bank und Gewerkschaftsfunktionäre. Eines haben beide Gruppen gemeinsam: Sie verfügen über wenig beziehungsweise gar keine Ahnung vom Bankgeschäft, geschweige denn von der effizienten Steuerung einer Bank.

Eigentlich hatten Steinriede und Moser vor, die Krise der Bank zu vertuschen, eine Praxis, die bis heute das Gebaren des Instituts prägt. Nur drei Wochen vor ihrem Offenbarungseid hat das Duo auf einer Pressekonferenz am 6. November 1996 der Öffentlichkeit eine Risikovorsorge von nur rund 850 Millionen Mark – nicht einmal die Hälfte der tatsächlichen Höhe – für das Jahr 1996 angekündigt. Daß die Risiken in der Jahresbilanz überhaupt ans Tageslicht kamen, hat zwei Ursachen.

Erste Ursache sind die Rücktritte der völlig überforderten Vorstände Steinriede und Moser Mitte 1996 – knapp ein halbes Jahr, bevor das Debakel öffentlich wird – als Chefs der Berliner Bank und Landesbank respektive. Wie sie selber erklären, geschah dies nur, um sich auf ihre

Führungsaufgaben als Vorstände der Bankgesellschaft zu konzentrieren. Doch die neuen Vorstandsvorsitzenden der Berliner Bank und der Landesbank Berlin fordern reinen Tisch, bevor sie das Ruder übernehmen. Diese Praxis ist üblich. Kein neuer Vorstandsvorsitzender will Sünden und Schulden seines Vorgängers in den Büchern haben, die später ihm angelastet werden könnten.

Die zweite und gleichzeitige Ursache ist Steinriedes fehlgeschlagener Versuch, die vorhergesehene Ablösung der Wirtschaftsprüfungsgesellschaft KPMG, die jahrelang die Bücher der Berliner Bank »großzügig« geprüft hat, zu verschieben. Als Kompromiß entscheidet der Bankgesellschaft-Vorstand gleichzeitig, den neuen Prüfer, die C & L Treuarbeit, in einer Sonderprüfung die Bilanz der Berliner Bank kontrollieren zu lassen. Das Ergebnis dieser Prüfung: Ein Jahresverlust von mehr als einer Milliarde Mark!

Steinriede und Moser, die sowieso Mitte 1997 in den Ruhestand gehen sollen, müssen nach dem Bekanntwerden des Debakels frühzeitig ihre Hüte nehmen. Während Moser die Landesbank verläßt, behält Steinriede über Jahre hinweg ein Büro auf der Chefetage der Berliner Bank – samt Sekretärin, Limousine und Chauffeur. Alles selbstverständlich auf Kosten der Bankgesellschaft. Er habe, behauptet Steinriede, einen Auflösungsvertrag erhalten und solle als Berater dem neuen Vorstandssprecher der Bankgesellschaft zur Seite stehen. Sein Rat, so Steinriede, wurde allerdings niemals in Anspruch genommen. Sein Nachfolger habe ihm gesagt, er solle den Vertrag nicht so ernst nehmen. Außerdem bleibt Steinriede bis zum 9. November 2001 im Aufsichtsrat der Berlin Hyp.

Auch Edzard Reuter gerät unter Beschuß. Es gibt Zweifel an seinen Fähigkeiten. Im Geschäftsjahr 1993 hat der Daimler-Benz Konzern unter der Führung von Reuter Verluste von über drei Milliarden Mark eingefahren. Daraufhin wird im Juni 1994 Jürgen Schrempp zum Nachfolger Reuters als Vorstandsvorsitzender bei Daimler-Benz ernannt. Die Machtübergabe findet im Mai 1995 statt. Reuter wird nicht, wie üblicherweise zu erwarten wäre, zum Aufsichtsratsvorsitzenden des Konzerns gewählt, sondern muß sich mit einem gewöhnlichen Sitz in diesem Gremium begnügen. Aber auch dort hält er sich nicht lange. Angesichts der hohen Verluste von Daimler-Benz im Geschäftsjahr 1995 muß Reuter Anfang 1996 auch auf dieses Amt verzichten. Dem entzauberten Aufsichtsratsvorsitzenden der Bankgesellschaft droht auch dort nach dem Milliarden-Debakel ein ähnliches Schicksal. Es gibt Forderungen nach seinen Rücktritt. Doch die Berliner Politik hält treu an ihm fest.

Bei ihrer gemeinsamen Abschieds-Pressekonferenz Ende 1996 erklärt Steinriede: »Wir wollen unserem Nachfolger ein blitzblankes Haus übergeben«. Moser versichert, es gebe »keine Leichen mehr im Keller«. Das könnte sogar stimmen. Für so viele Leichen, wie die Bankgesellschaft sie bis dahin gesammelt hat, reicht kein einfacher Keller mehr. Man bräuchte Katakomben von römischen Dimensionen. Auch bei ihrem letzten öffentlichen Auftritt bleiben Steinriede und Moser der Tradition der Bankgesellschaft – Täuschen und Vertuschen – verpflichtet.

Die Risiken der Bankgesellschaft liegen nach Einschätzung von Insidern weitaus höher als öffentlich zugegeben. Die Große Koalition habe der Offenlegung einen Riegel vorgelegt. Ein Eingeständnis weiterer Risiken würde nämlich die Dividende der Bank gefährden. Das geht der Großen Koalition zu weit. Sie braucht dringend die Dividende für die Landeskasse, um ihr Klientelsystem und ihre Politik der überdimensionierten Ausgaben zu finanzieren.

Die Bankgesellschaft ist in der Tat zur Cashmaschine des Landes geworden. Durch Dividenden, Anteilsverkäufe und Steuern fließen Milliarden in den Landesetat. Durch die Veräußerung von zehn Prozent seiner Anteile am Bankkonzern im Jahr 1994 an die Norddeutsche Landesbank kassiert Berlin einen Betrag von fast einer Milliarde Mark. Danach veräußert Berlin seine übriggebliebenen Ansprüche auf Gewinne aus der Landesbank an die Bankgesellschaft. Dafür muß die Bank dem Land Berlin weitere rund 1,5 Milliarden Mark überweisen. Trotz der Milliarden, die die Bankgesellschaft so in die Landeskasse spült, nimmt Berlins Haushaltsdefizit rasant zu.

Die Große Koalition fordert deswegen immer mehr von der Bankgesellschaft. Sie wälzt viele ihrer finanziellen Probleme auf die Bank ab, ein Verfahren, das logischerweise die finanzielle Belastung der Bank immens steigert. Zum Beispiel das ehemalige Gebäude des Berliner Verwaltungsgerichts in der Nähe des Bahnhof Zoo. Trotz Immobilienboom steht der häßliche, denkmalgeschützte Bau aus dem Jahr 1958 bereits drei Jahre leer. Kein Investor sieht eine Möglichkeit, daraus einen Gewinn zu schlagen.1996 schließlich erwirbt die Bankgesellschaft die Immobilie. Ein anderes Beispiel bietet die verlustbringende landeseigene Appartement- und Wohnungsbaugesellschaft »Arwobau«, die die Bankgesellschaft vom Land erwirbt. Das Unternehmen mit hohem Umstrukturierungsbedarf wird im Laufe der Jahre 1995 und 1996 für rund 310 Millionen DM an die Landesbank veräußert. Allerdings wird eine mögliche Sanierung erschwert, da das Land, großzügig wie immer, vorher eine Arbeitsplatzgarantie für alle Mitarbeiter abgibt. Die »Arwobau« wird zur finanziellen Last für das Geldinstitut.

Ein Blick auf die Kreditengagements der Bankgesellschaft in Höhe von jeweils über zehn Millionen Mark (Stand vom 30. Juni 1997) verrät eine weitere, völlig unübliche Funktionalisierung der Bankgesellschaft seitens der Politik. Neben institutionellen Kreditnehmern wie deutschen und internationalen Banken tauchen einige wenige Privatunternehmen auf. Die meisten auf dieser Liste zählen zu Berlins berüchtigter »Baumafia«, der Hauptklientel der Berliner CDU. Die Mehrzahl dieser Kredite gewährt die Berlin Hyp, geführt von CDU-Landesfürst Klaus Landowsky. Einige dieser Kreditnehmer finden sich auf einer anderen Liste aus dieser Zeit wieder: die Namen von Großspendern für die CDU.

Alle diese bankunüblichen Aktivitäten und Transaktionen belasten die Bankgesellschaft weiter. Trotz ihres einmaligen Bundesrekords für Wertberichtigungen ist die Bankgesellschaft Anfang 1997 längst noch nicht saniert. Eine tatsächliche Sanierung, die dringend nötig ist, so erklären Insider, würde jahrelange Dividenden-Ausfälle zur Folge haben. Dazu ist Berlins Große Koalition aber angeblich nicht bereit. Schlimmer noch, die Bankgesellschaft steuert einer Krise entgegen, deren Dimensionen Steinriedes Fiasko im Firmenkundengeschäft als Lappalie relativieren werden: Anfang 1997 ist unübersehbar, daß der Immobilienmarkt in den neuen Bundesländern, vor allem in Berlin, im Zusammenbruch begriffen ist. In diesem Markt aber hat sich die Bankgesellschaft immens stark engagiert. Die Rücktritte von Steinriede und Moser und ein paar Vorständen aus der Berliner Bank sind reine Kosmetik. Reuter, Landowsky und die von der Politik besetzten Aufsichtsräte bleiben nämlich alle im Amt. Die Große Koalition weicht von ihrem Kurs der Ausplünderung der Bankgesellschaft keinen Millimeter ab.

Die Bankgesellschaft ist von einer unheilvollen Allianz beherrscht. Auf der einen Seite stehen die Banker, die von der Politik nicht kontrolliert werden und unbehindert waghalsigste Risiken eingehen dürfen. Auf der anderen Seite steht die Große Koalition, die sich unbegrenzt an der Bankgesellschaft bedient, ohne die Konsequenzen für die Bank zu bedenken. Das einzige, was bisher eine wahre Katastrophe verhindert hat, war – so komisch es klingt – ein nicht geplanter und auch nicht planbarer Kontroll- und Schadenbegrenzungsmechanismus: die kleinkarierten Eifersüchteleien und gegenseitigen Blockaden der beiden bisherigen Vorstände Steinriede und Moser. Nun sind sie weg.

Die Bankgesellschaft braucht in dieser Situation dringend einen kompetenten, durchsetzungsfähigen, mutigen Vorstandsvorsitzenden, der gegen die vielen Einzelinteressen von Politik und deren Klientel die Sanierung der Bankgesellschaft durchsetzen kann. Jemand, der fähig ist, aus den Teilbanken eine vereinigte Bankgesellschaft zu formen. Jemand, der den Brand der Raffgier löschen kann. Statt dessen kommt der Chef eines Baumarktes.

Kapitel 3

Der Zauberlehrling

Bevor Napoleon einen Offizier zum General beförderte, hatte er sich immer vorher erkundigt: »Hat er Fortune?« Fähigkeit und Erfahrung sind gewiß wichtig, ohne Glück aber nichts wert. Wolfgang Rupf ist zweifellos intelligent, gebildet und könnte vielleicht eine Bank dirigieren – eine Fähigkeit, die wirklich wenige Bankmanager besitzen. Das hat alles dennoch nicht geholfen. Das entscheidende Element, Fortune, fehlte ihm.

Dieses Manko ist wahrlich kein Geheimnis. In der Frankfurter Bankenszene trägt Wolfgang Rupf den Spitznamen »Zauberlehrling«. Er gilt als begabter Finanzstratege. Leider, wie dem Zauberlehrling aus dem Märchen, wachsen Rupf, der sich gerne in Details verirrt, seine Strategien bei der praktischen Umsetzung über den Kopf und enden im Desaster. Seine fünfjährige Amtszeit bei der Bankgesellschaft ist darin keinesfalls eine Ausnahme.

»Tollkühn« – so charakterisiert Wolfgang Steinriede die Amtsübernahme Wolfgang Rupfs als Vorstandssprecher der Bankgesellschaft Berlin. Er sollte es wissen, denn jetzt, am 11. Juni 2002, sitzt er als Zeuge vor dem parlamentarischen Untersuchungsausschuß des Berliner Abgeordnetenhauses. Er ist geladen, um zur Aufklärung des Bankendesasters beizutragen. Steinriedes Auftritt ist bravourös. Danach drängt sich vor allem eine Frage auf: Steckt hinter dieser trockenen Fassade eines farblosen Bankers vielleicht doch ein großes und sogar kreatives Talent? Fast drei Stunden und fünfundvierzig Minuten – ohne Pause, butterbrotlos, sich lediglich an einem Glas Wasser gelegentlich erfrischend – führt der achtundsechzigjährige Steinriede den Ausschuß mit rührender Fürsorglichkeit durch eine verzauberte Welt von Dichtung und Wahrheit – wobei die Dichtung sich am Ende als eindeutiger Sieger erweist.

Der Untersuchungsausschuß ist auch keinesfalls undankbar oder ungehalten. Er folgt Steinriedes schwadronierenden Erinnerungen an die guten alten Tage Berliner Großmannssucht, ohne ihn durch unbequeme Nachfragen zu unterbrechen. Und eines muß man Herrn Steinriede auch tatsächlich zugute halten: Er erzählt wenigstens überhaupt etwas über die Bank. Bisher fielen nämlich die meisten Auftritte der Manager der Bankgesellschaft vor dem parlamentarischen Untersuchungsausschuß eher mager und vor allem sehr kurz aus.

»Ein Banker kommt selten alleine«, heißt es unter den Ausschußmitgliedern. Den Parlamentariern begegnen die Anzugträger aus der Chefetage der Bankgesellschaft überwiegend im Doppelpack – in Begleitung ihrer Rechtsanwälte. Diese ehrenwerten Manager, die jahrelang in der Öffentlichkeit als Säulen gesellschaftlicher Stabilität und finanzieller Seriosität galten, haben vor dem Ausschuß bisher nur eines erklärt: Daß sie gemäß Paragraph 55 der Strafprozeßordnung von ihrem Recht Gebrauch machen, keine Aussage zu machen. Der Paragraph 55 räumt jedem Menschen ein, eine Aussage zu verweigern, falls er sich durch diese Aussage möglicherweise selbst belasten könnte. Die Entscheidung, diese Möglichkeit in Anspruch zu nehmen, darf offiziell nicht zu irgendwelchen juristischen Schlüssen führen.

Solche Aussageverweigerungen verführen andererseits gerade den juristisch nicht agierenden Beobachter sehr wohl dazu, jede Menge Schlüsse zu ziehen – natürlich meistens zu Ungunsten der Aussageverweigernden. Es drängt sich dann bei den Zuschauern das Bild einer Parade von Mafia-Bossen vor einem süditalienischen Gericht auf.

Steinriede benutzt seinen Auftritt, um seine eigene Verantwortung zu verschleiern. Er ist redselig; in vielen seiner Bemerkungen zerstört er wie nebenbei das Renommee früherer Weggenossen. So glaubt Steinriede, seinen ramponierten Ruf wiederherstellen zu können. Sein bescheidenes Fazit: Er sei der einzige, der alles im Griff hatte und alles besser wußte. Bei kritischen Bemerkungen über seine damaligen Kollegen versteckt er seine persönliche Meinung geschickt hinter Aussagen von anonymen Dritten. Eigentlich wäre er selbst nicht auf den Begriff »tollkühn« bezüglich Rupfs Amtsübernahme gekommen, verrät er den Ausschußmitgliedern, sondern »ein Kollege aus einer großen anderen deutschen Bank« habe diesen Begriff geprägt. Er, Steinriede, fände den Begriff »mutig« eher richtig.

Steinriede eröffnet dem Ausschuß weiter, daß Rupf erst Mitte November 1996, also nur anderthalb Monate, bevor er das Amt des alleinigen Vorstandssprechers antrat, beim Konzern angefangen habe. Er wundere sich, daß der Konzern so schnell einem Mann anvertraut wurde, »der die

Mitarbeiter, seine Kollegen, seine Beteiligungen und die ganzen Strukturen, die ganzen unglaublichen Schwierigkeiten, die zu dem Zeitpunkt wieder aufbrachen, überhaupt nicht kannte.«

Eher rätselhaft ist die Tatsache, daß Rupf überhaupt Chef der Bankgesellschaft wurde. Eigentlich war seine Bankkarriere nämlich schon längst beendet. Tatsächlich verfügt Rupf wohl nicht über die Qualitäten eines internationalen Bankers und auch nicht – was vermutlich weitaus nötiger gewesen wäre – über die eines Sanierers. Er hat aber, ganz in der Tradition seiner Vorgänger, unbestreitbar das Zeug dazu, eine Lokalgröße zu werden. Jahrgang '42, absolviert der gebürtige Schwabe nach dem Abitur eine Banklehre bei der Commerzbank, um danach Rechts- und Wirtschaftswissenschaften zu studieren. 1972 promoviert er mit einem Rechtsvergleich des deutschen und französischen Wertpapierrechts. Danach arbeitet Rupf unter anderem bei der Bayerischen Vereinsbank und der Effectenbank Warburg. Von 1984 bis 1994 agiert er als persönlich haftender Gesellschafter der BHF-Bank in Frankfurt. Als es um den Vorsitz geht, zieht Rupf den kürzeren und verläßt 1994 eher unfreiwillig das Geldinstitut. Daraufhin zieht sich der damals Dreiundfünfzigjährige in die pfälzische Provinz zurück und wird erst mal Vorstandsvorsitzender der Hornbach Baumarktgruppe. »EdeKa« nennt man das in Bankkreisen: Ende der Karriereleiter.

Rupf ist als Vorstandssprecher der Bankgesellschaft nicht die erste Wahl. Eigentlich ist es Jürgen Krumnow, Vorstandsmitglied der Deutschen Bank. Der lehnt aber dankend die Stelle ab. Es heißt, Steinriede soll Rupf erst gar nicht gewollt haben. Doch Edzard Reuter holt den Zauberlehrling in den Vorstand der Bankgesellschaft als designierten Kronprinzen. Reuter und Rupf waren dank Daimler-Benz schon bestens miteinander bekannt.

Mit seinem Wechsel zur Bankgesellschaft verläßt Rupf den Hornbach-Vorstand und übernimmt dafür den Aufsichtsratsvorsitz der Hornbach Baumarkt AG. Mit dem überstürzten Abgang von Steinriede und Moser kommt die Wachablösung an der Vorstandsspitze der Bankgesellschaft früher als vorgesehen. Es ist Rupfs einmalige Chance, sich als Banker von internationalem Format zu beweisen. Doch es kommt anders. Seine Amtszeit, die das Grande Finale seiner Berufskarriere hätte werden sollen, endet fünf Jahre später in einem finalen Inferno.

Als er sein Amt als Vorstandssprecher der Bankgesellschaft antritt, behauptet Rupf, sich den herkulischen Aufgaben stellen und den Augias-Stall der Bankgesellschaft ausmisten zu wollen. Seine Rhetorik bedient sich häufig der Worte von der »Sanierung der Bankgesellschaft«, er schwärmt von einer »Fusion der Teilbanken«. Dafür ist er mit allen Insignien eines imperialen Herrschers ausgestattet. Nicht nur ist er Vorstandssprecher der Bankgesellschaft, er ist gleichzeitig Aufsichtsratsvorsitzender der Berliner Bank, der Berlin Hyp, der Landesbank Berlin und der Immobilien-Tochter der Bankgesellschaft, der IBG. Im Dezember 1998 läßt sich Rupf sogar als »Vorstandsvorsitzender« der Bankgesellschaft titulieren, um seinen Machtanspruch zu unterstreichen.

Eine ernstgemeinte Sanierung der Bankgesellschaft setzt eine Reihe von Einschnitten voraus: Einen Dividendenverzicht über Jahre seitens des Landes Berlin und der anderen Aktionäre, eine Verdrängung der Politik aus dem operativen Geschäft der Bank und eine bankenübergreifende Geschäftsstrategie. Rupf kann sich nicht durchsetzen. Statt dessen schwört der Zauberlehrling lieber die altbekannten Geister herbei. Er läßt den Laden weiter so laufen und verschiebt die Risiken in die Zukunft. Er »zaubert« so einen Hexensabbat herbei, der in der größten Bankenpleite der Bundesrepublik endet. Rupf weiß natürlich sehr wohl seine persönlichen Strategien mit den Legitimationsinteressen seiner Auftraggeber zu verbinden. Er ist ein brillanter Taktiker und zugleich ein Charmeur. Fünf Jahre lang führt er die Berliner Politik, seine Aufsichtsräte und sogar das Bundesaufsichtsamt für das Kreditwesen an der Nase herum. Dafür muß er sie aber nie gewaltsam über den Tisch ziehen. Wie ein Judoka die Kraft des gegnerischen Angriffs in die Kraft seiner Abwehr umwandelt, benutzt Rupf die kurzsichtigen Ziele der anderen Akteure, die ihn eigentlich kontrollieren sollen, als Antrieb für seine eigenen Winkelzüge. Die Fahrlässigkeit – viele meinen kriminelle Fahrlässigkeit – dieser Kontrollinstanzen nutzt Rupf perfekt aus.

Nur wenige Monate nach seinem Amtsantritt bringt Wolfgang Rupf sich und die Bankgesellschaft ständig in die Schlagzeilen: Das marode Berliner Geldinstitut ist wieder wer. Es gibt Berichte über einen anstehenden Kauf der BHF-Bank und der BfG-Bank. Daß daraus nie etwas geworden ist, scheint kaum zu stören. Diese beiden Vorhaben verblassen schließlich im Schatten eines wirklich großen Coups, der folgen soll.

Schon bevor Rupf zum Chef der Bankgesellschaft avancierte, gab es die ersten Berichte über ein mögliches Zusammengehen der Berliner Banken-Holding mit der Norddeutschen Landesbank. Die Nord/LB ist, wie die Bankgesellschaft auch, eine Holding, sie ist aber zu hundert Prozent in öffentlicher Hand. An der Nord/LB beteiligt sind die Länder Niedersachsen (40 Prozent), Mecklenburg-Vorpommern und Sachsen-Anhalt (je 16,66 Prozent) sowie die Sparkassenorganisationen (26,66 Prozent).

Diese Fusion der Bankgesellschaft und Nord/LB wäre die Hochzeit zweier Elefanten – wenn auch beide eher der fußlahmen Variante angehören. Während die Berliner Politik von der Schaffung des zweitgrößten Geldhauses der Bundesrepublik nach der Deutschen Bank schwärmt, beurteilt man in Bankenkreisen die avisierte neue Bank eher abfällig als »Masse ohne Klasse«. Unbeeindruckt treibt Rupf die Fusion voran. Wie Steinriede vor ihm, will er das angeschlagene private Geldinstitut Bankgesellschaft Berlin über die öffentliche Nord/LB sanieren.

Das Strickmuster bei der Fusion der Bankgesellschaft und der Nord/LB gleicht von der Ausgangssituation verblüffend der Zusammenfügung der Berliner Bank und der Landesbank Jahre zuvor. Die neue Banken-Holding wäre in der Tat das Bündnis einer Pseudo-Privatbanken-Holding (der Bankgesellschaft) mit einer öffentlichen Banken-Holding (die Nord/LB) unter einem dünnen Dach geworden. Es sollte zwei Firmensitze geben, jeweils in Berlin und Hannover, und zwei Vorstandsvorsitzende: Rupf und den Chef der Nord/LB, Manfred Bodin. Erneut sollte es eine Überbewertung der beiden Banken geben, wobei die marode Bankgesellschaft als Seniorpartner fungieren sollte. Im Juli 1997 berichtet die »Berliner Zeitung« von einem internen Brief Rupfs an den Berliner Senat, worin die Bankgesellschaft mit 8,7 Milliarden Mark, die Nord/LB mit 5,4 Milliarden Mark bewertet werden. Knapp vier Monate später hat die Wirtschaftsprüfungsgesellschaft C & L Deutsche Revision AG die Bankgesellschaft mit 10,9 Milliarden Mark, die Nord LB mit 9,8 Milliarden bewertet. Nach der Fusion war ein Aktienverkauf seitens des Landes Berlin vorgesehen, wodurch Berlin erneut eine Milliarde Mark kassieren sollte.

Vor allem mit dem massiven Buchkapital des neuentstandenen Geldinstituts wären die Probleme der Bankgesellschaft kaschiert worden – in der bekannten Tradition des Täuschens und Vertuschens. Die Verhandlungen ziehen sich hin. Endlich, im Juni 1998, wird der Zusammenschluß besiegelt. Die grundsätzliche Einigung zur Gründung der Bankgesellschaft Berlin-Hannover AG wird bekanntgegeben. Es wird darüberhinaus vereinbart, daß der Konzern am 1. Januar 1999 seine Geschäftstätigkeit aufnimmt. Der Zauberlehrling kann anscheinend einen riesigen Image-Erfolg verbuchen. Doch, wie so oft bei Rupf, ist das Unheil schon vorprogrammiert.

In seiner eigenen Bank selber will Rupf ebenfalls Großes erreichen. Nach Steinriedes Debakel entscheidet sich Rupf, die Bankgesellschaft vom fehlgeschlagenen Firmengeschäft der Berliner Bank zu entlasten, um dafür das Wholesalegeschäft – Investmentbanking und Großkundengeschäft – auszubauen.

Durch die Fusion der Bankgesellschaft im Jahre 1994 ist, wie schon erwähnt, eine vierte Bank im Konzern entstanden: Die Bankgesellschaft Berlin AG. Diese Bank sieht man nicht. Sie hat keine Schalter. Sie ist eine Handelsbank, die sich mit Investmentbanking beschäftigt. Klein ist sie nicht – und unwichtig auch nicht. Wie die anderen Teilbanken bewegt auch sie Milliarden. Mit Hunderten von Mitarbeitern in Berlin und London ist sie eine technologische Hochburg. Sie nimmt die erste Etage des Bankgesellschaft-Hauptgebäudes auf dem Alexanderplatz ein. Das ganze Stockwerk ist fast ein einziger Raum, eine High-Tech-Hölle, vollgestopft mit Kabeln und Bildschirmen. Hier ist das Reich des Zauberlehrlings.

Rupf und seine unsichtbare Bank haben Erfolg. Das Investmentbanking, der Handel mit Wertpapieren, läuft jetzt, da die Zinsraten über Jahre kontinuierlich fallen, natürlich hervorragend – ein Bombengeschäft. Jedes Mal, wenn die Leitzinsen gesenkt werden, verbucht die Bank einen Gewinn, und während der nächsten Jahre geht der Leitzins nur in eine Richtung: nach unten. Rupf hat außerdem dank der Landesbank bei diesen Geschäften einen entscheidenden Vorteil gegenüber allen Privatbanken. Die Landesbank erhält, mit dem Staat als Garanten hinter sich, bessere Konditionen auf dem Kapitalmarkt als private Geldinstitute. Dieses Geld wird an die Bankgesellschaft weitergereicht. Dadurch ist die Gewinnmarge der Bankgesellschaft AG immer besser als die der Privatkonkurrenz. Auch bei dem Ausbau des Aktiengeschäftes reitet die Bank auf der allgemeinen Welle der Aktienkurse mit nach oben.

Dennoch liegt weiterhin der größte Teil des Kreditvolumens der Bankgesellschaft, hauptsächlich bei der Berlin Hyp und der Landesbank, im Immobiliengeschäft. Davon glauben die Provinzmanager der Bankgesellschaft etwas zu verstehen. »Ob Sie es glauben oder nicht, nach der Wende hatte man das Gefühl, bei einer Immobilieninvestition in Berlin war es wie beim Öl-Bonanza in Texas. Egal wo man ein Loch bohrte, würde man Öl finden und viel Geld verdienen.« Diese Worte stammen von einem ehemaligen Vorstandsvorsitzenden einer westdeutschen Bank. Damals, so erklärt er weiter, war Negative Equity – damit ist die Tatsache gemeint, daß Immobilien an Wert verlieren können – nur ein technischer Begriff: »Dieses Phänomen hatte es in der Geschichte der Bundesrepublik einfach nie gegeben.«

Nach der Wiedervereinigung und der Entscheidung, Berlin zur Hauptstadt zu küren, schießen die Immobilienpreise ins Unermeßliche. In einer Studie des Beratungsunternehmens Empirica aus dem Jahr 1991 mit dem Titel »Berlin 2005« zeichnet sich ein Szenario von einer prosperierenden und schnell wachsenden Hauptstadt. Zwischen 4,5 und 5 Millionen Einwohner sollte die Stadt im Jahr 2005 haben. Auch in den neuen Bundesländern herrscht Goldgräberstimmung im Immobilienbereich.

Zwei Banken bauen jetzt ihr Immobilienkreditportfolio im Osten der Republik massiv aus: die Bankgesellschaft Berlin und die Bayerische Hypotheken- und Wechselbank – mit verheerenden Konsequenzen. Für die Teilbanken des Berliner Instituts ist es eine neue Erfahrung. Wo früher die Landesbank, Berliner Bank und Berlin Hyp mit viel Mühe große Kreditnehmer akquirieren mußten, stehen mit einem Mal namhafte Investoren Schlange und wollen Kredite.

Für die Bankgesellschaft Berlin ist dieses »Bonanza« ein Heimspiel. Sie ist nämlich die einzige große Bank, die in der Hauptstadt beheimatet ist. Die Konzernvorstände entscheiden sich dafür, sich auf Immobiliengeschäfte in Berlin und Brandenburg zu konzentrieren. Die Teilbanken, die ihr Immobiliengeschäft expandieren wollen, sollen sich auf Ostdeutschland beschränken. Jeder Bankfachmann würde dieses enge und sehr spezifische Investitionsgebiet als gefährlich ansehen und sich für eine Risikostreuung im gesamten Bundesgebiet aussprechen. Nicht so der Immobilienbereich der Bankgesellschaft unter der Leitung von Klaus Landowsky. Unter Risikostreuung versteht er, Kredite gleichzeitig in Wohnungs- und Gewerbebau zu vergeben – hauptsächlich in Berlin und den neuen Bundesländern. Landowsky und seine Mitarbeiter sehen nur die Standortvorteile, und diese scheinen unermeßlich, besonders wenn man solch enge Verbindungen zur Politik hat – einer Politik, deren führende Mitglieder am Bau-Boom im Osten mitverdienen wollen.

Es war damals unter Fachleuten bekannt: Wer sich seine Immobilie von der Bankgesellschaft finanzieren läßt, kauft politischen Einfluß gleich mit ein. Eine sehr wertvolle Zugabe übrigens, um schnell eine Baugenehmigung oder den Zuschlag für ein öffentliches Grundstück zu erhalten. Dieser Einfluß endet nicht an der Stadtgrenze von Berlin. Der Einsatz Berliner Politiker beim Aufbau der neuen Kommunal- und Landesregierungen im Osten öffnet weitere Türen.

Vor diesem Hintergrund setzt Rupf auf Investmentbanking, während die Berlin Hyp und Landesbank das Immobiliengeschäft zunehmend ausbauen. Jeder macht, was er für richtig und erfolgsträchtig hält. Eine Gesamtführung der Bankgesellschaft existiert praktisch nicht. Eine zentrales Controlling funktioniert ebenfalls immer noch nicht.

Für Rupf als Chef der Bankgesellschaft war es allerdings schwierig, sich in der Holding durchzusetzen. Er ist kein Teamplayer. Steinriede erzählt, es gäbe Leute, die meinen, Rupf sei ein Autist. Je schwächer Rupf wurde, so Steinriede, desto stärker wurden die Zaunkönige. Es heißt, Ulf-Wilhelm Decken, Chef der Landesbank Berlin, und Landowsky verwehren Rupf Zugang zu Informationen über ihre Bankgeschäfte. Nur als Aufsichtsratsvorsitzender erfährt Rupf, wie es in den beiden Banken aussieht. Es gibt viele Ausreden. Da hieß es bei der Berlin Hyp, erzählt ein Mitarbeiter, daß das Kreditportfolio aus Datenschutzgründen nicht an Dritte weitergegeben werden dürfe, und die Landesbank bezieht sich auf ihre vorgeschriebene Unabhängigkeit als öffentlich-rechtliches Institut.

Ob solche Taktiken wirklich eine Rolle spielten, ist fraglich. Als Vorstandssprecher der Bankgesellschaft und Aufsichtsratsvorsitzender der Berlin Hyp und der Landesbank hat Rupf viele Möglichkeiten und sogar die Pflicht, Informationen über die Teilbanken nicht nur zu erhalten, sondern auch einzufordern. Er zieht es jedoch vor, alles auf kleiner Flamme zu kochen. Rupf weicht auch anderen entscheidenden Konfrontationen aus. Er ist der Meinung, daß Landowskys Funktion als Fraktionsvorsitzender der CDU im Berliner Abgeordnetenhaus eine Haupttätigkeit ist – die eines Bankvorstands auch. »Und da muß man sich zwischen den beiden Hauptverpflichtungen entscheiden«, erklärt Rupf später. Bis zu seinem Antritt als Chef der Bankgesellschaft am 1. Januar 1997, so die Abmachung zwischen Reuter und Rupf, sollte Landowsky sich zwischen dem hochdotierten Bankposten und der politischen Karriere entscheiden. Doch nichts passiert. Rupf, nicht unbedingt ein mutiger Mensch, unternimmt auch nichts. Es kursierte damals ein Spruch in der Bank: »Rupf ist Landowskys Chef, Diepgen ist der Chef von Rupf und Landowsky ist Diepgens Chef.« In diesem Berliner Bermudadreieck verschwinden später Milliarden an Steuergeldern.

Bei unvermeidlichen Konfrontationen macht Rupf tatsächlich keine glückliche Figur. Ich hatte zwei kurze, jedoch bezeichnende Begegnungen mit ihm. Die zweite, weitaus dramatischere der beiden, findet im Frühling 2002 statt. Im Auftrag des SFB fahre ich mit einem Kamerateam zu Rupfs Villa in Königstein, um ein Interview mit dem (inzwischen Ex-) Vorsitzenden der Bankgesellschaft zu bekommen. Das Haus ist zu der Zeit eine Baustelle, das Einfahrtstor sperrangelweit aufgesperrt, Bauarbeiter gehen rein und raus. Wir klingeln mehrmals am Toreingang, doch die Gegensprechanlage bleibt stumm. Ein vorbeilaufender Arbeiter meint, unsere Bemühungen hätten wenig Aussicht auf Erfolg, die Anlage sei abgeklemmt. Wir pilgern die zwanzig Meter zur Haustür, um festzustellen, daß die Klingel ausgebaut ist. Nach vielem Klopfen – wir stehen in Konkurrenz mit dem Hämmern der Dachdecker – erscheint kurz eine Frau, fragt, was wir wollen, und entfernt sich wieder.

Nun fängt das Warten an. Einige Minuten lang passiert gar nichts. Flüchtet Rupf aus dem Hinterausgang oder bleibt er ganz still, bis wir aus purer Langeweile wieder verschwinden? Plötzlich wird die Tür aufgerissen. Eine Frau – später stellt sich heraus, es ist Frau Rupf – schießt mit einem Putzlappen in der Hand heraus, schiebt mich zur Seite und attackiert meinen Kameramann. Währenddessen gibt sie einen unflätigen Kommentar über Journalisten ab.

Nun, solche Situationen gehören zum Beruf und sind, menschlich gesehen, manchmal auch zu verstehen. Erstaunlich an der Situation ist jedoch das Verhalten von Wolfgang Rupf. Er steht hinter seiner Frau und feuert sie mit zustimmenden Worten an. Während sie uns vom Grundstück vertreibt, habe ich Wolfgang Rupf als einen Ein-Mann-Chor der

Furien aus dem Eumenides in Erinnerung. Er bleibt immer in einem Sicherheitsabstand von dem Geschehen entfernt. Daß es zu einem sachlichen Interview, in dem Herr Rupf seine Sicht der Dinge darstellen kann, nicht kommt, muß wohl nicht weiter erwähnt werden.

Es drängt sich der Gedanke auf, ob Rupf sich in der Bankgesellschaft auch so verhalten hat. Weicht er nicht ständig wichtigen Konflikten aus, die notgedrungen auftreten müssen, wenn man die Bankgesellschaft wirklich sanieren will? Versteckt er sich nicht ständig hinter irgendwem und irgendwas? Statt sich mit den Teilbanken gründlich auseinanderzusetzen, entwickelt der Zauberlehrling weitere Strategien.

Dieses Mal hat Rupf neue Expansionspläne – er hat die Sparkassen in Brandenburg als Übernahmeziel ausgemacht. Um die Türen für ein solches Geschäft zu öffnen, finanziert die Bankgesellschaft im Jahr 1997, ausgerechnet im Wahlkreis von Manfred Stolpe und ausgerechnet knapp ein halbes Jahr vor den Wahlen, den Bau einer überflüssigen Motorrennbahn im abgebaggerten Kohlenrevier in der Lausitz: den heutigen Lausitzring. Dazu kamen 241 Millionen Mark Landessubvention. Ein Jahr später, als der Rennbahn-Betreiber absprang, war es die Bankgesellschaft, die dessen Aufgabe übernahm und selber Geld investierte. Rupf hat es fertiggebracht, daß eine Bank zum ersten Mal in der Geschichte der Bundesrepublik eine Rennbahn betrieb. Ein Unternehmen, das in der Zwischenzeit Insolvenz angemeldet hat. Auch die Übernahme der Brandenburgischen Sparkasse zerschlug sich.

Der einzige Teilbankenvorstand, der Kontakt mit Rupf pflegt, ist der neue Vorstandsvorsitzende der Berliner Bank, Klaus von der Heyde, vorher Niederlassungsleiter der Commerzbank in Berlin. Doch die Informationen, die Rupf über von der Heyde erfahren könnte, sind offenbar nicht die, die er hören will: Probleme, nur Probleme.

Wie die meisten Vorstandsmitglieder der Bankgesellschaft galt auch von der Heyde in Branchenkreisen als eher mittelmäßig. In der kurzen Zeit, der er der Berliner Bank vorsteht, macht er wenig Falsches und einiges Richtige. Von der Heyde nimmt sich vor, die Berliner Bank zu sanieren und daraus ein modernes, unbürokratisches Geldinstitut zu formen. Doch die Sanierung des Geldinstituts erweist sich wegen der Altlasten schwieriger als gedacht. Die Berliner Bank trägt in der Bankenszene auch den Spitznamen »Steinriedes Bauchladen«. Ein bißchen was Nützliches in allen Bereichen, jedoch keine stark entwickelten Geschäftsfelder. Um eine Professionalisierung und Profitabilität zu erreichen, stellt von der Heyde in kürzester Zeit eine Reihe neuer Bereichs- und Niederlassungsleiter ein.

In der Berliner Bank, wie auch in der Berlin Hyp und der Landesbank werden zwei Probleme offenbar: Die Banken haben eine ganze Reihe von Mitarbeitern, die im alten Trott verharren, und viele schlechte Kredite. Die letzteren sind Ende 1996 beim großen Reinemachen bewußt außer acht gelassen worden, da die Berliner Politik keinesfalls bereit war, auf eine Dividende zu verzichten, was Voraussetzung für eine tatsächliche Sanierung der Bank gewesen wäre.

Besorgniserregender als alles andere mußte im Laufe des Jahres 1997 die Feststellung sein, daß der Immobilienmarkt in und um Berlin in eine schwerwiegende Krise rutschte. Diese Immobilienkrise ist schon lange nicht mehr ein internes, auf bestimmte Projekte beschränktes Problem. Zwei Genossenschaftsbanken der Hauptstadt, die Grundkreditbank und die Köpenicker Bank, stehen vor dem Konkurs, vor allem wegen »fauler« Immobilienkredite. Nur dank massiver Kapitalzuschüsse durch den Volksbankenverbund konnten beide Geldhäuser glimpflich abgewickelt werden.

In der Berliner Bank dringt man konsequent auf eine vollständige Sanierung der Bank. Doch es fehlt an Mitteln dafür. Bei der übereilten Fusion im Jahr 1994 wurde ein kompliziertes Konstrukt gewählt, wobei die Berliner Bank ihren Rechtsmantel als Aktiengesellschaft der Bankgesellschaft überlassen hatte und neu gegründet werden mußte. Doch hatte die Berliner Bank dabei auch ihre letzten Reserven der neuen Bankgesellschaft AG überlassen, da sie sonst bei der Neugründung diese Reserven hätte versteuern müssen. Vielleicht kein Problem unter Freunden und Verbündeten, doch die Holding ist alles andere als eine verschworene Gemeinschaft. Der neue Admiral Rupf interessiert sich nur für sein Flaggschiff, die Bankgesellschaft AG, und nicht für Steinriedes lästigen Bauchladen.

Bitter für die Berliner Bank ist die Tatsache, daß Rupfs Investmentbanker ihre Erfolge auch mit Geldern der Berliner Bank erzielen. Rupf läßt die Berliner Bank in einer Notlage bei schwerem Sturm im Stich. Rupfs Unfähigkeit, die Bankgesellschaft aus der Krise zu führen, mag vielleicht seinem Aufsichtsrat nicht aufgefallen sein, doch die Schwierigkeiten des Berliner Geldhauses dringen in der Zwischenzeit bis nach Paris.

Im Oktober 1997 stuft die Banque Nationale de Paris in einer Anlageempfehlung die Bankgesellschaft Berlin herab. In ihrem Bericht stellen die französischen Bankenanalysten fest, daß die Strukturprobleme der Bankgesellschaft zu massivem Substanzverlust zu führen drohen. Im Klartext: Die Sanierung kommt ihrer Auffassung nach nicht intensiv und schnell genug voran. Es ist den Parisern darüberhinaus klar, daß auch eine Fusion der Bankgesellschaft mit der Nord/LB wenig helfen würde.

Das Jahresergebnis 1997, Rupfs erstes Jahr als Chef der Bank, ist enttäuschend. Erneut gibt es immense Rückstellungen von über einer Milliarde Mark für drohende Verluste – die Hälfte für Immobiliengeschäfte wie in der Berliner Bank, die andere Hälfte aus dem Firmengeschäft –, und das in einer Bank, die Steinriede und Moser besenrein überlassen haben wollen. Rupf führt die unerwartet hohen Rückstellungen auf »aktive Sanierung« und »konservative Bilanzpolitik« zurück. Die Bank befände sich aber nur vorübergehend in einem tiefen Tal und solle in vier Jahren »wieder in Sichtweite normaler Verhältnisse gelangen«. Vier Jahre später ist die Bankgesellschaft faktisch pleite.

Der einzige Erfolg, den Rupf nach seinem ersten Jahr im Amt vorweisen kann, ist die anstehende Fusion mit der Nord/LB und die angeblich gigantische Dimension, die sein Geldinstitut dann erreichen würde.

Doch die Nord/LB ist inzwischen verunsichert. Zu viele Fragen seien von der Bankgesellschaft nur teilweise oder gar nicht beantwortet worden, erinnert sich ein Nord/LB Vorstand. Es gab auch Zweifel an der Bewertung des Berliner Geldinstituts und Gerüchte von versteckten Risiken. Die Hauptunsicherheit war jedoch die fehlende Transparenz der Fondsgeschäfte und Risiken der Immobilien-Tochter der Bankgesellschaft, der IBG. Am 25. Oktober 1998 geben die Bankgesellschaft Berlin und Nord/LB eine gemeinsame Presseerklärung heraus. Darin heißt es, daß »... nach der gegenwärtigen Beschlußlage der Gremien das vorgelegte Konzept des Zusammenschlusses beider Banken nicht verwirklicht wird«. Die Fusion ist geplatzt.

Rupf, der Zauberlehrling, kommt deswegen nicht in Verlegenheit. Er hat eine Zauberformel in Reserve, die alle bisherigen Strategien in jeder Hinsicht übertreffen sollte: Immobilienfonds.

Kapitel 4

Der größte Bauträger aller Zeiten

Der auffälligste Unterschied zwischen deutschem und angelsächsischem Journalismus ist der Umgang mit der Vergangenheit. Die Praxis angelsächsischer Journalisten, die handelnden Personen ihrer Reportage bis auf ihre Unterwäsche – und manchmal darüber hinaus – zu durchleuchten, ist weltbekannt und gelegentlich abstoßend. Deutschland liegt am anderen Ende der Skala. Die Akteure in Medienberichten scheinen oft überhaupt keine Vergangenheit zu haben. Sie werden quasi jungfräulich präsentiert – als unbeschriebenes Blatt sozusagen. Zufall ist das wohl nicht.

Im postfaschistischen Deutschland hatte diese Praxis sicherlich ihren Sinn und Zweck. Fragen zur Vergangenheit eines prominenten Menschen konnten zu unerfreulichen Feststellungen führen: hier eine steile Karriere in der NSDAP, dort ein paar Kriegsverbrechen oder eine Arztpraxis in einem Konzentrationslager und ähnliche Dinge, wovon sich die Nachkriegsdeutschen, zumindest nach außen, moralisch distanziert hatten und nicht mehr daran erinnert werden wollten. Selbstverständlich gab es trotzdem einige Journalisten, die immer wieder fündig wurden. Den meisten Deutschen galten sie als »Nestbeschmutzer«, und sie blieben innerhalb ihrer Zunft die Ausnahme.

Es gab offensichtlich einen Konsens, mindestens in Politik, Justiz und Medien, keine schlafenden Hunde zu wecken. Dieser Konsens ist eigentlich nie aufgekündigt worden, vielleicht, weil die Folgegenerationen die Vorteile dieser kalkulierten Geschichtslosigkeit erkannt haben. Dieses Kalkül kommt sicherlich auch einer kleinen Minderheit zugute, ist allerdings nachteilig für die Mehrheit, für die Gesellschaft und vor allen Dingen für die Demokratie. Im Falle der Bankgesellschaft ist diese liebgewonnene Gewohnheit den Steuerzahler jedenfalls teuer zu stehen gekommen.

Im Frühsommer 1997 erfuhr ich zum ersten Mal von Unregelmäßigkeiten bei den Immobilienfonds der Bankgesellschaft – übrigens von mehreren Seiten. So unbekannt konnte dieser Befund also nicht gewesen sein. Die Information aber auch zu veröffentlichen, war eine andere Sache. Denn es gibt im Journalismus eine Faustregel: Der Journalist, der seinen Kollegen ein oder zwei Monate voraus ist, hat einen Scoop gelandet. Wer eine Geschichte sechs Monaten vor allen anderen hat, gilt als investigativer Journalist. Ein Publizist aber, der mit einem Thema allen anderen Jahre voraus ist, gilt als Verschwörungstheoretiker und daher als unseriös. Deswegen bleiben manche wichtige Informationen oftmals über längere Zeit in der Schublade.

Im Fall der Immobilienfonds der Bankgesellschaft drehten sich sämtliche Informationen um eine einzige Person: Manfred Schoeps, Geschäftsführer der Immobilientochter der Bankgesellschaft und Initiator der Immobilienfonds. Als »GröBaZ«: »Größter Bauträger aller Zeiten« – bezeichneten Mitarbeiter der »Immobilien- und Baumanagement der Bankgesellschaft Berlin GmbH« (IBG) ihren Chef. Die meisten Menschen der Stadt haben bis heute seinen Namen nie gehört. Erstaunlich, gilt doch Manfred Schoeps, neben Wolfgang Rupf und Klaus Landowsky, als Hauptverantwortlicher für das Desaster der Bankgesellschaft.

Schoeps war der Motor und das Hirn hinter den Immobilienfonds der Bankgesellschaft, deren Risiken heute mit 21,6 Milliarden Euro beziffert werden. Freunde wie Feinde zollen Schoeps in seiner Fähigkeit als Immobilienfondsstratege großen Respekt. Viele bezeichnen ihn gar als Finanzgenie. Andere, die ihn von früher kennen, sind nicht ganz so großzügig in ihrem Urteil.

Unter Schoeps' Führung wuchs die Bankgesellschaft innerhalb weniger Jahre zum größten Aufleger geschlossener Immobilienfonds der Bundesrepublik mit einem Volumen von rund dreizehn Milliarden Euro. Für die aus diesen Fondsgeschäften resultierenden Milliardenverluste wird über die nächsten dreißig Jahre der Steuerzahler aufkommen müssen. Für Schoeps ist der Mißerfolg dieser Fonds und der Kollaps des IBG-Imperiums jedoch nichts Neues. Er hat eine ähnliche Erfahrung schon einmal machen dürfen.

Die gefährliche Lage in der von Schoeps geführten IBG und den dazu gehörenden Immobilienfonds, die verschiedene Informanten schon 1997 beschrieben, hat sich – leider – in der Zwischenzeit mehr als bestätigt: Unhaltbare Garantien und Generalmietverträge, viele schlechte Immobilien, Nichteinhaltung der Bilanzierungsregeln, Chaos in der Unternehmensgruppe, fehlendes Controlling. Insider redeten damals von einer völlig außer Kontrolle geratenen Verlustlawine und warnten vor einem bösen Erwachen. Konkrete Beweise waren schwer zu erhalten. Doch die Informanten verwiesen immerhin auf einen älteren »Spiegel«-Artikel und einen ominösen Fernsehfilm.

Beim »Spiegel«-Artikel ging es um einen Beitrag aus dem Jahr 1982 mit der Überschrift »Für die Ärmsten« – eine klassische Filzgeschichte. Die Staatsanwaltschaft in Nürnberg ermittelt wegen Spendenbetrugs gegen ein dubioses karitatives »Bonner Kinderhilfswerk«. Das Kinderhilfswerk ist mit einem zwielichtigen, weit verzweigten fränkischen Immobilienunternehmen verbandelt, der »Bayern Immobilien Treuhand« (BIT), die BIT wiederum ist mit der CSU verwoben. Die Hauptakteure der BIT und gleichzeitig Zentralfiguren der ganzen Affäre sind der BIT-Gesellschafter Günther Zembsch, zu jener Zeit Richter am Landesarbeitsgericht zu Nürnberg, und der damalige Geschäftsführer Manfred Schoeps.

Bayerischer Filz funktioniert anders als sein Berliner Pendant. Ein Grund dafür ist, daß bayerische Politiker entschieden intelligenter als ihre Kollegen in Berlin vorgehen. Außerdem verfügen die Bayern über eine ausgeprägte Filz-Kultur, die sich deshalb durch eine gewisse Selbstverständlichkeit und gediegene Traditionen auszeichnet und mit der sich die bayerische Gesellschaft hervorragend arrangiert hat. Vielleicht liegt es an der ununterbrochenen Alleinherrschaft der CSU, die das System von Checks and Balances außer Kraft setzt und die gegenseitige Abhängigkeit aller Kontrollinstanzen nach sich zieht – ein Humus, auf dem Filz und Korruption prächtig gedeihen können.

Was der »Spiegel« damals in Bayern aufdeckte, stank zwar zum Himmel, blieb gleichwohl ohne Konsequenzen – es war eben nicht mehr als nur ein weiteres Tröpfchen in der Kloake. Drei Jahre später lief diese Kloake allerdings über – dank des erwähnten ominösen Films.

Der 45-minütige Dokumentarfilm »Jäger, Haie, fette Fische« stammt aus dem Jahr 1985. Es geht um einen Immobilienskandal – allerdings wird der Film selber zum Medienskandal: Gedreht von Wilhelm Reschl für die ARD, beschäftigt sich der Beitrag vor allem mit einem Immobilienfondsbetrug der Bayern Immobilien Treuhand, damals einer der größten Initiatoren geschlossener Immobilienfonds der Bundesrepublik. Der Film wird von der ARD angekündigt und im letzten Moment vom Programm abgesetzt. Die Anstalt bekommt Angst vor dem brisanten Inhalt. »Das war das Beste, was hätte passieren können«, erinnert sich Reschl heute: »Daraufhin gab es einen Artikel im ›Spiegel‹ und in vielen anderen Medien.« Erst zwei Monate später strahlt die ARD Reschls Werk aus.

Reschls Reportage begleitet den Anlegerschützer Heinz Gerlach, als dieser gerade die massive Vernichtung von Anlegervermögen durch fragwürdige Geschäfte der BIT aufdeckt. Als »Einzelkämpfer mit Sendungsbewußtsein« beschrieb einst die »Frankfurter Allgemeine Zeitung« den Anlagen-Experten aus Oberursel. Gerlach überwacht seit Jahrzehnten im Interesse von Anlegern den Kapitalmarkt und gibt unter anderem eine Insider-Publikation – heute heißt sie »Direkter Anlegerschutz« – heraus. Er ist hart im Nehmen und Geben und wird in der Branche gefürchtet.

Reschl heftet sich an die Fersen seines Protagonisten Gerlach, während dieser der brisanten Affäre auf der Spur ist. Für Reschl ist die CSU-Verbindung unübersehbar. Bei der Einweihung eines Fondsobjekts der BIT, eines Einkaufszentrums in Fürth, sind der damalige Innenminister Bayerns, Karl Hillermeier (CSU), und weitere politische Prominenz angereist. Hillermeier lobt das »gelungene« BIT-Projekt, als »die größte private Baumaßnahme im Freistaat.« Rund ein Jahr später war das Projekt pleite und die BIT finanziell am Ende.

Erstaunlich an dem Film aus heutiger Sicht ist eine Nebensächlichkeit. Reschl führt ein Interview mit dem Finanzanalytiker Volker Looman, der die Risiken der BIT-Immobilienfonds auflistet. Risiken, über die die Anleger damals nicht ausreichend informiert wurden: Mietausfälle, versprochene Mietsteigerungen, die auf einer viel zu hoch kalkulierten Inflationsrate basierten, hohe Instandhaltungskosten und Wertverluste der Immobilien. Auffällig ist aus heutiger Sicht, daß die Fehlkalkulationen dieser vier Faktoren genau die Ursache für die riesigen Verluste bei den Fonds der Bankgesellschaft Berlin sind. Es gibt nur einen Unterschied. Nach dem Zusammenbruch der BIT-Immobilienfonds sind es die Anleger, die diese Verluste übernehmen mußten. Bei den Bankgesellschafts-Fonds ist es der Steuerzahler, der den Fehlbetrag bezahlen muß – zugunsten der Anleger. Der Kollaps der Bayern Immobilien Treuhand und ihrer Fonds Mitte der achtziger Jahre liest sich wie ein gerafftes Vorspiel zu dem Zusammenbruch der IBG und ihrer Fonds in Berlin rund fünfzehn Jahre später.

Der promovierte Jurist Schoeps, Sohn des renommierten, inzwischen verstorbenen Historikers Hans Joachim Schoeps, ist langjähriger Freund

und Wegbegleiter von Dr. Günther Zembsch. Beide kennen sich schon seit dem gemeinsamen Jurastudium. Ihre Karrieren verlaufen steil. Zembsch wird Direktor des Arbeitsgerichts in Würzburg. Nebenbei baut er zusammen mit Schoeps ein Firmenimperium im politischen Windschatten von CSU und CDU auf. Alleingeschäftsführer von Zembschs BIT ist sein Freund Manfred Schoeps, der außerdem CSU-Stadtrat in Erlangen von 1978 bis 1984 ist.

Erst Anfang der Siebziger geht es richtig aufwärts mit den Immobiliengeschäften von Zembsch und Schoeps. Zembsch, Schoeps und andere aus RCDS und CSU gründen den Förderkreis Deutscher Studenten e.V mit. Dazu zählt laut Magazin »Stern« auch der Rechtsanwalt Christian Lauritzen, ein weiterer Kommilitone von Schoeps. Beide waren Mitglieder im RCDS. Lauritzen taucht wiederholt im Zusammenhang mit Zembsch und seinen Firmen auf. Später hat er eine enge Verbindung zu Schoeps und den Fonds der Bankgesellschaft.

Dieser CSU-nahe Förderkreis Deutscher Studenten e.V. kassiert beträchtliche öffentliche Gelder (hauptsächlich in CSU und CDU-regierten Bundesländern) für den Bau von Studentenheimen. Der Förderkreis ist auch an der BIT Gemeinnützige Wohnungsbaugesellschaft mbH beteiligt. Zembsch und Schoeps gelten als Hans-Dampf-in-allen-Gassen-Gemeinschaft und führen mittels der BIT angeblich zweihundert Gesellschaften – immer mit engen Verbindungen zur Politik. In einem BIT-Werbeprospekt sind der damalige CSU-Umweltminister Alfred Dick und die CDU-Kulturministerin von Rheinland-Pfalz Hanna-Renate Laurien (später Bürgermeisterin und einflußreiche Senatorin in Berlin) abgebildet. Neben dem Foto steht der Satz: »Die Bayern Immobilien Treuhand hat das ihr entgegengebrachte Vertrauen nie enttäuscht.«

Zwischen 1981 und 1984 katapultiert sich die BIT aus der Bedeutungslosigkeit in die Gruppe der Marktführer für steuerorientierte Kapitalanlagen – durch Immobilienfonds mit beträchtlichen Steuervorteilen. Aber wie so oft bei zu schnellem Wachstum übernimmt sich die BIT. Die Firma gerät 1984 in Schwierigkeiten, Manfred Schoeps kann mit mehreren BIT-Managern gerade noch rechtzeitig das sinkende Schiff verlassen und einen eigenen Konzern gründen.

1985 beginnt der Anlegerschützer Heinz Gerlach die BIT näher zu prüfen und wird fündig. Seine Informationen, dafür ist Gerlach bis heute bekannt, sind hervorragend recherchiert. Später wirft Zembsch seinem alten Freund Schoeps vor, mit Gerlach zusammengearbeitet zu haben. Insider meinen, Zembsch habe damit nicht so falsch gelegen. Auffällig ist auf jeden Fall, daß Journalisten der großen Medien reichlich interne Informationen erhalten, nur von der Rolle Manfred Schoeps ist ihnen offenbar nichts bekannt. Er taucht in ihren Schlagzeilen nicht auf. Sein Ruf bleibt unangetastet. In gut plazierten Medienauftritten profiliert er sich als Kritiker von Zembsch.

Ganz nebenbei konnte sich Schoeps so einen wichtigen Konkurrenten seines neuen Immobilien-Unternehmens, der »Bavaria Objekt und Baubetreuung GmbH«, vom Halse schaffen.

Es dauert nicht lange, bis die BIT Konkurs anmeldet. Hinterlassen werden Verbindlichkeiten in Höhe von 545 Millionen Mark. Einige hochrangige CSU-Politiker, wie der ehemalige bayerische Finanzminister Gerold Tandler, werden in die Affäre um Zembsch und die BIT hineingezogen. Im Moment der Gefahr werden natürlich Rettungsringe geworfen. Die Staatsanwaltschaft ermittelt – selbstverständlich ohne jeden Erfolg – gegen Tandler. Im bayerischen Landtag wird ein Untersuchungsausschuß zu den fragwürdigen Geschäften von Zembsch und Tandler eingesetzt – ebenfalls ohne nennenswertes Ergebnis. Schoeps kommt mit einem Schrecken davon und lernt zunächst wieder kleine Brötchen zu backen. Laut Firmen-Selbstdarstellung »erschloß Schoeps' Bavaria zunächst den lokalen und regionalen Markt und entwickelte sich binnen zehn Jahren zu einem der größten Bauträger Deutschlands.«

Ein wichtiger Meilenstein auf dem Weg zum Erfolg ist das Jahr 1989, als die Nord/LB, genauer gesagt ihre Tochter, die Nord KB Norddeutsche Kapitalbeteiligungsgesellschaft mbH, sich mit zwei Millionen Mark als Stiller Gesellschafter an der Bavaria beteiligt. Nun hat Schoeps ein Ticket für die ganz große Bühne.

Die Nord/LB finanziert Schoeps die Entwicklung und den Bau von Studentenwohnheimen und Supermärkten im hochsubventionierten Zonenrandgebiet an der Grenze zur damaligen DDR. Kurz darauf fällt die Mauer. Von Franken und Niedersachsen ist es nur ein kleiner Schritt zum Immobilienmarkt der neuen Bundesländer. Im wiedervereinten Berlin, Mittelpunkt Ostdeutschlands, wird die Nord/LB zusammen mit ihrer Schwesterbank, der Landesbank Berlin, im Immobilienbereich aktiv. Mitgebracht hat die Nord/LB einen Immobilienexperten: Manfred Schoeps.

Hubertus Moser, damals noch Chef der Landesbank, ist von Schoeps begeistert und eröffnet ihm die großen Immobilien-Pläne seiner Bank – womit das Geldinstitut allerdings völlig überfordert war. 1991 schließt die Landesbank einen Geschäftsbesorgungsvertrag mit der Bavaria ab, mit dem Ziel, in Berlin und Brandenburg Grundstücksentwicklungen größeren Umfangs durchzuführen. Dafür gründet die Landesbank die LBB Grundstücksentwicklungsgesellschaft mbH & Co. KG und LBB Grundstücksentwicklungs Beteiligungs GmbH (alleiniger Geschäftsführer für beide: Manfred Schoeps). Mit diesen Töchtern will die Landesbank Grundstücksentwicklungen, Bauträgeraktivitäten und die Auflage geschlossener Immobilienfonds aktiver betreiben. Schoeps soll der Landesbank bei der Umsetzung helfen, wie zum Beispiel im Entwicklungsgebiet Wasserstadt Oberhavel (Spandau).

»Wenn wir dieses Projekt nicht schaffen, schaffen wir auch die Olympischen Spiele nicht«, kündigte 1991 Berlins damaliger Bausenator Wolfgang Nagel (SPD) an. Nagel stellte damals das Projekt »Wasserstadt Oberhavel« vor, das er mit internationalen Großprojekten wie den Londoner Docklands, der Pariser Grande Bibliotheque oder der Hamburger Speicherstadt vergleicht: 18.000 Wohnungen, 50.000 Bewohner, 30.000 Arbeitsplätze und 1,3 Millionen Quadratmeter Gewerbefläche auf rund 200 Hektar sollten Nagels Docklands im Bezirk Spandau, seinerzeit die größte Entwicklungsmaßnahme Europas, umfassen. Kosten: zirka 10 Milliarden Mark. »Berlin gibt Impulse für den Städtebau in aller Welt«, prophezeite Nagel und sagte »Pilgerzüge von Fachleuten« zur Wasserstadt voraus. In der Wasserstadt, versprach der SPD-Gigantomane, würde man endlich »nicht kleckern, sondern klotzen«.

Das Entwicklungsgebiet »Wasserstadt Oberhavel« liegt in der nordwestlichen Ecke von Berlin, an einer binnenseeähnlichen Erweiterung der Havel nördlich der Spandauer Zitadelle. Die Gegend war bis dahin noch eine Vormauerfall-Idylle aus Wasser und einer Mischung aus verstreuten Kleingewerbehöfen, Lagerplätzen, großen Lagerhallen und Wassersportvereinen. Dort konnte man immer noch leibhaftige Wildgänse und Reiher sichten. Während Nagel von einem »ekelhaften« Zustand des Gebietes sprach, besaß die Gegend für andere einen in Berlin aussterbenden Charme. Die Abgeschiedenheit dieser Idylle wird lediglich durch tieffliegende Flugzeuge beim Landen oder Starten auf dem Flughafen Tegel gestört.

Konzipiert vor dem Mauerfall, war die Wasserstadt, die als »Nagels Kind« bezeichnet wurde, nach der Wiedervereinigung eigentlich überflüssig. Es gab genügend preiswertere Bauflächen im Ostteil der Stadt beziehungsweise im Umland Berlins. Doch Nagel wollte sich wohl ein Denkmal setzen, und die SPD witterte für sich und ihre Klientel drei Vorteile im Zusammenhang mit diesem Projekt: Jobs, Jobs und Jobs.

Die Wasserstadt war von Anfang an ein Fiasko – eine wahre Geldvernichtungsmaschine. Seit das Areal zum Entwicklungsgebiet deklariert wurde, ist der »Immobilien-Investor« in dieser Gegend auf die Liste der vom Aussterben bedrohten Tierarten gekommen. Von allen Superlativen im Zusammenhang mit der Wasserstadt Spandau bleibt nur der von der »teuersten Brache Europas«. Damit hatte das Land Berlin mehrere Milliarden Euro in den Sand gesetzt.

In einem Aspekt war die Wasserstadt Spandau jedoch erfolgreich; bei der Schaffung von Jobs und Aufträgen für Parteifreunde. Da keine andere Bank sich an dem Wahnsinn beteiligen will und das Land Berlin kein Geld dafür hat, wird die Landesbank Berlin von Nagel zum Partner des Landes für das Entwicklungsgebiet auserkoren. Doch das Projekt läuft nicht. Hier ist also Manfred Schoeps gefragt.

Auch in Falkenhöhe, einem Immobilienprojekt des Herlitz-Konzerns vor den Toren Berlins, nur wenige Kilometer von der Wasserstadt entfernt, gibt es Arbeit für Manfred Schoeps. Viele Banken waren vor der Unseriösität des Projektes zurückgeschreckt. Nicht so die Landesbank Berlin, die sich dort todesmutig engagiert. Wie bei der Wasserstadt läuft es aber nicht gut an.

Schoeps gewann in der Landesbank den Ruf als Problemlöser: »Der Mann mit der Ölkanne«, hieß er damals. Für die Landesbank gab es nur ein Wermutströpfchen: sie war unglücklich über Schoeps gute Kontakte zu Landowsky.

Landowsky wie auch Schoeps hatten nicht nur den Immobilienmarkt als gemeinsames Interesse. Beide waren früher Mitglieder des Studentenverbandes RCDS. Schoeps, sowieso von seinem Auftreten her eine gewinnende Figur, hatte hervorragende Kontakte sowohl zur SPD als auch zur CDU etabliert. Damit war er in der Lage, die Klaviatur der Großen Koalition perfekt zu bedienen.

Unter der Regie von Hubertus Moser hatte Berlins Landesbank 1993 die Bavaria-Gruppe und damit Schoeps' Dienste erworben. Die Landesbank Berlin wollte mit der Bavaria ihre Produktpalette ergänzen. Der Vorstand des Geldhauses hatte Großes vor und dachte an Jahresumsätze von einigen hundert Millionen Mark – ein Volumen, mit dem Provinzbanker umgehen können sollten. Um diesen ambitionierten Plänen Rechnung zu tragen, wird die LBB Grundstücksentwicklungs und Beteiligungsgesellschaft nun zur »LBB Immobilien- und Baumanagementgesellschaft« umfirmiert. Stille Gesellschafter sind Manfred Schoeps mit später bis zu 25 Millionen Mark und die Norddeutsche Kapitalbeteiligungsgesellschaft mbH der Nord/LB mit bis zu 10 Millionen Mark. Das Grundkapital wächst von 50.000 auf 50 Millionen Mark.

Strategisches Ziel dieses neuen Unternehmens ist der Ausbau des Fonds- und Bauträgergeschäftes der Landesbank. Mit Schoeps zusammen beginnt die Landesbank Berlin geschlossene Immobilienfonds aufzulegen. Anfänglich ist das ein überschaubares Geschäft. 1992 und 1993 liegen die Fondsvolumen jeweils bei rund 100 Millionen Mark. Mit der Schaffung der LBB Immobilien- und Baumanagementgesellschaft im Jahr 1994 und unter dem Einfluß der neu entstandenen Bankgesellschaft schnellt der Umsatz auf eine Milliarde Mark hoch, im Folgejahr bereits auf 1,6 Milliarden Mark.

Schoeps ist ganz oben angekommen. Nur für einen Moment holt ihn seine Vergangenheit ein. Am 11. Mai 1992 erhält er einen Brief von einem ihm Unbekannten aus Bad Vilbel, von (dem in der Zwischenzeit verstorbenen) Edgar Walter Moog. Moog ist empört. Bei einem bevorstehenden Seminar für Immobiliendienstleister, wozu Moog eine Einladung erhält, soll Manfred Schoeps als Referent auftreten. Moog war Kapitalanleger beim Wohn- und Kurzentrum Beethoven, Bornheim/Bonn gewesen, einem Immobilienprojekt der BIT.

Moog schreibt an Schoeps, daß er in den achtziger Jahren eine hohe Summe bei dieser Investition verloren habe und erinnert Schoeps daran: »Sie waren seinerzeit Geschäftsführer der BIT und haben mir für viel Geld alle möglichen Garantien zugesagt. Inzwischen ist eine Menge Zeit vergangen, und ich konnte mir beim besten Willen nicht vorstellen, daß

Sie jemals wieder den Mut aufbringen, Finanzdienstleistern in einem Seminar zu erklären, wie man das Geschäft am besten handelt.«

Schoeps' Antwort an Moog besteht aus Ausreden: Er wäre als BIT-Geschäftsführer nur für die Steuerung der Projektentwicklung zuständig gewesen und er habe vor dem Konkurs der BIT das Unternehmen verlassen. Auch er, Schoeps, sei Opfer: »Obgleich ich nur angestellter Geschäftsführer mit einem für damalige Verhältnisse niedrigen Gehalt war, habe ich selbst durch den Zusammenbruch der BIT-Gruppe erhebliche Nachteile und hohe finanzielle Verluste erlitten.«

Es gibt viele Menschen, die Manfred Schoeps kennen und ihm allerhand Titel oder Eigenschaften zuschreiben. Dazu gehört aber nie die Bezeichnung »Opfer«.

Die Immobilienfonds der LBB werden zum Renner der Bankgesellschaft, und alle wollen einen Teil des Kuchens abhaben. Mit Wirkung vom 1. Januar 1997 wird die LBB Immobilien- und Baumanagementgesellschaft erneut umgetauft, dieses Mal als Konzerntochter: »Immobilien- und Baumanagement der Bankgesellschaft Berlin GmbH« oder einfach IBG. Die Landesbank veräußert Anteile an ihre Schwesterbanken. Nun gehört die IBG jeweils zu 30 Prozent der Landesbank, der Berliner Bank, der Berlin Hyp und zu 10 Prozent der Bankgesellschaft AG.

Das Ziel der IBG ist es, an der gesamten Wertschöpfungskette der Immobilienfonds zu verdienen: am Grundstücksgeschäft, am Flächen- und Projektentwicklungsgeschäft, an der Planung und Bauausführung, an der Zwischen- und Endfinanzierung, an der Vermittlung von Eigen- und Fremdkapital, am Immobilienconsulting und -controlling, am Fonds- und Eigentumswohnungsvertrieb, an der Geschäftsführung der Fonds, an der Verwaltung der Immobilien, am Facility-Management und am Handel mit Immobilienobjekten. Nicht nur die Bavaria, sondern weitere 43 Konzerngesellschaften sowie rund 120 Beteiligungsgesellschaften zählen zum IBG-Konzern.

1996 erreicht das Fondsvolumen der IBG 2,2 Milliarden Mark. Im Geschäftsbericht 1996 der Bankgesellschaft heißt es: »Das Immobiliengeschäft bildet eines der großen und strategisch wichtigen Betätigungsfelder der Bankgesellschaft Berlin. Knapp ein Drittel des gesamten Kreditvolumens des Konzerns entfällt auf diesen Bereich.« Ein großer Teil speist sich aus den Geschäften der IBG.

Die Bank verdient viel Geld an den Fonds. Nicht nur die sogenannten weichen Kosten aus den Fonds, Gebühren für die Planung, Garantien und Realisierung der Fonds, bringen Gewinn. Die Bankgesellschaft verdient auch an deren Vertrieb und Finanzierung.

Die Fondsvolumina steigen stetig. Schon 1996 ist die IBG größter Initiator geschlossener Immobilienfonds in Deutschland. Unter der Ägide von Wolfgang Rupf, der ab 1997 nicht nur Vorstandssprecher der Bankgesellschaft wird, sondern gleichzeitig auch Aufsichtsratsvorsitzender der IBG, hebt das Fondsgeschäft jedoch erst richtig ab. Hier ist ein Geschäftsfeld, wo Rupf nicht nur als Marktführer gilt, sondern auch viel Geld zur Deckung der massiven Verluste auf anderen Feldern verdienen kann. Allein im Jahr 1997 legte die IBG Fonds mit einem Wert von rund vier Milliarden Mark auf. 1998, das letzte Jahr mit der Verteilung der steuerlichen Sonderabschreibung auf Immobilien in den neuen Bundesländern, erreicht das Fondsvolumen einen Rekord von 4,4 Milliarden Mark. Bis zu Rupfs Rücktritt Ende 2001 hatte die Bankgesellschaft geschlossene Immobilienfonds von fast 13 Milliarden Euro auf den Markt gebracht.

Als »Cash-Maschine« bezeichnet der Anlagenexperte Heinz Gerlach das Fondsgeschäft der Bankgesellschaft. Diese Immobilienfonds bedeuten kurzfristig Milliardengewinne für die Bank. Als Initiator der Fonds flossen der Bank durch ihre Tochtergesellschaft IBG rund 1,5 Milliarden Mark zu. Außerdem finanzierte die Bank ihre eigenen Fonds mit rund acht Milliarden Mark. Die Bank kassierte Zinsen und Gebühren durch Zwischenfinanzierung und Refinanzierung von Fondsanteilen und aus der Finanzierung von Wohnungsteileigentum. Anteil und Dauer der Zwischenfinanzierungen an die Fondsgesellschaften sollen unverhältnismäßig groß gewesen sein. Das bringt Vorteile, weil Zwischenfinanzierungen viel höhere Zinsmargen und damit Gewinne für die Bank mit sich bringen.

Der Geist aus der Flasche: Schoeps, ein begabter Schachspieler, ist auch ein brillanter Taktiker. Die Manager der Bank sind ihm nicht gewachsen und überblicken seine Aktivitäten kaum. Im IBG-Aufsichtsrat sitzen im Laufe der Zeit Steinriede, Moser, Rupf, Landowsky, Steinriedes Nachfolger in der Berliner Bank, von der Heyde, Mosers Nachfolger in der Landesbank, Ulf Wilhelm Decken und Jürgen Noack aus der Berlin Hyp. Für sie ist Schoeps nicht nur ein Problemlöser, sondern auch ein

Alchimist, der schlechte Immobilien – und die hatte die Bankgesellschaft zu Hauf – in Goldminen verwandeln kann. Für Schoeps war das unkontrollierte Wachstum der IBG nur vorteilhaft. Er bekam als Rendite jährlich eine Gewinnbeteiligung von maximal 11,5 Prozent seiner Einlagen bei einer gleichzeitigen gewinnunabhängigen Mindestverzinsung seiner Einlage von acht Prozent.

Schoeps ist jedoch nicht nur seinen Kollegen behilflich. Er steht auch im Dienste der Berliner Politik. Genau wie Bankkollegen mit schwer vermittelbaren Immobilien zu Schoeps kommen, haben Berlins Politiker viele schwer vermittelbare Parteifreunde. Die IBG wird zur ABM-Maßnahme für Parteibuchsoldaten. Zu ihnen gehören der beurlaubte Ex-Baustaatsekretär Hans Görler (Geschäftsführer der IBG), Reiner Nittka, ehemaliger persönlicher Referent des ehemaligen Regierenden Bürgermeisters Walter Momper, Prokurist der Bavaria. Selbst Helmut Müller (SPD), früherer Bürgermeister in Saarbrücken und Vorstandsmitglied der dortigen Sparkasse, der über eine Rotlichtaffäre gestürzt wurde, wird Geschäftsführer des Fondsvertreibers der IBG, der IBV. Als ich einige ehemalige IBG-Mitarbeiter bat, Namen von Mitarbeitern des IBG-Konzerns, die ihre Einstellung ihrem Parteibuch zu verdanken hatten, aufzulisten, waren es gleich mehr als dreißig Namen.

Einer der eklatantesten Fälle war der Abteilungsleiter der Berliner Bauverwaltung Günter Fuderholz. Er war in dieser Funktion jahrelang für die öffentliche Wohnungsbauförderung und die Entwicklungsgebiete zuständig. In dieser Zeit erhalten die IBG-Projekte direkt und indirekt Milliarden Zuwendungen aus diesen Fördertöpfen. Für die Wasserstadt Oberhavel machte Fuderholz' Abteilung nicht nur rund eine Milliarde Mark Wohnungsbauförderung frei, sondern befürwortete auch die Finanzierung des Projekts durch das Land Berlin.

Für Berlins fehlgeschlagene »Bauausstellung 1999« im Nordosten der Stadt erhielt die »Berliner Landesentwicklungsgesellschaft« (BLEG: eine Tochter des Landes und der Landesbank Berlin) zusammen mit der »Deutschen Stadt- und Grundstücksentwicklungsgesellschaft« DSK (einer Tochterfirma der IBG) ohne Ausschreibung den Zuschlag, die städtebauliche Entwicklung und Erschließung der Elisabeth-Aue durchzuführen und sechzig Prozent der Eigenheime zu errichten. Fuderholz führte die Verhandlungen für das Land mit der BLEG und DSK. Kritiker verglichen den ausgehandelten Vertrag mit einer Goldmine. »So einen Vertrag würde ich sofort unterschreiben. Man könnte hundert Freunde mitnehmen«, meinte ein Insider.

Mitten in den Vertragsverhandlungen bereitete Fuderholz seinen Wechsel von der Staats- auf die Investorenseite vor: Ende Mai 1998, mehr als einen Monat vor der Unterzeichnung des Vertragswerkes, hatte Fuderholz beim Bausenator seine Kündigung zum 30. September 1998 eingereicht, um ab 1. Oktober als hochdotierter Geschäftsführer bei der IBG-Tochter DSK, die die Elisabeth-Aue entwickeln sollte, anfangen zu können. »Fuderholz' Mitgift« nannten Mitarbeiter der Bauverwaltung den Elisabeth-Aue-Vertrag.

Unglücklicherweise wurde Fuderholz' Seitenwechsel vor der Vertragsunterzeichnung öffentlich bekannt. Berlins damalige Finanzsenatorin Annette Fugmann-Heesing (SPD), verantwortlich für das Vertragswerk, leistete Deckungsschutz. Als der Vertrag am 6. Juli 1998 unterschrieben wurde, war die DSK nicht mehr Vertragspartner des Landes, sondern die DSK-Muttergesellschaft: die IBG. Was niemand wissen sollte: gleich nachdem der Vertrag zwischen dem Land und der IBG unterschrieben war, gab es einen geheimen Zusatzvertrag zwischen der IBG und DSK, worin die IBG von dem Geschäft mit dem Land zurücktritt und dafür die DSK eintrat. Alles war beim Alten.

Als ich Frau Fugmann-Heesing, damals noch SPD-Finanzsenatorin, von diesem Geheimvertrag schriftlich informierte, ließ sie wissen, daß es sie eigentlich nicht interessieren würde. Obwohl sie von 1996 bis 2000 im Aufsichtsrat der Bankgesellschaft und der Landesbank Berlin saß, behauptet Fugmann-Heesing, von Unregelmäßigkeiten nie erfahren zu haben.

Aus der Bauausstellung wurde nichts, die Elisabeth-Aue ist auch heute noch eine Brache. Gekostet hatte das Ganze den Steuerzahler bisher 18,5 Millionen Mark Vorbereitungs- und Planungskosten. Es hätte noch teurer kommen können. Fuderholz hat nämlich vor dem Landes- und Kammergericht gegen meine Reportagen zu der Affäre geklagt – und verlor. Zu einer Kleinen Anfrage der Grünen-Abgeordneten Claudia Hämmerling erklärte die Senatsverwaltung für Stadtentwicklung Anfang 2001, daß sie »im Rahmen der Fürsorgepflicht« gegenüber ihrem ehemaligen Mitarbeiter »einen Teil der Kosten« für Fuderholz' Prozesse übernehmen werde. Natürlich wurde auch diese Tatsache öffentlich. Der zuständigen Senatsverwaltung zufolge wurden am Ende dann doch keine Gerichtskosten übernommen.

Schoeps wichtigste Mitarbeiter waren nicht die sogenannten »Politnieten«, wie sie in der IBG getauft wurden, sondern diejenigen, die er aus seiner Zeit bei der Bayern Immobilien Treuhand (BIT) kannte. Dazu gehörte auch Dr. Christian Lauritzen. Er galt als Schoeps rechte Hand und war für juristische Fragen zuständig. Lauritzen spielte nicht nur innerhalb der IBG eine wichtige Rolle, sondern suchte nach rechtlichen Lösungen bei vielen anderen Problemen der Bank und setzte diese danach um. Bei allen heiklen Fällen, wie zum Beispiel der schon erwähnten ehemaligen Französischen Botschaft, findet man den Namen Christian Lauritzen wieder.

Schoeps hat jedoch eine Schwäche. Er kann Macht nicht teilen und toleriert keine starken, kompetenten Persönlichkeiten neben sich. Deswegen störte ihn auch die Beschäftigung von sogenannten »Nieten« aus der Berliner Politik nicht, schließlich standen die Parteien so gleichermaßen in seiner Schuld.

Diese Personal-Konstellation barg jedoch eine immanente Gefahr. Während Schoeps nach vorne preschte und immer größere Geschäfte einfädelte, kam sein »Back Office«, darunter Verwaltung, Controlling, Bau und Planung, nicht nach. In diesem Zusammenhang entstanden jene ersten Gerüchte von einem unvermeidbaren Zusammenbruch der IBG, wovon ich und andere im Frühsommer 1997 erfuhren.

Kapitel 5

Rostige Nägel oder alte Schuhe

Mir fällt die Kriminalität des Zusammenbruchs der Bankgesellschaft nie so stark auf, als wenn ich ausländischen Besuchern den Sachverhalt zu erklären versuche. »Verstehe ich richtig?« fragt ein interessierter Freund aus England: »Eine Landesregierung legt Immobilienfonds auf? Wo gibt es denn das in der Welt?« Ich weise ihn darauf hin, daß es nicht unmittelbar die Regierung, sondern deren Geschäftsbank war, die für die Fonds verantwortlich zeichnet. Erneutes Staunen und Stirnrunzeln: »Die Regierung hat eine Geschäftsbank? Ich dachte, die Kommunisten hätten den Kalten Krieg verloren?«

Ich setze neu an. In Deutschland ist alles anders. Das andere nennt man hierzulande soziale Marktwirtschaft. Auch im kapitalistischen West-Deutschland hat jedes Bundesland seine Geschäftsbank. Heute immer noch – auch wenn die Europäische Union darüber sehr unglücklich ist. Solche Geldhäuser, wenn sie nicht von der Politik korrumpiert werden, können aber eine wichtige Funktion in der Gesellschaft erfüllen und tatsächlich dem Gemeinwohl dienen.

Bei den Immobilienfonds ist es allerdings hauptsächlich eine Privatbank, an der das Land Berlin mehrheitlich beteiligt ist, nicht die Landesbank, die diese Immobilienfonds garantiert, erkläre ich, wieder ohne Erfolg. »Gut, wenn eine Privatbank pleite ist, ist sie pleite. Fondsanleger bekommen nicht fünfundzwanzig Jahre lang ihre Rendite vom Staat. Wir leben doch in einer freien Markwirtschaft! In einer Demokratie!« wendet mein englischer Freund ein. Mit Recht. Mit Marktwirtschaft und Demokratie hat das nämlich alles gar nichts zu tun. Es bleibt mir nichts übrig, als meinem Freund vorzuschlagen, zu Berlins Möchtegern-Glitzer-Boulevard, dem Kurfürstendamm, zu laufen.

Uns gegenüber steht ein sechsgeschossiges Haus mit Glasfassade, Kurfürstendamm 126/127. Das »Haus am Halensee« ist ein Seniorenpflegeheim mit Ladenzeile im Erdgeschoß. Man kann das Gebäude als unauffällig-häßlich beschreiben. Die Ladenzeile steht fast leer; solange ich mich daran erinnern kann, war sie unvermietet. Das Seniorenheim läuft schlecht. Mitarbeitern zufolge steht ein Drittel der Betten leer. Pech für die Bankgesellschaft, Pech auch für Berlins Steuerzahler. Die Immobilie gehört dem IBV Fonds Deutschland 1. Pech, weil die Jahresmiete, rund 1,7 Millionen Euro, bis zum Jahr 2025 garantiert ist. Das heißt, die Fondsanleger erhalten die Miete in Form einer Ausschüttung unabhängig davon, ob das Gebäude leer oder voll vermietet ist. Und für diese Garantie stehen Berlins Steuerzahler gerade, und zwar seit dem 9. April 2002, als das Landesparlament der Übernahme der Immobilienrisiken von der Bankgesellschaft zustimmte.

Wir schlendern ein paar Meter weiter zum Kurfürstendamm 99/100 – ein Seniorenheim des Konzerns »Pro Seniore«. Diese Tatsache kann man kaum übersehen; der Name samt Logo, ein rot geflügelter Fisch, ist groß an die beigefarbene Hauswand gemalt. Die meisten Postkästen sind ohne Namen, nur in wenigen Fenstern der sieben Stockwerke ist Licht. »Schlecht vermietet«, vermutet mein Freund, »... aber wenigstens kommt Geld rein.« Da muß ich leider den Kopf schütteln. Es gibt zwar Mieter, erläutere ich, sie sind jedoch eine Art Untermieter. Der Hauptmieter, das Unternehmen »Pro Seniore«, das übrigens in über zwanzig weiteren Objekten aus den Fonds der Bankgesellschaft Pächter ist, hat seine Einnahmen nie an die Fonds weitergeleitet. Es wird gegen den Chef von »Pro Seniore« ermittelt wegen Verdachts der Steuerhinterziehung und Untreue. Nach seiner Verhaftung Ende August 2002 ist er zur Zeit dank einer Kaution von 500.000 Euro auf freiem Fuß. Auch für dieses Fondsobjekt wird der Steuerzahler aufkommen müssen.

Diese beiden Gebäude sind nur Beispiele für hunderte, die sich in den Immobilienfonds der Bankgesellschaft befinden. Deren Risiken trägt jetzt alle der Steuerzahler, teile ich meinem staunenden Freund mit. »Wie konnte das passieren?« fragt er nach, »... Das klingt wie ein deutsches Enron.« »Richtig«, bestätige ich, »... bloß mit dem Unterschied, daß niemand die Ursachen erfahren soll.« Wir ziehen uns in ein Café zurück, und ich versuche, meinem Zuhörer die komplexen Zusammenhänge zu erläutern:

Geschlossene Immobilienfonds sind die Beteiligung an, wie der Name verrät, Immobilien – an einer oder mehrerer. Im Gegensatz zu offenen Immobilienfonds dürfen die Immobilien später nicht so ohne weiteres ausgetauscht werden. Der Fondsanleger und die Fondsobjekte (Wohn-

und Bürohäuser, Einkaufszentren, Hotels und ähnliches) sind für die nächsten Jahre auf Gedeih oder Verderb miteinander verbunden. Der Fondsaufleger, auch Fondsinitiator genannt, verkauft Anteile seiner Fonds an Anleger, Fondszeichner genannt. Normalerweise liegt die Mindestbeteiligung bei den Bankgesellschaft-Fonds in zweistelliger Tausenderhöhe (Mark). Wenn alle Anteile verkauft sind und das nötige »Fremdkapital« (normalerweise ein Kredit von einem Geldinstitut) vorhanden ist, gilt der Fonds als »geschlossen«. Als erstes bekommt der Anleger hohe Verlustzuweisungen für die sogenannten »weichen Kosten« (Vermittlungsgebühren etc.), das Disagio und Investitionen für einen Neubau oder die Modernisierung eines Altbaus, die er von der Steuer absetzen kann. Das heißt, man bekommt einen Teil, in einigen Fällen sogar die gesamte Investitionssumme vom Staat wieder. Später erhält der Anleger durch die Mieteinnahmen, wenn alles gut geht, über Jahre eine Gewinnausschüttung.

»Wieso diese Großzügigkeit seitens der deutschen Regierung?« erkundigt sich mein Freund. »Die offizielle Begründung ist, die Bautätigkeit anzukurbeln«, erläutere ich. Im Fall der neuen Bundesländer hieß die Begründung »Aufbau Ost«. Daß überall viel Schindluder mit geschlossenen Immobilienfonds getrieben wird, ist aber kein Geheimnis.

Mein Freund verdreht ungläubig die Augen: »Das heißt Berlins Landesbank, eine Regierungsbank, unterstützte eine massive Senkung des Steueraufkommens. Das ist doch absurd!« »Gewiß. Die ersten Fonds stammten«, ich muß etwas ausholen, »... ausgerechnet von der Landesbank Berlin, die damals hundertprozentig dem Land gehörte. Deswegen heißt auch die erste Generation der Immobilienfonds die ›LBB-Fonds‹. Die Bankgesellschaft setzte dieses Geschäftsfeld fort. Mit der Schaffung der Bankgesellschaft mischten alle Teilbanken mit. In der Tat, die Fonds waren eine Steueraufkommenvernichtungsmaschine. Sie ermöglichten Steuerabschreibungen in Milliardenhöhe.«

»Aber ich dachte, daß diese Landesbanken das Gemeinwohl stützen sollten.« Der Engländer läßt nicht locker. »Was hatte eine Landesbank, die zur finanziellen Unterstützung der Regierung arbeiten soll, in diesem Geschäftsfeld überhaupt zu suchen?« »Wohl wahr«, stimme ich zu. »Die Frage ist umso interessanter, als lauter Berliner Senatoren der SPD und CDU im Aufsichtsrat der Landesbank saßen – öfter sogar als Vorsitzende und stellvertretende Vorsitzende. Sie haben die ungewöhnliche Entwicklung der Fonds dieser damals hundertprozentig öffentlichen Bank abgesegnet und mitverantwortet.«

Die »Sorglos-Fonds« der Landesbank unterschieden sich wesentlich von anderen geschlossenen Immobilienfonds der Bundesrepublik. Sie boten Garantien, die auf dem Markt einmalig waren. Die zwei wichtigsten dieser Garantien waren die Miet- und Andienungsgarantie, wobei die Mietgarantien öfters als Generalmietverträge mit Gesellschaften der Unternehmensgruppe Bankgesellschaft ausgestattet waren:

Die Mietgarantie sichert dem Fondszeichner feste Mieteinnahmen über einen Zeitraum von meist 25 Jahren. Im Klartext: bei Leerstand zahlt die Bank den Einkommensausfall. Damit war die Gefahr für den Anleger, daß die Immobilien keine Rendite abwerfen (oder der Anleger wegen Verluste sogar nachzahlen muß), gebannt. 25 Jahre lang können sich die Fondsanteilsinhaber zurücklehnen und ohne Angst und Bange ihre Rendite erwarten. Leerstand und Wirtschaftlichkeit spielen keine Rolle.

Nach diesen 25 Jahren wird dann die Andienungsgarantie auf den Plan treten. Sie sichert den Anlegern zu, nach 25 Jahren ihren Anteil für den Nominalwert, das heißt 100 Prozent ihrer getätigten Investitionssumme – oder nach 30 Jahren zu 115 Prozent des Nominalwerts an die Initiatoren zurückverkaufen zu können. So wird der Anleger zusätzlich davor geschützt, daß seine Immobilie am Ende der Garantiezeit völlig heruntergekommen und wertlos und damit das investierte Kapital verloren wäre.

Solche Garantien kann natürlich jeder geben. Viele Anleger der früheren BIT-Fonds von Schoeps und Zembsch hatten auch solche Garantien. Leider war der Garant damals eine kleine, schwache Gesellschaft mit beschränkter Haftung. Als man die Garantien zu stark in Anspruch nahm, war diese Gesellschaft bald pleite. Danach waren die Garantien nichts mehr wert. Diesen Fehler wollte Schoeps nicht wiederholen. Als Garant der Fonds fungierte dieses Mal die Bankgesellschaft Berlin, hinter der Bankgesellschaft stand das Land Berlin und dahinter die Bundesrepublik Deutschland. Kann ein Anleger besser versichert sein?

Fragt man jemanden aus der Immobilien-Branche, wofür solche Garantien gut sind, lautet die klare Antwort: Um schlechte Immobilien zu kaschieren. Eine gute Immobilie, und wenn alles richtig kalkuliert ist, läuft von selber. Man kann vielleicht mal schlechte Jahre haben und dadurch fällt die Ausschüttung eher mager aus. Qualität macht sich dennoch bei Immobilien bemerkbar. Bei schlechten Immobilien versucht der Fondsinitiator, durch solche Garantien den Käufer in falsche Sicherheit zu wiegen.

»Wie?« unterbricht mein angelsächsischer Zeitgenosse. »Haben die Bankvorstände und -aufsichtsräte dem zugestimmt?« Meine Anwort ließ ihn nur noch den Kopf schütteln: »Besser noch. Viele haben selber Fondsanteile gekauft. Sie wußten, diese Fonds hatten es in sich.«

Ich setzte meine Erzählung ungerührt fort. Bei geschlossenen Immobilienfonds mit mehreren Objekten kann der Aufleger in einem gesunden Verhältnis auch mittelmäßige Immobilien untermischen. Man muß sich dies wie in einer Autovermietung vorstellen. Hat man sieben Mercedes und sechs BMWs im Fuhrpark – alle nagelneu –, so kann man auch ein paar ältere Modelle der Mittelklasse, die man zum Sonderangebot erwirbt, anbieten. Dafür gibt es eine gelegentliche Nachfrage. Es kommt eben auf die Mischung an. Die Immobilien-Fuhrparks, die Manfred Schoeps für die Landesbank und Bankgesellschaft zusammenkaufte, bestanden nicht aus hochwertigen Modellen, sondern aus Ladas, Wartburgs, Skodas, und Trabis – ausgemusterte Ostmodelle. Wenn es West-Modelle gab, handelte es sich eher um gebrauchte Daimler Diesel aus den siebziger Jahren oder PKWs mit Totalschaden, die äußerlich wieder aufgemotzt waren. In den Immobilienfonds sucht man umsonst nach 1A-Immobilien – Top-Qualität-Objekte – in den Zentren von Großstädten. Manfred Schoeps erwirbt lieber ein Einkaufszentrum in Güstrow, Plattenbauwohnungen in Cottbus, einen SB-Markt in Werder (Havel), einen Autohof in Soltau, geförderte Wohnungen in der schon erwähnten Wasserstadt Spandau.

Die Objektschwerpunkte in den LBB-Fonds bilden Handelsimmobilien und geförderter Wohnungsbau. Vertreten sind auch Altenwohn- und Pflegeheime, Krankenhäuser, Kinos, Hotels und in geringem Umfang Büroimmobilien. Manfred Schoeps' Traumimmobilien, erzählen Ex-Mitarbeiter, stehen auf der grünen Wiese, haben vier Wände und ein Flachdach. Schön sind sie nicht, auch nicht langlebig. Die eindeutige Bewertung seitens ehemaliger Mitarbeiter: »Es war sehr viel Schrott dabei.«

Das muß den Anleger jedoch überhaupt nicht interessieren. Wenn er weiß, daß seine Investition sowieso von Anfang bis Ende staatlich garantiert ist, kümmert es ihn nicht im geringsten, welche Immobilien sich in den Fonds befinden.

Wilfried Tator, Chefanalyst bei dem Analyseunternehmen Fondscope, bringt es auf den Punkt: »Wenn mir die Landesbank Berlin eine jährliche Ausschüttung von sechs, sieben, acht Prozent garantiert, das über die Dauer von 25 Jahren, und mir darüber hinaus noch garantiert, daß ich nach 25 Jahren hundert Prozent meiner Einlage wieder zurückbekomme, dann brauche ich im Prinzip keine Qualitätsimmobilien für diese Anlagen. Es hätten in den Fonds genauso gut rostige Nägel oder alte Schuhe sein können.«

Anfangs war allerdings alles nicht halb so wild, weil die Fonds noch nicht so groß waren und der Garant gut verdiente. Der erste geschlossene Immobilienfonds der Landesbank Berlin, der LBB Fonds 1, aus den Jahren 1992 und 1993 besteht aus vier Objekten. Das Fondsvolumen beläuft sich auf knapp über einhundert Millionen Mark. Der Fonds bietet eine für damalige Verhältnisse großzügige Mietgarantie über zehn Jahre. Das heißt, sollte in den ersten zehn Jahren der Fonds-Laufzeit Leerstand auftreten, gleicht die Bank den Mietausfall aus. Danach ist der Fondszeichner den Marktkräften ausgesetzt. Bei hohem Leerstand entfällt die Ausschüttung. Diese Mietgarantie – wohinter immerhin eine Landesbank stand – war damals eine wahre Seltenheit. Eine Andienungsgarantie gab es noch nicht.

Ein Jahr später folgt der LBB Fonds 2 mit ähnlichem Volumen. Dieser sorgt für eine Sensation. Dieses Mal steigt die Mietgarantie auf 15 Jahre. Aber ebenfalls noch ohne Andienungsgarantie.

Beim LBB Fonds 3 aus den Jahren 1994 und 1995 mit sieben Immobilien gibt es plötzlich eine Mietgarantie von 25 Jahren und eine Andienungsgarantie für die Fondsanteile von 100 Prozent nach 25 Jahren, 115 Prozent nach 30 Jahren. Alles mit einer Verlustzuweisung von 85 Prozent (d.h. 85 Prozent vom eingesetzten Eigenkapital werden vom Einkommen abgezogen, bevor die Steuer berechnet wird) und eine jährliche Ausschüttung von 5,5 bis 7 Prozent.

Dieses Angebot war für Marktbeobachter schier unglaublich. Die »Sorglos-Fonds« waren geboren.

Im Jahr 1994, gleichzeitig mit der Entstehung des LBB-Fonds 3, bringt Schoeps andere spezielle Fonds für die Landesbank auf den Markt. Sie sind nichts anderes als »Sorglos-Fonds« im Kleinformat, Einzelgebäude der Bankgesellschafts-Holding: Die Konzernzentrale auf dem Alexanderplatz, das Verwaltungsgebäude der Landesbank, das Büro- und Dienstleistungszentrum der Bankgesellschaft Berlin und das Geschäftshaus Brandenburgische Straße, worin Tochtergesellschaften der Landesbank sitzen, werden sämtlich in Fonds vermarktet. Diese Fonds bieten zwar offiziell keine Mietgarantie jedoch Generalmietverträge mit einer Gesellschaft der Unternehmensgruppe Landesbank Berlin (und dadurch mit der Landesbank selber) für eine Laufzeit von 30 Jahren, was letztendlich nichts anderes als eine Mietgarantie ist. Daraus entstehen jährliche Ausschüttungen zwischen sechs und sieben Prozent. Zusätzlich haben sie, wie bei allen »Sorglos-Fonds«, ein Andienungsrecht nach 25 Jahren zum Nominalwert oder nach 30 Jahren zu 115 Prozent des Nominalwerts.

In diesen kleinen Fonds verbergen sich handfeste Skandale, wie zum Beispiel das Geschäftshaus in der Brandenburgischen Straße 78/79 in Berlin-Wilmersdorf. Nach der Wende ließ der Besitzer die alte Immobilie abreißen und wollte an seiner Stelle ein Wohn- und Gewerbehaus bauen. Das Projekt wurde zunächst von der Sparkasse Berlin, danach von ihrer Nachfolgerin, der Landesbank Berlin, mit insgesamt rund zehn Millionen Mark finanziert. Die Baustelle kam kaum voran, und Ende 1994 wurde das Objekt an Schoeps' Mann für besondere Aufgaben, Christian Lauritzen, seinem Sozius Hans Köning und einer LBB-Tochter, zu einer Kommanditgesellschaft gebündelt, übertragen.

Die Kommanditgesellschaft wird daraufhin in die »Gerhard Rohde Immobilien Verwaltungs KG – Geschäftshaus Brandenburgische Straße Berlin Immobilienfonds«, ein Fonds der Landesbank Berlin, umfirmiert, die Fondsanteile veräußert und die Immobilie als siebengeschossiges Bürohaus mit einer Wohnung im Dachgeschoß fertiggestellt. Danach schließt der Fonds einen Generalmietvertrag über 30 Jahren mit der LBB Grundstücksentwicklungsgesellschaft mbH ab. Dieser Generalmietvertrag ist typisch für ein Schoeps-Geschäft. Er unterschreibt sowohl für den Vermieter (den Fonds) wie für den Mieter (die LBB Grundstücksentwicklungsgesellschaft). Büros der verschiedenen Landesbank-Töchter ziehen ein. Zwei der drei Läden im Erdgeschoß stehen heute leer. Laut

Fondsprospekt hatte das Gebäude einen Wert von rund 12,5 Millionen Mark; selbst bei optimistischer Kalkulation kommt man heute auf einen Wert von maximal sechs Millionen Mark.

Wie der Unterschied entsteht? Durch Schoeps »In-sich«-Mietvertrag. Er beginnt im Jahr 1995 mit einer Kaltmiete von rund 33 Mark pro Quadratmeter ohne Mehrwertsteuer – ein stolzer Preis für diese Ecke Berlins. Festgelegt sind Mietsteigerungen alle drei Jahre von zwölf Prozent (ab 2004 nur acht Prozent). Danach liegt die Miete heute bei fast 42 Mark pro Quadratmeter – ohne Mehrwertsteuer, ohne Betriebskosten. Man kann preiswerter am Kurfürstendamm oder in der Friedrichstraße viel schönere Büros mieten. Damit noch nicht genug. Im Jahr 2019 haben die Fondszeichner ein Andienungsrecht. Danach erhalten sie das Kapital, das sie investierten, 8,82 Millionen Mark, wieder. Die Bank sitzt dann wahrscheinlich auf einer abrißreifen Immobilie. Bei anderen Einzelobjektfonds sieht die Lage ähnlich aus.

Außer den LBB-Fonds und den Einzelobjektfonds legt die Landesbank 1994 eine dritte Art Fonds auf: Die sogenannten »Promi-Fonds«, die Jahre später eine so schillernde Rolle in der Öffentlichkeit spielen. Diese Fonds wurden in der Presse hochgespielt, als ob sie die Ursache der Milliarden-Misere der Bankgesellschaft wären – was viele Berliner übrigens bis heute glauben. Um einen Satz von Winston Churchill zu variieren: Niemals wurde eine solche Menge Artikel von so vielen Journalisten über so Unwesentliches geschrieben. Diese Fonds verraten eher einen bevorzugenden Umgang mit wohlhabenden Kunden, die zufälligerweise auch in der einen oder anderen Weise mit der Bankgesellschaft liiert, ihre Freunde oder Bekannte sind, und sprechen für eine beachtliche Portion Selbstbedienungsmentalität. Der Schaden allerdings ist vergleichsweise geringfügig.

Den Begriff »Promi-Fonds« gibt es außerhalb der Welt des Berliner Journalismus' und der Berliner Hysterie nicht. Es gibt jedoch das »Private Placement«. Nur ein kleiner Kreis von Investoren wird als potentieller Anleger persönlich angesprochen. Es gibt keine Werbung, keinen Prospekt im Hochglanzdruck, keinen Vertrieb, keinen Treuhänder. Man muß einfach zu den richtigen Kreisen gehören, um angesprochen zu werden. Die Landesbank legt im Jahr 1993 eine solche Private-Placement Anlage auf. Eine einzige. Die heißt »Grundstücksgesellschaft Straße

619/620 GbR Fonds«, eine unauffällige Immobilie im Ernst-Arndt Weg 6-13 und Pfarrer-Wenke-Weg 6-14 in Berlin-Buckow. Es geht um 121 öffentlich geförderte Wohnungen, eine kleine Ladenzeile, eine Tiefgarage mit 38 Stellplätzen sowie 36 ebenerdige Stellplätze. Der Gebäudekomplex befindet sich wahrhaftig am Rande von Berlin. Hinter der Straße blickt man aufs freie Feld.

Die mehrheitlich von der Landesbank getragene Gesellschaft bürgerlichen Rechts erwarb das Projekt Ende 1993 für rund 41 Millionen Mark von der kommunalen Wohnungsbaugesellschaft Gehag. Eigentlich hatte die Gehag selber die Fonds konzipiert – deswegen taucht in vielen Unterlagen und Berichten der Name »Gehag-Fonds 12« auf. Dieser Fonds war nicht vermarktungsfähig, worauf, laut einem Aufsichtsratsprotokoll der Landesbank vom Februar 2001, Hubertus Moser (zu der Zeit Chef der Landesbank und Mitglied des Aufsichtsrates der Gehag) mit dem Vorstand der Gehag die Übernahme des Projektes in die Bücher der LBB vereinbarte. Warum Moser diese Entscheidung traf, scheint heute niemand so richtig zu wissen. Vielleicht mußte Moser, wie so oft, der Berliner Politik – der seinerzeit einflußreiche Berliner CDU-Politiker Heinz-Viktor Simon war damals Vorstand der Gehag – finanziell aus der Patsche helfen. Vielleicht war es auch nur ein Anfall von Großmannssucht.

Daraufhin sollte die Gehag die Immobilien schlüsselfertig bauen. Dafür wurde ein Beschluß vom Vorstand der Landesbank mit Zustimmung ihres Aufsichtsrates gefaßt. Im Aufsichtsrat sitzen zu der Zeit Wirtschaftssenator Norbert Meisner, Bausenator Wolfgang Nagel und Joachim Niklas (Mitglied des Abgeordnetenhauses), alle SPD-Mitglieder, und Finanzsenator Elmar Pieroth und Joachim Palm (Mitglied des Abgeordnetenhauses), beide CDU.

Einen besonderen Prospekt für den Fonds gibt es nicht. Es wird ein einseitiges DIN A4 Blatt als Fondskonzept – ein »Flyer« – mit einem persönlichen Anschreiben an einen ausgewählten Kundenkreis verteilt. Einige Zeichner erhalten darüber hinaus eine von der Kanzlei Köning Lauritzen, die bei solchen Geschäften der besonderen Art immer dabei zu sein scheint, entworfene Kurzbeschreibung des Fonds über acht Seiten. Einem banküblichen Standard entsprachen diese Dokumente in keiner Weise. Sie enthalten »angesichts des eingeschränkten und im wesentlichen fachkundigen Teilnehmerkreises lediglich ... die relevanten

Rahmendaten«, so die Kanzlei Köning Lauritzen. Dieses Werbematerial geht an die Landesbankvorstände, die offensichtlich selber potentielle Anleger ansprechen sollen.

Vom Gesellschaftskapital erwarben 40 Gesellschafter rund 60 Prozent. Der Rest liegt hauptsächlich bei der Landesbank. Die Zusammensetzung der Anleger ist faszinierend. Ungefähr ein Drittel sind damalige Vorstandsmitglieder aus den »roten Landesbanken« der von der SPD regierten Bundesländer, wie Dr. Karl Kauermann und Heinz Riener (beide Hessische Landesbank), Manfred Bodin (Nord/LB), Hans-Peter Sättele und Fried Tuschoff (beide WestLB). Ein weiteres Drittel stammt von damaligen Funktionären der Bankgesellschaft wie Klaus Landowsky und seinem Freund Dankward Buwitt (Aufsichtsratsmitglied der Berlin Hyp), Ulf-Wilhelm Decken, Hans Leukers, Jochem Zeelen (alle drei aus dem Vorstand der Landesbank Berlin) oder Horst Kramp (Aufsichtsrat der Landesbank). Das letzte Drittel besteht offensichtlich aus dem Freundeskreises der Bankgesellschaft wie Manfred Foede (damaliger IG Metall-Bevollmächtigter) und Thies Eggers (damaliger Gesellschafter und Manager der Wirtschaftsprüfungsgesellschaft Arthur Andersen).

Die Mindestanlage betrug mit einer Ausnahme 100.000 Mark. Für diese Fondszeichner gab es einen Steuervorteil im Jahr 1993 von zirka 227 Prozent, im Folgejahr weitere 26 Prozent. Beim Höchststeuersatz haben die Anleger fast das Anderthalbfache ihrer Investition vom Finanzamt zurückerstattet bekommen – also war ihre Investition nicht nur vom Staat voll subventioniert, sondern es gab noch zusätzlich Geld obendrauf. 21 der 40 Zeichner mußten für ihren Fondsanteil nie in die eigene Tasche greifen. Sie erhielten dafür eine Finanzierung von der Landesbank Berlin. Außerdem ist für die Anleger eine Ausschüttung in Höhe von »mickrigen« 1,4 Prozent auf ihren Anteil vorgesehen.

Wenn man heute die damaligen Verantwortlichen aus der Landesbank fragt, warum sie diese Fonds auflegten, lautet die Antwort einhellig: »Wir wollten Meinungsmacher aus der Finanzwelt auf unsere Fondsprodukte aufmerksam machen.« Das wäre dann so zu verstehen: Bei der Einführung eines neuen Produktes der Landesbank erhält der normale Kunde von der Bank einen Werbeprospekt mit einem Schokoladen-Taler als Werbegeschenk, der gutsituierte Bürger hingegen einen Werbeprospekt mit 130.000 Mark als Werbegeschenk.

Ob ein Werbegeschenk überhaupt notwendig war, ist fraglich. Zu der Zeit schon legte die Landesbank für den Markt sensationelle Fonds mit Mietgarantien bis zu 15 Jahren auf. Die »Sorglos-Fonds« sollten kurz danach erscheinen. Wie ein Mitarbeiter aus dieser Zeit sich erinnert: »Wir brauchten überhaupt keine Werbung. Unsere Fonds waren einmalig und dadurch ohnehin problemlos abzusetzen.«

Hätte man »Meinungsmacher« beeindrucken wollen, wieso landeten dann so viele Anteile bei leitenden Managern der Bankgesellschaft? Darauf gibt es von ihnen immer wieder die eine Erklärung: »Wir konnten andere doch nicht zum Kauf auffordern und dann erzählen, daß wir selber keine Anteile erwerben.« »Unsinn«, meint ein anderer Manager aus der Bankgesellschaft: »Ich hatte von Anfang an ein komisches Gefühl bei dem Geschäft und machte einen riesigen Bogen darum. Man beteiligt sich einfach nicht bei solchen Angeboten der eigenen Bank. Das kann später nur Probleme nach sich ziehen.«

In der Tat: Die Entwicklung des Fonds läuft von Anfang an unbefriedigend. Es gibt viel Leerstand und erhebliche Baumängel. Die prognostizierten Mieteinnahmen können nicht erzielt werden. Die vorgesehene Ausschüttung von 1,4 Prozent wird deshalb nicht realisiert. Die Kritik der Anleger an der Gehag und der Landesbank nehmen zu. Einige kündigen konkrete rechtliche Schritte für den Fall an, daß die Bank ihre Anteile nicht zurückkauft.

Wie anscheinend immer bei der Bankgesellschaft steigerte sich die Lage von schlecht, schlechter bis hin zur krönenden Katastrophe. Wegen der Tatsache, daß eine ständig steigende Miete beim geförderten Wohnungsbau nicht erzielbar ist, ist auch ein Gewinn nie erreichbar. Es gibt teure Gutachten (alle selbstverständlich von der Bank und nicht von der Fondsgesellschaft bezahlt), die das bestätigen. Ein anderes Gutachten stellt Baumängel von rund fünf Millionen Mark fest. Die Bank hätte die Gehag auf Schadenersatz verklagen können, doch das wäre ein langwieriger und unsicherer Weg. Andererseits wollten die Bankmanager der Landesbank die Anleger – d.h. sich selber, ihre Kollegen und Freunde – wegen notwendiger Nachzahlungen nicht angehen. Hier gab es einen klaren Interessenskonflikt.

Diese Lage wurde weiter erschwert, nachdem ein weiteres Gutachten gravierende »handwerkliche Mängel bei der Konzeption und beim Vertrieb der Fonds feststellt«. Die Landesbank wählt jetzt den Weg des geringsten Widerstandes und läßt lieber die öffentliche Hand bluten. Sie schießt weiteres Geld in das Projekt nach.

Die gängige Meinung in der Bundesrepublik ist, daß wir in einer freien Marktwirtschaft leben. Außerdem glauben viele Menschen in Deutschland, daß Manager der Landesbanken sowie Meinungsmacher der Finanzwelt auch eine gewisse Rechenschaftspflicht gegenüber der Öffentlichkeit haben. Allein aus diesen Gründen hätte man davon ausgehen können, dieser Freundeskreis von vierzig gutverdienenden Männern und Frauen hätte gesagt: »Verlust ist Verlust und Fairplay ist Fairplay. Die Fondsanteile sind uns sowieso vom Steuerzahler geschenkt, also Schwamm drüber. Mir nichts, dir nichts«, um sich elegant aus der ganzen Affäre zurückzuziehen. So sportlich geht es aber in solchen Kreisen offensichtlich nicht zu. Man greift ab, was man abgreifen kann, alles andere ist egal.

Einige Anleger sahen sich als Betrogene, weil die Landesbank Berlin sie nicht vollständig über die Risiken informiert hatte. Auf einer formaljuristischen Ebene waren sie vielleicht im Recht. Trotzdem, alle beteiligten Anleger galten als Finanzexperten. Deswegen wurden sie ja als Fondszeichner angesprochen. Jeder andere Anleger, der die Katze im Sack kauft, trägt die Konsequenzen. Hier aber waren Experten betroffen, die es ohnehin hätten besser wissen müssen.

Wie das Gericht entschieden hätte, werden wir jedoch nie wissen. Es wurde ein Kompromiß gesucht und gefunden:

Aus Sicht der Berliner Landesbank war diese Lösung wahrscheinlich gar nicht so übel. Die Gehag kaufte die Immobilie mit einem Verkehrswert von 20 Millionen Mark für 2,71 Millionen Mark zurück. Damit übernimmt sie auch sämtliche Verbindlichkeiten und Risiken – die werden auf neun Millionen Mark geschätzt. Die Landesbank mußte 2,21 Millionen Mark beitragen, um den Investoren 75 Prozent ihres Anlagekapitals zurückzuzahlen. Das heißt, daß ein Anleger, der zur höchsten Steuerklasse gehörte, für seine Anlage von 100.000 Mark rund 130.000 Mark vom Finanzamt zurückerhalten hatte. Nun bekam er noch 75.000 Mark in bar von der Bank dafür. Nach rund fünf Jahren heimste er damit einen Gewinn von zirka 100 Prozent ein. Die 21 Anleger, die sich das Geschäft von der LBB finanzieren ließen, mußten nicht einmal einen einzigen Pfennig aus der eigenen Tasche einsetzen. Ein tolles Geschäft, wenn man genügend Geld und die richtigen Freunde hat.

»Ich kann nicht so richtig die öffentliche Aufgabe einer Landesbank in diesem Geschäft erkennen«, meint mein vorsichtiger angelsächsischer Zuhörer. »Das interessiert niemanden«, kontere ich, »... wo kein Kläger, da kein Richter. Und wenn Kläger und Richter zum gleichen Kreis von Privilegierten gehören, werden wir kaum eine Klage erleben. Höchstens, um eine Einstellung zu erwirken und den ganzen Schlamassel in ›korrekter Verfahrensweise‹ vom Tisch zu haben.«

Einen juristischen Hebel zu finden, mit dem eine Klage in diesem Fall erhoben werden könnte, dürfte ohnehin schwierig sein. Was den Kompromiß angeht, bei dem die Landesbank 2,21 Millionen Mark an die Anleger bezahlte, urteilt die Innenrevision der Bankgesellschaft in einem Bericht aus dem Jahr 2001: »Angesichts der rechtlichen Argumente, nach denen für die LBB ein erhebliches Haftungsrisiko besteht, stellt sich die Kompromißlösung für die LBB aus unserer Sicht als akzeptabel dar.«

Die Problematik liegt eher bei der Schaffung des Fonds: Ob er nämlich einen geschäftlichen Sinn hatte oder nur zur Selbstbedienung aufgelegt wurde. Im zweiten Fall würden sowohl der Aufsichtsrat als auch der Vorstand in der Haftung stehen. Es ist außerdem fragwürdig, ob Landesbanker Werbegeschenke – und das sollte der Gehag-Fonds gewesen sein – in Höhe von 130.000 Mark und mehr geben oder nehmen dürfen. Solche Aspekte scheinen aber bisher kaum jemand Verantwortlichen zu interessieren.

Allerdings darf man die Relationen dabei nicht aus den Augen verlieren. Insgesamt hat der Gehag-Fonds die Landesbank wahrscheinlich zwischen drei und vier Millionen Mark gekostet. Sie hat übrigens als Fondzeichner weitaus mehr an Steuern eingespart. Im Vergleich zu den Verlusten der Bankgesellschaft, die vermutlich in zweistellige Milliardenhöhe (Euro) gehen werden, kann kaum behauptet werden, daß der Gehag-Fonds eine wesentliche Rolle bei der Krise der Bankgesellschaft spielt. Wer das behauptet – und so wird es in der Öffentlichkeit dargestellt –, lenkt von den wahren Ursachen der Krise ab. Hier handelt es sich eher um eine alltägliche Selbstbedienungs-Bagatelle der »ehrenwerten Gesellschaft« auf Kosten der öffentlichen Hand – nur mit dem unangenehmen Unterschied, daß sie diesmal in der Öffentlichkeit bekannt wurde.

Der zweite sogenannte Promi-Fonds – der eigentlich keiner ist – ist der »Josef Meyer Immobilien Verwaltungs KG-Verwaltungsgebäude Landesbank Berlin Immobilienfonds« aus dem Jahr 1994. Der Fonds gehört zu den Einzelobjektfonds wie das Geschäftshaus in der Brandenburgischen Straße, im Gegensatz zum eben beschriebenen Gehag-Fonds sehr einfach und sicher gestrickt. Es ging um ein aus- und angebautes Verwaltungsgebäude der Landesbank an der Ecke Prinzregentenstraße 25/ Badensche Straße 41 in Berlin-Wilmersdorf. Es gab eine Verlustzuweisung von rund 100 Prozent und eine jährliche Ausschüttung von sechs bis sieben Prozent des Anlagekapitals. Die Anteilsrückkaufsgarantie ermöglicht nach 25 Jahren, den Fondsanteil zum Nominalwert oder nach 30 Jahren zum 115 Prozent des Nominalwertes an den Initiator zu veräußern. Da es einen 30-jährigen Generalmietvertrag mit einer Landesbanktochter gab, konnte es nur bei einer Pleite der Bank Vermietungsprobleme geben. Die Anlage war also eine sichere Sache.

Auch hier kann man über die Miethöhe nur staunen. Sie fing 1995 bei rund 50 Mark pro Quadratmeter – ohne Betriebskosten und Mehrwertsteuer – an. Heute liegt sie bei rund 62 Mark, und alle drei Jahre steigt die Miete um weitere acht Prozent. Kein guter Mietvertrag für die Bank also. Schlimmer noch, für das Jahr 2021 garantiert die Landesbank – jetzt also der Steuerzahler –, die Fondsanteile für rund 25 Millionen Mark zurückzuerwerben.

Dieser Fonds ist jedoch ein »Publikumsfonds« mit einer ordentlichen Hochglanzbroschüre und normalem Vertrieb. Er ist für jeden, der das nötige Geld hat, zugänglich. Die Mindestanteilsumme war 30.000 Mark. Es greifen rund 150 Zeichner zu. Auffällig ist die Tatsache, daß rund die Hälfte der Namen aus dem Gehag-Fonds sich bei diesem Fonds wiederfindet. Außerdem kommen viele neue Namen aus den oberen Etagen der Bankgesellschaft und des Freundeskreises dazu. Prominente bei den neuen Zeichnern sind Ernst-Otto Sandvoß (damals Vorstandsvorsitzender der Deka-DGZ Bank, heute Aufsichtsratsvorsitzender der Bankgesellschaft Berlin) und Barbara Genscher, Ehefrau von Hans-Dietrich Genscher (mit einem Anteil von einer Million Mark).

Ein Jahr später, 1995, folgt ein dritter Fonds, der ursprünglich ein Private-Placement sein sollte: Die »Grundstücksgesellschaft Bad Freienwalde/Gardelegen GbR«. Deswegen findet man unter den Zeichnern aus

1995 wieder lauter Bankmanager. Das Vorhaben war jedoch mißlungen, weswegen daraus ein Publikumsfonds mit einer Mindestbeteiligung von 50.000 Mark gemacht wurde. Es gab allenfalls Ähnlichkeiten zum Gehag-Fonds mit einem sehr hohen Steuervorteil (voraussichtlich 200 Prozent). Mit anderen Worten, wer in der obersten Steuerklasse liegt, bekommt seinen Anteil vom Steuerzahler geschenkt. Eine jährliche Ausschüttung von drei Prozent des Anlagekapitals wird zusätzlich vorausgesagt. Ein Andienungsrecht gibt es allerdings nicht.

Es ist deswegen kein Wunder, rund die Hälfte der Namen aus dem Gehag-Fonds auf der Zeichnerliste der Bad Freienwalde/Gardelegen Fonds zu finden. Außerdem zieren viele Namen von Managern der Bankgesellschaft (wie Wolfgang Steinriede, noch Vorstandssprecher der Bankgesellschaft, oder der damalige Konzernsprecher Martin Raßfeld) und ihr Freundeskreis diese Liste. Sogar der Vorsitzende des Gesamtpersonalrates der Bankgesellschaft und des Personalrates der Landesbank Berlin, Helmut Tesch (der außerdem Aufsichtsratsmitglied der Landesbank ist), zeichnete mit 50.000 Mark. Tesch ist nicht der einzige »proletarische Zeichner« dieser Fonds. Zu den rund 150 Fondszeichnern gehört auch die Entwicklungsministerin Heidemarie Wieczorek-Zeul, SPD, mit 70.000 Mark.

Wie beim Gehag-Fonds gibt es von Anfang an auch hier viel Leerstand. Einer der Hauptmieter geht frühzeitig in Konkurs. In der Zwischenzeit ist die IBG für den Fonds zuständig. Sie wählt denselben Weg wie damals die Landesbank beim Gehag-Fonds. Statt den Anlegern keine Ausschüttung auszuzahlen, bezahlt lieber die Bank, in diesem Fall die neugeschaffene Immobilientochter IBG. Damit diese Rettungsaktion nicht auffällt, wird auf die gewöhnliche Kaschiertaktik zurückgegriffen: Ein Generalmietvertrag wird mit der Firma »Kommerziale Halle AG Handels- und Beteiligungs-Aktiengesellschaft« abgeschlossen. Zu den Hauptaktionären gehören (wen überrascht's) Christian Lauritzen und sein Sozius Hans Köning. Untermieter wurde dann eine IBG-Tochter. Damit erhalten die Anleger weiter ihre Rendite, obwohl die Immobilie Verluste verursacht. Diese drohenden Verluste – es werden zunächst Rücklagen von vier Millionen Euro gebildet – übernimmt die IBG und damit die Bank.

Ein Dokument aus dem Jahr 2000 erklärt, welche Strategie hinter solchen Entscheidungen steht. Am 6. September 2000 erscheint Christian

Lauritzen, der Mann für gewisse Geschäfte, vor der Geschäftsleiter-Sitzung der IBG. Er erzählt, daß es sich bei dieser Anlage »um einen Fonds handelt, der höchstmögliche Abschreibungen zuließ. Die Verlustzuweisungen betrugen rund 260 Prozent, entsprechend hochrangig sind die Zeichner angesiedelt.« Es wird von den Geschäftsleitern festgehalten, »daß rechtlich keine Verpflichtung zum Handeln besteht, daß dieses unter Umständen jedoch aus geschäftspolitischen Gründen geboten ist.«

»Yes!« ruft der Engländer begeistert, »... dann ist das Ganze eine Veruntreuung von öffentlichen Geldern!« »Nein, da muß ich dich enttäuschen«, widerspreche ich: »Alle diese Fonds sind vom Berliner Steuerzahler genehmigt worden. Sie stimmten über den Aufsichtsrat der Landesbank Berlin, eine öffentliche Bank, durch ihre gewählten Vertreter allen diesen Entscheidungen zu. Deswegen lehnen sich heute die damaligen Bankmanager zurück und behaupten: ›Das wollten sie doch. Sie haben uns alles bewilligt.‹«

Diese ersten geschlossenen Immobilienfonds waren noch kleine Fische. Ende 1994 hatte die Landesbank mit den schon erwähnten Fonds erst Anlagen mit einem Wert von knapp zwei Milliarden Mark aufgelegt. Die große Masse – insgesamt waren es rund 13 Milliarden Euro – folgte. Darin vor allem liegen die Verluste und der Skandal.

Kapitel 6

Objektverlagerungen

Der Bericht besteht aus einem Deckblatt, dreiundvierzig Seiten Text und einer Anlage mit vier tabellarischen Blättern im DIN-A3-Format. Die Anlagen sind so klein gedruckt, daß man öfters eine Lupe braucht, um den Text lesen zu können. Das Werk trägt den schlichten Titel »Objektverlagerungen« und bezieht sich auf das »Immobilien- und Baumanagement der Bankgesellschaft Berlin«. Erstellt wurde der Bericht von der Ernst & Young Deutsche Allgemeine Treuhand AG Wirtschaftsprüfungsgesellschaft in der Zeit von März bis September 2001. Auftraggeber war der Aufsichtsrat des Immobilien- und Baumanagement der Bankgesellschaft Berlin GmbH (IBG), das Ziel war »eine Überprüfung von Projekten, die aus den Kreditportefeuilles des Konzerns in die IBG/Fondsgesellschaften risikomäßig verlagert worden sind, vorzunehmen.«

Dieses unauffällige Dokument ist eine der faszinierendsten und wichtigsten Unterlagen zur Erklärung des Unheils, das zunächst die Bankgesellschaft und dann das Land Berlin heimsuchte. Bis heute liegen nur wenige Exemplare bei der Bankgesellschaft, ihren Rechtsanwälten und der Berliner Staatsanwaltschaft vor. Die Mitglieder des Untersuchungsausschusses im Berliner Abgeordnetenhaus zur Bankenaffäre dürfen den Bericht im »Data-Raum« für vertrauliche Dokumente lesen und sich daraus handschriftliche Notizen machen.

Bisher haben die Verantwortlichen der Bankgesellschaft die Öffentlichkeit wissen lassen, daß die unermeßlichen Verluste ihrer Fonds aus unternehmerischen Entscheidungen resultieren, die immer ein gewisses Risiko mit sich bringen. »Wir haben gewissenhaft und mit der nötigen Vorsicht ein Geschäft getätigt, um Gewinne für die Bank zu erzielen. Leider geht man mit jedem finanziellen Vorhaben ein Risiko ein. In diesem Fall ist das Risiko eingetreten, weil die Konjunktur, besonders in Berlin und den neuen Bundesländern sich schlecht entwickelt haben. So ist es eben im Finanzgeschäft«, würden sie uns erzählen.

Wer diesen Bericht von Ernst & Young studiert, würde wahrscheinlich zu einem ganz anderen Schluß kommen. Man kann aus dem Bericht schließen, daß bei den Immobilienfonds der Bankgesellschaft zwei Abteilungen der Berliner Beutegemeinschaft in Aktion traten: Manager der Bankgesellschaft und der Senat von Berlin; sie brachten ganz bewußt verlustbringende Immobilien in die Fonds der Bankgesellschaft zu überhöhten Preisen ein. Sie taten es in vollem Wissen um die Risiken, haben im Zuge der Transaktionen Vorteile erzielt und der Bankgesellschaft beziehungsweise dem Land Berlin Schaden zugefügt.

Die beiden Wirtschaftsprüfer Dirk Müller-Tronnier und Andreas Havas von Ernst & Young sollten dann im nachhinein, nämlich als das Desaster öffentlich geworden war, klären, ob die Teilbanken der Bankgesellschaft – die Berlin Hyp, die Berliner Bank und die Landesbank Berlin – systematisch ihre problembehafteten Immobilien in die Fonds der Bankgesellschaft verschoben haben. Sie sollten diese verlagerten Immobilien identifizieren und feststellen, wieviel die Gremien der IBG (Aufsichtsrat, Geschäftsführung und Ausschüsse) darüber wußten.

In ihrem Bericht befinden sich sehr viele Lücken. Wie die beiden Verfasser selber schreiben, basiert die Darstellung auf Informationen, die ihnen von den beiden Banktöchtern IBG und ihrem Nachfolger IBAG (beide legten die Immobilienfonds der Bankgesellschaft auf) zur Verfügung gestellt wurden. Wie man sich vorstellen kann (und im Bericht festgestellt wird), war die Auswahl an Unterlagen gelegentlich dürftig. Die zwei Wirtschaftsprüfer räumen außerdem ein: »Eine vollständige Untersuchung aller in Fondsgesellschaften gehaltenen Immobilien wurde nicht vorgenommen.«

Auch wenn der Bericht keinen Anspruch auf Vollständigkeit erhebt und in relativ kurzer Zeit – von März bis September »mit Unterbrechungen« – fertiggestellt wurde, offenbart er wesentliche – und horrende – Bankpraktiken, die zu der Auswahl schlechter Risiken für die Immobilienfonds der Bankgesellschaft Berlin und der Bestandsgefährdung des Garantiegebers führten.

Die Ernst & Young Prüfer Müller-Tronnier und Havas bekamen von der Bankgesellschaft ausgewählte Unterlagen zu 85 Immobilien, die die Banktöchter IBG und IBAG selbst als Verlagerungen bezeichneten. Es geht um Immobilien aus Kreditengagements von Kunden der Teilbanken der Bankgesellschaft, die in Schwierigkeiten gekommen waren, weil ihre Immobilien nicht wirtschaftlich waren, weil ihnen Insolvenz drohte und/oder ihre Kredite nicht mehr bedient werden konnten. Diese Kredite wollten die Banken nicht mehr in ihren Bilanzen haben, weil sie Verluste verursachen und damit den Gewinn schmälern. Das sieht nicht nur optisch schlecht aus – welcher Banker möchte als Versager dastehen? – sondern kann einem auch einen sehr gut bezahlten Job kosten. Im übrigen reduzieren solche Verluste die Jahrestantiemen, ein nettes Geldgeschenk, dessen Höhe am Jahresgewinn bemessen wird – zusätzlich zum Gehalt am Ende des Jahres.

Aus Sicht der Bankgesellschaft kam noch hinzu, daß sie zwölf bis 13 Milliarden Mark ungedeckte Risiken hatte, die sie abarbeiten mußte. Es gibt Fachleute, die begründet behaupten, die Bank hätte das nie aus eigenen Kräften schaffen können. Das Problem konnte zum Teil »auf die Zeitachse geschoben« werden, indem Immobilienrisiken in die Fonds verlagert wurden. Diese Fachleute kommen deshalb zu dem Schluß, daß die Bank schon vor Jahren am Rande der Insolvenz stand.

Wie solche Verlagerungen funktionieren, beschreiben die beiden Prüfer von Ernst & Young: Die Fonds haben keine Finanzierungsprobleme, weil dieselben Banken, die diese faulen Immobilienkredite in die Fonds verlagert haben, den Fondsgesellschaften nur zu gern den Erwerb genau dieser Immobilien finanzieren. Erstaunlich: Immobilien, die die Banken kurz davor als »schlechte Immobilien« aus ihren Büchern haben wollten, werden von ihnen nun als »gute Immobilien« zu einer noch höheren Kreditsumme finanziert. Noch erstaunlicher, wenn man bedenkt, daß der Aufsichtsrat der IBG aus den jeweiligen Vorstandschefs und Immobilienabteilungsleitern der Teilbanken der Bankgesellschaft bestand. Angeblich ist keinem dieser Spitzenmanager aufgefallen, daß die Schrott-Immobilien seiner Bank systematisch in den Immobilienfonds landeten.

Durch die Ankaufsentscheidung und gleichzeitige Finanzierungsentscheidung dieses Aufsichtsrates erwarb die IBG vom Kunden direkt oder über eine zwischengeschaltete Objektgesellschaft die unwirtschaftliche Immobilie. Mit dem Kaufpreis, den die IBG zahlte, wurde ein Teil der Kredite des jeweiligen Bankkunden abgelöst, der in finanziellen Schwierigkeiten war. Die rettende Zahlung des Kaufpreises ging an viele große Namen der Berliner Bauträgerszene. Während dem Mittelstand der Geldhahn zugedreht wird, hilft die Bank den großen Baulöwen, sie gehören so zu den Hauptprofiteuren des Berliner Bankenskandals. Ihre faulen Kredite verschwinden gänzlich, beziehungsweise zum Teil, aus den Büchern der Bank. Und das Risiko dieser Immobilien verschwindet per Verlagerung in die Bücher der IBG. Jetzt brauchte man das Risiko dort nur noch geringer bewerten, und das Problem war erstmal gelöst.

Aber es wird nicht nur *eine* Fliege mit dieser Klappe erschlagen. Die Immobilie wird mit Preisaufschlag an die Fondsgesellschaften weiter veräußert. Mit den sogenannten »weichen Kosten«, das sind vor allem die Gebühren für die Fondsdienstleister (zirka 20 Prozent des Fondsvolumens), erwirtschaftet der Initiator IBG einen hohen Ertrag; die daraus resultierenden Gewinne führt er an seine Eigentümer, die Teilbanken ab.

Manfred Schoeps und Co. haben auch keine Schwierigkeiten, diese mit Problemimmobilien vollgestopften Fonds für teures Geld zu vermarkten. Alle Risikoaspekte werden durch ein exorbitantes Garantiepaket ausgeglichen. Muß die Immobilie noch gebaut werden, gibt es eine »Höchstpreisgarantie«, die den Baukosten eine Obergrenze setzt. Sollten die Kosten diese Grenze überschreiten, bezahlt die IBG die Differenz. Gibt es Vermietungsprobleme bei der Immobilie, dann greift die Mietgarantie der IBG. Ist die Immobilie Schrott, dann ermöglicht die Anteilsübernahmegarantie der IBG nach 25 Jahren die Zurückerstattung der ursprünglichen Investitionssumme. Mit einem Schlag wurden Fonds mit Problemimmobilien zu Fonds mit problemlosen Immobilien. Sämtliche Risiken lagen nun bei der IBG, und damit bei der Mutter Bankgesellschaft, letztlich über eine sogenannte Haftungskette beim Land Berlin. Und da ein Bundesland nicht pleite gehen kann, gab es formal für den Anleger kein Risiko mehr – ein klarer Mißbrauch der Konkursunfähigkeit einer öffentlichen Bank.

Im Grunde genommen sind die drohenden Verluste der Bankgesellschaft, die kurzfristig schwerwiegende Probleme hätten verursachen können, ins Raumfahrzeug »Immobilienfonds« geladen und ins All geschickt worden – mit der Vorgabe, erst in 25 oder 30 Jahren zurückzukehren.

Dieses System faßt der Fondsexperte Winfried Tator so zusammen: »Es ist nicht auszuschließen, daß die verantwortlichen Bankmanager dieses Spiel schon aus dem Grund gerne mitgespielt haben, weil sie so auf die Schnelle hohe Gewinne für ihr Haus darstellen konnten. Mit wahrscheinlich positiven Folgen für die eigene Karriere und kommende

Tantiemen. Das persönliche Risiko hielt sich durch die Verlagerung der Immobilienrisiken in die Zukunft in Grenzen. Im Fall des Eintretens sollten dann andere ihren Kopf hinhalten, während man selbst genüßlich seine Rente verzehrte.« Mit einer Rückkehr des Raumschiffs »Immobilienfonds« nach nur wenigen Jahren haben die Chefs der Bankgesellschaft sicherlich nie und nimmer gerechnet. »Mit der Art der Objekte, die die Bankgesellschaft in die Fonds hineingetan hat, fährt man mit zweihundert Stundenkilometern gegen die Wand – und das ist geschehen«, so Anlegerschützer Heinz Gerlach.

Nicht nur die Manager der Bankgesellschaft haben von dieser Verlagerung profitiert, indem sie viele Jahre hohe Gehälter und Tantiemen kassieren durften – über Kick-Backs und illegale Parteispenden wollen wir gar nicht spekulieren. Auch die Baulöwen selber sind durch die Verlagerungen saniert worden. Sie hatten großzügige Kredite von den Teilbanken der Bankgesellschaft erhalten und haben einen Teil des Geldes auch in Anspruch genommen. Es geht um mehrere Milliarden. Als klar wurde, daß sie sich verhoben hatten, wurden ihre faulen Immobilien von einer Fondsgesellschaft der Bankgesellschaft zu einem großzügigen Preis erworben, um die ebenso faulen Kredite bei der Tochterbank abzulösen. Damit kommt der Investor, dem die Insolvenz droht, ohne großen Schaden heraus. Daß diese Investoren oft langjährige Kunden, Bekannte und Freunde der Manager der Tochterbanken waren, spielt sicherlich eine gewisse Rolle. Ihre Risiken aus fehlgeschlagenen Immobilienprojekten und der immense Schaden daraus wurden zunächst an die Immobilienfonds und später an den Steuerzahler weitergereicht.

Diese »Geschäfte« wurden durch das Fehlen eines funktionierenden Bewertungs- und Kontrollsystems in der Bank ermöglicht. Immerhin beschäftigt dieses Manko im Jahre 1998 einen Mitarbeiter der Bavaria-Gruppe. Am 22. Februar schreibt der damalige Mitarbeiter der Bavaria Immobilienconsult und Baurevision GmbH (eine Tochtergesellschaft der IBG), Richard Ott, an Norbert Pawlowski, Vorstandsmitglied und Chef für Controlling der Bankgesellschaft, einen Brief und beschwert sich, daß die Immobilienbewertung und -beurteilung in der Bankgesellschaft nicht funktioniert und legt Verbesserungsvorschläge vor. Bisher, meint Ott, würden die Gutachten und die Risikobeurteilung der Immobilien oft erst nach der Vergabe der Kredite angefertigt. Der Brief wirft ein erschreckendes Bild auf den Umgang der Bankgesellschaft mit Immobilien. Jeglicher Art von Risiken war Tür und Tor geöffnet. Die Bankgesellschaft reagierte in souveräner Manier auf Otts Kritik und seine Lösungsvorschläge. Sie ignorierte alles, und Ott verließ kurz darauf die Bankgesellschaft. Pawlowski dagegen ist immer noch Vorstandsmitglied und leitet auch heute noch das Controlling der Bankgesellschaft.

Nach Gesprächen mit vielen Beteiligten ist festzustellen, daß bei Entscheidungen über Immobilienerwerb bei der IBG die vorgeschriebenen Abläufe nicht eingehalten wurden.

Eines der fachlich kompetenten, jedoch real nicht entscheidungsbefugten Gremien war der Produktausschuß. Hier waren Mitarbeiter aus allen Bereichen des Bankgesellschaft-Konzerns vertreten, die sich mit Immobilien beschäftigten, also Projektentwickler, Grundstücksakquisiteure, Techniker, Immobiliensachverständige, Fonds-Manager, Vertriebsleute und qualifizierte Bankmitarbeiter.

In den Sitzungen des Produktausschusses, die alle acht Wochen stattfinden, wurden hintereinander fünfzig bis siebzig Projekte, teilweise hochkomplexe Vorhaben, innerhalb von nur rund fünf Stunden im Sitzungssaal des Nürnberger Flughafenhotels »Mövenpick« aufgerufen. Als eindeutiger Chef bat Manfred Schoeps die Teilnehmer um etwaige Fragen oder Anmerkungen. Da kaum jemals einer der Anwesenden in der etwa fünfzig Personen zählenden und in einem großen Rechteck sitzenden Gruppe riskieren wollte, vor versammelter Mannschaft vom Vorsitzenden bloßgestellt zu werden, war Widerspruch die absolute Ausnahme. Das war nicht nur menschlich zu verstehen. Schließlich hatte auch keiner der Mitglieder des Produktausschusses hier Verantwortung zu tragen, denn der Ausschuß hatte ja nichts zu entscheiden, sondern lediglich eine Vorauswahl zu treffen. Und wie sollte ein Einwand fundiert vorgetragen werden von jemandem, dem die auf der Tagesordnung stehenden Immobilienprojekte erst wenige Tage zuvor in Form von Kurzdarstellungen in ein bis zwei dicken DIN-A4-Ordnern zugestellt worden sind? Und der auch keine Chance (und keinen Auftrag) hatte, die Lage und Qualität der über ganz Deutschland verstreut liegenden Grundstücke selber in Augenschein zu nehmen.

Für die tatsächliche Entscheidung und damit für das Risiko war in erster Linie der IBG-Aufsichtsrat zuständig. Außer bei den Immobilien, die von den Banken selbst in die Fonds entsorgt wurden, gingen die Aufsichtsräte davon aus, daß die fachlich kompetenten Mitglieder des Produktausschusses bestimmt schon Einspruch eingelegt hätten, wenn ihnen etwas als nicht korrekt oder zu riskant aufgefallen wäre.

Der Aufsichtsrat bestand also aus Entscheidern ohne Fachkompetenz, die ihr Votum auf die Fachkompetenz – ohne Entscheidungsmacht – der anderen stützten. Heute setzen sich viele Mitglieder des IBG-Aufsichtsrats (und des IBG-Geschäftsleitungsausschusses, der Entscheidungen bei kleineren Projekten traf) zum ersten Mal mit ihren eigenen Beschlüssen (und damit endlich auch ihrer Verantwortung) auseinander, die sie vor Jahren getroffen hatten – Beschlüsse, deretwegen sie Jahre später gekündigt wurden und heute straf- oder zivilrechtlich belangt werden können.

Einige IBG-Aufsichtsratsmitglieder verstanden nicht – und wahrscheinlich interessierten sie sich gar nicht dafür –, was in der IBG passierte. Einige hatten ihren Sitz in dem IBG-Aufsichtsrat nämlich nur wegen einer organisatorischen »Doppelbänderschaft«: je zwei Vorstände der Teilbanken sollten gleichzeitig im Aufsichtsrat der Banktochter IBG vertreten sein. Für sie war Schoeps ein Magier, der aus den schlechten Immobilien ihrer jeweiligen Teilbank und seinen Zukäufen ein gewinnbringendes Fondsgeschäft zauberte. Über ihre eigene Verlagerungsstrategie wußten sie jedoch sicherlich Bescheid.

In Vorbereitung eines Films für den Sender Freies Berlin hatten wir die Auflistung des Ernst & Young Teams von verlagerten Objekten an einen unabhängigen Immobilienexperten geschickt mit dem Auftrag, die Zahlen auszuwerten. Von den rund drei Millionen Quadratmeter Nutzfläche, die sich insgesamt in allen Immobilien-Fonds der Bankgesellschaft befinden, taucht die Hälfte – anderthalb Millionen Quadratmeter – auf der Liste von Verlagerungsobjekten im Ernst & Young Bericht auf. Ein Bericht, der, wie schon gesagt, noch nicht einmal Anspruch auf Vollständigkeit hat.

In einigen Fällen gehen die beiden Prüfer, Müller-Tronnier und Havas, in dem Abschnitt »Einzeldarstellung ausgewählter Kreditnehmer/Objekte« ein wenig in die Tiefe. Ihr erstes Beispiel heißt »Bernd Porsch«: Porsch war lange Jahre Geschäftsführer und Hauptgesellschafter der Henning, von Harlessem-Gruppe und auch ein persönlicher Freund und Geschäftspartner von Wolfgang Steinriede, früherer Chef der Berliner Bank und Bankgesellschaft Berlin. Porsch saß über Jahre im Beirat der Berliner Bank. Nachdem Steinriede die Bank verlassen hatte, setzten sich die Geschäftsbeziehungen der beiden fort. Porsch war außerdem seit 1994 zusammen mit Steinriede, der Ehefrau von Jürgen Noack (ehemaliger Mitarbeiter der Berliner Bank und bis 2001 stellvertretender Vorstandsvorsitzender der Berlin Hyp) und Karl Lotter (ehemaliges Vorstandsmitglied der Bankgesellschaft Berlin und Aufsichtsratsmitglied der Berliner Bank und Landesbank Berlin) Kommanditist bei einer Gewerbeimmobilie in der Wallstraße in Berlins Mitte. Das Projekt, das von der Berlin Hyp mit rund 32 Millionen Mark finanziert wurde, war ein Flop. Ende 2000 mußte das Geldinstitut den Kredit mit 4,5 Millionen Euro wertberichtigen.

Porsch galt als einer der größten Kreditnehmer der Berliner Bank. Ein beträchtlicher Teil dieser Kredite betraf Immobilienprojekte in und um Berlin. Viele gingen schief, wie der Wohn- und Gewerbepark »Weberpark« in Potsdam Babelsberg, der Golfplatz Schloß Wilkendorf sowie ein Grundstücksgeschäft in Villingen-Schwenningen. Laut einem Revisionsbericht der Bankgesellschaft aus dem Jahr 1997 lassen sich die Schwierigkeiten mit dem Gesamtengagement zugunsten der Porsch/Henning von Harlessem-Gruppe vor allem auf das Fehlen einer konsequenten Engagementbetreuung in den Jahren 1993 bis 1994 zurückführen.

Zwei Projekte dieser Gruppe landeten in Immobilienfonds der Bankgesellschaft: der Weberpark in Potsdam (LBB-Fonds 7) und das Großprojekt in Villingen-Schwenningen (LBB-Fonds 12). Der Weberpark wurde seit 1991 von der Weberpark Grundstücksgesellschaft GmbH geführt. Laut Bericht versteckt sich dahinter die Henning, von Harlessem- und Porsch-Gruppe mit einem Anteil von 47 Prozent, eine Dr. Leube Wirtschaftsberatung GmbH (26,5 Prozent) mit dem Gesellschafter Dr. Ernst Leube und die Calculator Bauregie GmbH & Co. KG (26,5 Prozent), in der Rechtsanwalt Peter Leonhardt Gesellschafter ist. Man staunt, wie klein die Welt in Berlin ist, wenn man feststellt, daß auch Leube und Leonhardt zu der kleinen Gruppe von Kommanditisten der mißratenen Immobilie in der Wallstraße in Berlin Mitte – zusammen mit Porsch und Steinriede – gehörten.

Finanziert wurde das Projekt Weberpark von der Berliner Bank. Geplant war eine Mischung aus Gewerbeflächen und geförderten Wohnungen. Porsch und seine Partner waren nicht in der Lage, das Projekt finanziell zu stemmen. Eine Kreditvorlage der Berliner Bank aus dem Jahr 1996 erzählt die Geschichte: »In 1995 wurden uns mehrere Konzepte bezüglich der Aufbaufinanzierung eingereicht, die wir aus diversen Gründen [...] abgelehnt haben [...] Es handelt sich um ein schwieriges Investment, daß sich aller Voraussicht nach nicht mehr wirtschaftlich realisieren lassen wird.«

Offensichtlich ein Fall für die LBB-Fonds. Laut Ernst & Young Bericht wurde das Projekt Weberpark in der Geschäftsleitersitzung des IBG-Vorgängers Immobilien- und Baumanagement von Manfred Schoeps »als ein im Interesse der Banken zu realisierender Problemfall vorgestellt.« Im März 1996 beschloß der Aufsichtsrat der IBG den Ankauf des Weberparks mit einem Gesamtaufwand von 61,4 Millionen Mark. Das Ernst & Young Team entdeckte bei der Erarbeitung seines Berichts ein Bewertungsgutachten eines unabhängigen Sachverständigen im Auftrag der Bank knapp acht Monate nach der Entscheidung des IBG-Aufsichtsrates. Nach Fertigstellung des Bauvorhabens kam der Gutachter zu einer Bewertung von nur 49,9 Millionen Mark, eine nicht unerhebliche Differenz.

In den Aufsichtsratsunterlagen der IBG zum Kauf des Weberparks steht im letzten Absatz als Begründung: »Damit kann darüber hinaus einem Kreditkunden der Berliner Bank in geeigneter Weise geholfen werden, ohne daß daraus für die IBG-Gruppe in irgendeiner Weise ein Nachteil entsteht.« Nicht nur wurde einem Kreditkunden der Berliner Bank geholfen; mit dieser Operation verschwand gleichzeitig ein fauler Kredit aus der Bilanz des Geldinstituts. Für die Fonds – und nach Jahresfrist auch für die IBG – war es hingegen ein ganz schlechtes Geschäft. Nach Angaben des Konzerncontrollings der Bankgesellschaft belief sich die gesamte Inanspruchnahme der Mietgarantie für den Zeitraum 1998 bis 2000 auf 8,245 Millionen Mark. Das waren rund 58 Prozent der prospektierten Mieteinnahmen in dieser Frist. Heute stehen große Flächen des Weberparks immer noch leer. Die Mietgarantie bezahlt Berlins Steuerzahler weiter.

Mit dem Porsch-Grundstück in Villingen-Schwenningen hat die IBG ebensowenig Glück. Allein die Fertigstellung des Projekts kam die IBG teuer zu stehen. Wegen Bauverzögerungen und Rechtsstreitigkeiten mit

Subunternehmen mußte die IBG schon vorläufige Verluste von 9,3 Millionen Mark hinnehmen.

Im Ernst & Young-Bericht heißt es zum Erwerb der Immobilie 1998 in Villingen-Schwenningen durch die IBG: »Laut Revisionsbericht erfolgte die Übernahme des Engagements zwecks Vermeidung eines Dominoeffekts.« Die Porsch/Henning, von Harlessem Gruppe hatte zu der Zeit Kredite von rund 300 Millionen Mark bei der Bankgesellschaft, und ihre Bonität war nicht besonders erfreulich. Sie hatten ein »E«-Kreditrating bei dem Geldinstitut – die schlechteste Ratingklasse ist F.

Ein Kreditnehmer, dessen Kredite bei der Bankgesellschaft 1997 (rund 215 Millionen Mark) mit eben dieser schlechtesten Klasse »F« eingestuft wurden, ist Heinz Schliffkowitz. Auch von ihm befinden sich Objekte in dem Verlagerungsbericht. Müller-Tronnier und Havas schreiben, daß Schliffkowitz »seit 1970 mit diversen Wohnungsbaufinanzierungen Kreditkunde des BGB-Konzerns« war, also der heutigen Teilbanken. Die Schliffkowitz-Gruppe bestand 1994 aus 108 Einzelgesellschaften. Gesellschafter waren jeweils Dipl.-Ing. Heinz Schliffkowitz und seine Ehefrau. Gegenstand der Unternehmen war Mietwohnungsbau und Dienstleistungen (Reiseveranstaltungen, Hausverwaltung, Versicherungsvermittlung und Baubetreuung).

Schliffkowitz war Großkunde bei der Berlin Hyp. Bis November 1993 hatte die Hypothekenbank dem Baulöwen Kredite in Höhe von 307 Millionen Mark gewährt. Ende 1994 gab es die ersten Leistungsrückstände der Schliffkowitz-Gruppe gegenüber der Berlin Hyp. Im Jahr 1995 waren schon diverse Finanzierungen der Schliffkowitz-Projekte notleidend. Trotzdem, in demselben Jahr gibt die Berlin Hyp der Schliffkowitz-Gruppe einen Kredit in Höhe von 100 Millionen Mark frei, ohne daß der Bauunternehmer aktuelle Bonitätsunterlagen, wie vorgeschrieben, vorgelegt hat. Ein Jahr später, in 1996, beantragt die Hypothekenbank die Zwangsversteigerung eines großen Immobilienobjekts der Schliffkowitz-Gruppe, die sie finanziert hatte.

Während die Schliffkowitz-Kredite sich in einen wahren Alptraum für die Berlin Hyp verwandeln, gewährt die Landesbank Berlin der Schliffkowitz-Gruppe im Jahr 1996 einen weiteren Kredit in Höhe von 120 Millionen Mark – trotz kritischen Votums der eigenen Fachabteilung – für ein schon ins Trudeln gekommenes Immobilienprojekt im Berliner

Bezirk Marzahn: das Landsberger Tor. Das Schliffkowitz-Imperium bricht zusammen. Die beliehenen Objekte werden daraufhin von den Teilbanken der Bankgesellschaft abgewickelt. Auf Betreiben der Berlin Hyp wurde die Wohnanlage Angerburger Allee 35-55, ein Hochhaus in Berlin-Charlottenburg, im November 1998 zwangsversteigert. Laut dem Ernst & Young-Bericht wurde »gemäß Handelsregister« am 1. Oktober 1999 über das Vermögen von Heinz Schliffkowitz das Konkursverfahren eröffnet.

Auch das Projekt Landsberger Tor kommt nicht voran; von der Landesbank Berlin und der Berlin Hyp finanziert, wurde es sukzessive in die Fondsgesellschaften der LBB eingebracht: 1996 im LBB-Fonds 7, 1997 im LBB-Fonds 10 und 1999 im IBV Deutschland 1. Das Landsberger Tor war Teil der »Wohnungsbaustrategie 1995« des Senats von Berlin. Damit bekundete der Senat öffentlich, daß dort gebaut und bevorzugt gefördert wird, vergab also die Berliner Lizenz zum Gelddrucken. Das Gebiet um das Landsberger Tor sollte mit rund 216.000 Quadratmetern bebaut werden. Den Zuschlag vom Land Berlin zur Entwicklung des Gebietes erhielt eine Arbeitsgemeinschaft, zu der auch Schliffkowitz gehörte. Der Bauunternehmer hatte vor, 1.285 Wohnungen, darunter rund 800 von der öffentlichen Hand gefördert, zu bauen.

307 Millionen Mark an Krediten erhielt die Unternehmensgruppe Schliffkowitz von der LBB und der Berlin Hyp für dieses Vorhaben bis November 1993. Sie war jedoch nicht in der Lage, das Projekt in finanzieller Hinsicht fortzusetzen. Ein Jahr später war die Rückzahlung des Kredits schon in Verzug. Bereits Ende 1995 begann die Rettungsaktion von Schoeps und Co. Bei einer Diskussion in der Geschäftsleitersitzung der IBG-Tochter Bavaria vom 28. November 1995, die eine wesentliche Rolle im operativen Immobiliengeschäft spielte, erzählte ein Mitglied von einem Bericht in der angesehenen Fachzeitschrift »Gerlach-Report«, der Überkapazitäten auf dem Berliner Wohnungsmarkt feststellte. Diese Tatsache beeindruckte offensichtlich keinen der Sitzungsbeteiligten. Als ebenfalls auf dieser Sitzung nachgefragt wurde, inwieweit die IBG-Gruppe auch künftig im Interesse der Banken Projekte realisieren müsse, erwiderte Schoeps, daß sich die Gruppe darauf einstellen solle, verstärkt Problemfälle zu betreuen.

In einer weiteren Sitzung vom 12. Februar, dieses Mal beim Produktausschuß der IBG, berichtet Schoeps von einer Risikolücke in Höhe von 21 Millionen Mark beim Schliffkowitz-Engagement. Er läßt wissen, daß bei der Bank ein erhebliches Interesse an einem IBG-Einsatz besteht. Trotzdem wurde das Projekt von allen Anwesenden sehr kritisch beurteilt. »Angesichts des starken Interesses der Bank wurde einem Engagement zugestimmt«, meinen abschließend die Autoren des Ernst & Young-Berichts.

Durch die Engagements der IBG konnten die Landesbank Berlin und die Berlin Hyp ihre Schliffkowitz-Kredite für das Landsberger Tor erstmals aus der Bilanz hebeln. Es kam sogar noch besser: Durch die Verwertung des Engagements über die genannten Fonds konnten im Emissionsjahr sogar positive Deckungsbeiträge in Millionenhöhe erzielt werden, was auch der Bankgesellschaft zugute kam. Leider folgte die Ernüchterung auf dem Fuße. Laut einem vertraulichen Bericht von Anfang 2001 lagen zu der Zeit im Fall Landsberger Tor die Wertberichtigungen und Abschreibungen für die IBG und ihre Tochterfirma Bavaria bei fast 15 Millionen Mark. Außerdem mußten hohe Mietgarantien in Anspruch genommen werden (allein im Jahr 2000 fast eine Million Mark).

Wer die Objektverlagerungsliste von Ernst & Young liest, stößt auf ein langes Register von Immobilien-Abenteuern der Bankgesellschaft. Aus dem unglücklichen Bad Freienwalde/Gardelegen Fonds, der mit Zuschüssen seitens der Bank aufrechterhalten werden muß, befindet sich das Wohn- und Geschäftshaus in Bad Freienwalde unter den 85 Objekten des Berichts. Die Immobilie kam von einer Firma, die von der Landesbank finanziert wurde. Der Fonds erwarb das Objekt Anfang 1996 für rund 9,5 Millionen Mark. Laut Bericht gab es drei Jahre später ein internes Gutachten, in dem ein Verkehrswert von nur 4,5 Millionen Mark festgestellt wurde.

Ebenso auf der Liste ist das Geschäftshaus der Bankgesellschaft in der Brandenburgischen Straße, ein fauler Kredit der Landesbank, der in einen Einzelobjektfonds verwandelt wurde, das mit Leerstand geplagte »Haus am Halensee« am Kurfürstendamm 126/127, ehemals ein Kredit der Berlin Hyp, heute im Fonds IBV Deutschland 1; und die Pro Seniore Seniorenresidenz Kurfürstendamm 99/100, ein Kreditengagement der Landesbank, das sich heute in dem Fonds LBB 13 befindet.

Den bei weitem interessantesten Fall von Verlagerung stellen die Plattenbauten der Firma Aubis dar, finanziert von der Berlin Hyp. Die Gesellschafter von Aubis: zwei ehemalige Berliner CDU-Politiker, Klaus Hermann Wienhold (früher Landesgeschäftsführer unter Klaus Landowsky) und Christian Neuling (er war zunächst im Berliner Abgeordnetenhaus und später Bundestagsabgeordneter – mit guten Beziehungen zum damaligen CDU-Fraktions- und Berlin Hyp-Chef Landowsky). Wienhold und Neuling versuchten ihr Glück mit Plattenbauten im Osten und erwarben 16.000 Wohnungen in verschiedenen Städten in den neuen Bundesländern. Für die Berlin Hyp wurde der Kredit zu risikoreich.

Der Bericht von Ernst & Young zitiert aus dem Geschäftsleiterprotokoll der IBG vom 21. Oktober 1996: »Herr Dr. Schoeps berichtet über ein problembehaftetes Engagement der Berlin Hyp, den Fall Aubis. Es handelt sich um eine Finanzierung von DM 300 Mio. wobei Wertberichtigungsbedarf in dreistelliger Millionenhöhe zu erwarten ist ... Es besteht jedoch bereits mündliche Zusage der Berlin Hyp für weitere Kredite ... Die Berlin Hyp erwartet von der IBG, daß sie als Problemlöser zur Verfügung steht und die Objekte in einen Fonds mit einbezieht.« Und weiter: »Die Geschäftsführer bekunden einstimmig, daß sie ein Engagement der IBG in diesem Fall für sehr risikobehaftet halten und deshalb davon abraten.« Doch diese Aubis-Plattenbauten findet man trotzdem heute in den Fonds LBB 12 und LBB 13. Laut einem anderen Bericht der Bank drohen Verlustrisiken durch diese Aubis-Immobilien in Höhe von 25 Millionen Euro – Tendenz steigend. Kein Problem für die Anleger. Die Mietgarantie, für die heute Berlins Steuerzahler steht, nimmt ihnen dieses Risiko komfortabel ab.

Es gibt eine spezielle Art Objektverlagerung, die ich »Doppelverlagerung« nennen möchte. Das sind Projekte des Landes Berlins, die zu Problemfällen wurden, um zuletzt in Fonds der Bankgesellschaft entsorgt zu werden. Typisch dafür ist das selbstgesetzte Denkmal des früheren Bausenators Nagel: Die Wasserstadt Spandau. Fast alle von der Landesbank finanzierten Bauprojekte der Wasserstadt befinden sich auch in dem Objektverlagerungsbericht: rund 950 geförderte Wohnungen und ein Seniorenheim (leider auch an die in der Zwischenzeit in Schwierigkeiten geratene Pro Seniore-Gruppe verpachtet). Die Immobilien wurden von der »Grundstücksgesellschaft Wasserstadt Berlin Oberhavel Quartier Havelspitze GbR«, ein Gemeinschaftsunternehmen von Siemens und LBB, gebaut. Das Projekt stand unter der Führung von Schoeps und Co., während die Firma Siemens, die die Grundstücke besaß, diese an die GbR zu einem hohen Preis veräußerte. Dieser Preis stand in keinem Verhältnis zur Inanspruchnahme aus Mietgarantien: über neun Millionen Mark in 2000.

Dazu kommen weitere 218 geförderte Wohnungen von Privatinvestoren, die, wie es im Verlagerungsbericht so nett heißt, »das begonnene Projekt aus eigener Kraft nicht realisieren« konnten. Der Preis von 71,3 Millionen Mark für diese Immobilien, den der Fonds bezahlte, wurde unter anderem dafür verwendet, den Kredit dieser Investoren bei der Landesbank abzulösen. Im Jahr 2000 allein nahm dieses Fondsobjekt 2,5 Millionen Mark an Mietgarantien in Anspruch. Die erfolglosen Projekte der Wasserstadt Spandau werden voraussichtlich jahrelang hohe Zahlungen für Mietgarantien verursachen, worauf der Berliner Steuerzahler sich selbstverständlich auch noch gefaßt machen darf.

Die Berliner Politik konnte dank der Fonds der Bankgesellschaft die zunehmende Krise bei Berlins kommunalen Wohnungsbaugesellschaften vorübergehend verbergen. Die Fondsgesellschaften kauften Tausende von unbeliebten Plattenbauwohnungen im Osten der Stadt mit gutem Geld von den finanziell strapazierten städtischen Wohnungsbaugesellschaften ab. Der Beschluß zum Kauf durch die Fondsgesellschaften von rund 4000 Plattenbauwohnungen im Besitz der städtischen Wohnungsbaugesellschaft Hellersdorf im Jahr 1995 hatte laut einer Ausschußsitzung der IBG das Ziel, für diese Wohnungsbaugesellschaft »durch den Wohnungsverkauf sehr dringend benötigten Liquiditätszufluß« zu erreichen. Der IBG-Aufsichtsrat machte sich damals sogar Gedanken, »wie ein solches Engagement des LBB-Konzerns in die politische Diskussion während des Wahlkampfs aufgenommen werden könnte.« Man wußte also genau, was man tat. Diese Wohnungen wanderten in die LBB-Fonds Nummer 10, 11 und 12. Allein im Jahr 2000 benötigten diese Objekte Mietgarantie-Zahlungen von fast vier Millionen Mark.

Als die Bavaria im Juni 1996 die restlichen 51 Prozent der Appartement- und Wohnungsbaugesellschaft, »Arwobau«, aus Landesbesitz erwarb, gab es erneut eine Doppelpaß-Operation. Um das Geschäft zu finanzieren, wurde laut Bericht »verstärkt versucht, Objekte aus dem Bestand der »Arwobau« in Immobilienfonds einzubringen.« In der Tat. Ein großer Teil der »Arwobau«-Immobilien befindet sich heute in den

Immobilienfonds der Bankgesellschaft. Die dabei erzielten Kaufpreise sollten nach einer Aktennotiz der Berliner Bank vom 11. September 1996 zur »Rückführung der im Zusammenhang mit dem Anteilskauf gewährten Finanzierung verwendet werden.« Den Prüfern von Ernst & Young fällt eine Merkwürdigkeit jedoch auf: daß »bei etlichen Objekten die nach den Übertragungen erstellten Gutachten deutlich geringere Werte als die von den Fonds zuvor bezahlten Kaufpreise ausweisen.«

Ein weiteres Beispiel der Doppelverlagerung war der Bau eines Hotels an der Motorrennbahn Lausitzring – Rupfs Gut-Wetter-Machen-Projekt im Land Brandenburg. Dazu schrieben Müller-Tronnier und Havas: »Der Finanzierungsantrag wurde von der Landesbank Berlin Mitte September 2000 negativ beschieden und an die Bankgesellschaft weitergeleitet. In der Beschlußvorlage an den Vorstand der Bankgesellschaft vom 17. Oktober 2000 wurde ausdrücklich aufgenommen, daß eine Einbringung des Objektes in den IBV Fonds Universal 1 vorgesehen ist. Da auch für das Hotel kein anderer Betreiber sich verpflichten ließ, sollte das Hotel von der konzerneigenen BCA Hotel GmbH betrieben werden. Ein wirtschaftlicher Betrieb des Hotels ist nur möglich, wenn der Lausitzring erfolgreich etabliert werden kann, da die Region neben der Rennstrecke über keine weiteren Attraktivitäten verfügt.« Heute gilt der Lausitzring als Flop, das Hotel ist eine Bauruine und der IBV Fonds Universal 1 ist mit großen Verlusten rückabgewickelt worden.

Einer der rätselhaften Fälle im Ernst & Young-Bericht ist der Erwerb eines Pakets mit 3.470 Wohnungen von der BauBeCon – ehemalige Bestände der Neuen Heimat, die daraufhin in die Fonds der Bankgesellschaft überführt wurden. Die DI Deutsche BauBeCon AG befindet sich unter dem Dach der »Beteiligungsgesellschaft der Gewerkschaften« (BGAG) und besteht hauptsächlich aus früheren Wohnungen der skandalumwitterten Neuen Heimat. 1999 erwarb die IBG dieses Paket von der BauBeCon AG in verschiedenen Städten in Niedersachsen wie Göttingen, Norden, Northeim und vor allem Wolfsburg (2,104 Wohnungen). »Es waren hauptsächlich Schrottwohnungen«, erinnerte sich ein früherer IBG-Mitarbeiter. Schoeps beschrieb sie vor dem Aufsichtsrat als »Bestände mit niedrigen Werten«. Also Schrottwohnungen. Warum diese Immobilien sich in dem Objektverlagerungsbericht befinden, ist merkwürdig, da dem Bericht nicht zu entnehmen ist, daß es sich hier überhaupt um eine Verlagerung handelt. Die Ernst & Young-Liste enthält keinen Hinweis darauf, aus welcher Bank und aus welchem Kreditportfolio die BauBeCon-Objekte verlagert wurden. Fest steht nur, daß die IBAG die BauBeCon-Objekte als Verlagerung bezeichnete. Der Grund liegt vielleicht darin, daß irgendein Mitarbeiter es einfach dazu gepackt hat, da es sich hier um einen besonders skandalösen Fall handelt.

Bei dem Kauf des ersten Schwungs Wohnungen der BauBeCon hatte Schoeps, der sich persönlich um den Erwerb gekümmert hat, dem Aufsichtsrat der IBG erzählt, es gehe bei den Wohnungen ausschließlich um deutsche Bewohner, die Anlagen machten einen typisch »kleinbürgerlichen« Eindruck. Die IBG rechnete mit einer Leerstandsquote von nicht mehr als fünf Prozent.

Vor dem Kauf der zweiten Tranche von BauBeCon-Objekten im Juni 1999 trägt Schoeps abermals dem IBG-Aufsichtsrat vor. Im Protokoll liest man: »Nach Herrn Landowskys Erfahrungen befanden sich die Bestände der Neuen Heimat immer in schlechten Lagen, viel sozialer Wohnungsbau und schlechte Sozialstruktur. Er fragt daher, ob eine Besichtigung der Bestände vor Ort erfolgt ist.« Schoeps, der angeblich die Anlage selber besichtigt hat, bejaht die Frage und erklärt: »Die zu erwerbenden Objekte lägen in einer akzeptablen Wohnlage mit einer ordentlichen Struktur: wenig Ausländer, ausgelaufene Sozialbindungen, wenige Hochhäuser. Mittelfristig müsse eine Leerstandsquote von sechs bis sieben Prozent erreichbar sein.« Diese Aussage, erklären Insider, stimmte keinesfalls. Daraufhin beschließt der Aufsichtsrat den Erwerb der weiteren Wohnungen. Merkwürdig ist auch, daß dieser Beschluß zum Kauf, laut Müller-Tronnier und Havas, schon vor einer Stellungnahme des Produktausschusses zustande kam.

Die beiden Ernst & Young-Prüfer mußten außerdem feststellen, daß die Aufsichtratsvorlagen nicht in Übereinstimmung mit den tatsächlichen Verhältnissen zu bringen sind. Das ist noch sehr vorsichtig formuliert. Im Jahr 2000 herrschen in den genannten Objekten erhebliche Leerstände – zwischen 10 und 22 Prozent. Allein in dem Jahr wurden fast sieben Millionen Mark – 28 Prozent der prospektierten Miete – als Mietgarantie in Anspruch genommen. IBG-Mitarbeiter berichten, daß die Lage sich unaufhaltsam verschlechterte. Diese Mißstände potenzieren sich, weil es einen großen Sanierungsstau und eine Sanierungsverpflichtung gibt. Dennoch geht die IBG, unterstützt durch ihre Wirtschaftsprüfer, bei der Kalkulation der Mieten dieser BauBeCon-Objekte für die Fonds IBV und Deutschland 2 von durchgeführten Sanierungen aus, die jedoch nie stattfanden. Das heißt, an die Fondsgesellschaften der Anleger werden monatlich die höheren Mieten für sanierte Wohnungen gezahlt, während die Bewohner selbst die niedrigeren Mieten für unsanierte Wohnungen – zumindest für die, die noch vermietet sind – zahlen. Die Lage der BauBeCon-Bestände hatte sich so katastrophal entwickelt, daß Rückstellungen von 28,5 Millionen Euro bis zum Jahr 2000 gebildet werden mußten. Auch hier steigen vermutlich die Mietgarantieansprüche rapide.

»Wir haben der BauBeCon für gutes Geld ihre schlechtesten Wohnungen abgenommen«, erinnert sich ein früherer IBG-Mitarbeiter. Nach dem Grund dafür gefragt, kann er sich nur vorstellen, daß es eine Maßnahme war, um den Gewerkschaften auszuhelfen: »Bei uns hatten die Sozis viel zu melden«, erklärt er.

Der Objektverlagerungsbericht zur IBG von Ernst & Young – auch in seiner Unvollständigkeit – ist ohne Zweifel eine der faszinierendsten Unterlagen aus der Bankgesellschaft. Aus diesen wenigen Beispielen gewinnt man ein Bild von einem Unternehmen, das eindeutig nicht nach wirtschaftlichen Kriterien handelte. Eine vollständige Untersuchung, mit Zugang zu sämtlichen Unterlagen, wäre sicherlich eine wahre Sensation.

Leider sind in dem Opus von Müller-Tronnier und Havas ganze Immobilien-Bereiche gar nicht untersucht worden. In den Fonds befinden sich zusätzliche großvolumige Immobilien, die katastrophal laufen, jedoch nicht im Bericht auftauchen, wie das Einkaufszentrum in Mannheim-Neckerau in den Fonds LBB 13 und IBV Deutschland 1. Rund sechs Millionen Mark Miete soll das Projekt jährlich den Fonds liefern. Das Einkaufszentrum ist eine Bauruine – dazu will sich die IBG nicht äußern. Allein im Jahr 2000 mußten für dieses Objekt rund zehn Millionen Euro Rückstellungen gebildet worden. Genauso ein Flop ist ein Multifunktionszentrum in Wien (IBV Fonds International 1). Hier hat die IBG Rückstellungen von 18,5 Millionen Euro im Jahr 2001 wegen Mietausfällen und vor allem Umbaumaßnahmen gebildet. Doch die Schwierigkeiten reißen nicht ab. Im Jahr 2002 schließt die UCI-Kinowelt, der Hauptmieter des Zentrums, nach nur anderthalb Jahren ihre neun Säle mit 2.197 Sitzplätzen.

Eine weitere Gruppe von Immobilien in den Fonds sind die Objekte von Verkäufern, die in finanziellen Schwierigkeiten sind oder irgendwelche anderen Probleme haben. Zum Beispiel das Einkaufszentrum in Neu-Ulm (LBB-Fonds 13). Es gehörte der Firma Möbel Mutschler und mußte dringend saniert werden, Möbel Mutschler wurde von Möbel Walther aufgekauft. Das Objekt wanderte in den Fonds, der die Finanzierungsverpflichtung der Revitalisierung übernahm. Und wen wunderts: Schon im Jahr 2000 mußten Rückstellungen in Höhe von 15,5 Millionen Euro gebildet werden.

Die Immobilienfonds wurden zu einer Art Schneeballsystem. Um ihren laufenden Aufwand zu decken, die anfallenden Garantieansprüche zu erfüllen und ihre Gewinnziele zu erreichen, mußte die IBG ein entsprechendes Milliardenvolumen an Fonds emittieren. Das Ganze lebte von immer höheren Umsätzen, immer größeren, immer mehr Fonds. Jedes Jahr wächst das Fondsvolumen. Als im Jahr 1999 und vor allem 2000 diese Volumina nicht mehr steigen, kommt das dicke Ende.

Das ständige Auflegen dieser Fonds setzt voraus, daß ein Immobilienportfolio vorhanden ist. Immobilienportfolios in Milliardenumfang kann man nicht einfach einige Wochen oder Monate vor der Auflage der Fonds aufkaufen, man muß einen Vorrat haben. In der IBG heißen Immobilien, die angekauft sind, um in Fonds verkauft zu werden, »Vorratsimmobilien«. Die IBG, als der größte Aufleger von geschlossenen Immobilienfonds, hatte, als die Bankgesellschaft ins Schlittern kam, Vorratsimmobilien angeblich im Wert von rund drei Milliarden Euro. In den Jahren 2001 und 2002 brach die Fondsvermarktung der Bankgesellschaft zusammen. Heute wird versucht, diese Vorratsimmobilien wieder zu veräußern; dabei werden Verluste seit der Risikoübernahme vom Land Berlin, letztendlich also vom Steuerzahler, getragen. Welche Immobilien genau sich darunter befinden, vor allem, von wem und zu welchem Preis sie erworben wurden, wäre sicherlich für den Steuerzahler von Interesse. Dazu kommen die Objektgesellschaften, die die Teilbanken der Bankgesellschaft selber elegant außerhalb ihrer Bücher geparkt haben – also ohne das Verlagern in Fonds. Ein gutes Beispiel ist das schon erwähnte Schliffkowitz-Objekt in der Angerburger Allee, das die Berlin Hyp im Jahr 1998 zwangsversteigerte.

Da schon vorher bekannt war, daß bei einer Zwangsversteigerung das Objekt nicht genügend Geld zur Deckung der Berlin Hyp-Kredite einbringen würde, griff das Geldinstitut auf einen alten Trick zurück. Klarer Gewinner der Versteigerung war die Objektgesellschaft »Odysseus Immobilien Verwaltungs GmbH & Co. Objekt Berlin, Angerburger Allee KG« (heute die »Prometheus Immobilien Verwaltungs GmbH & Co. Objekt Berlin, Angerburger Allee KG« mit derselben Adresse wie die Kanzlei Köning Kärgel Lauritzen). Hinter diesen Gesellschaften steht, wie gewohnt, der Mann für besondere Aufgaben, Christian Lauritzen. Finanziert wurde der Kaufpreis von 117,5 Millionen Mark plus weitere 10,5 Millionen Mark für die Übernahme von Schulden durch dieselbe Bank, die die Immobilie versteigerte: die Berlin Hyp. Der faule Immobilienkredit von Schliffkowitz war damit von einer Strohmann-Kommanditgesellschaft abgelöst worden – bloß mit dem Unterschied, daß die Berlin Hyp den Zins für diese Strohmann-Kommanditgesellschaft jedes Jahr an sich selber bezahlt.

Dieser Kredit steigt immer weiter: im Jahr 1999 auf 131.884.718 Mark und auf 136.300.000 ein Jahr später. Diese Erhöhung ist hauptsächlich auf die Zinszahlung zurückzuführen. Einem Experten zufolge hat die Immobilie bei der Versteigerung einen Wert von nur rund 60 Millionen Mark. Doch durch die geregelte Zahlung des Zinses der Berlin Hyp an sich selber gilt der Kredit zunächst als gesund. Damit sind die beträchtlichen Verluste aus den Büchern der Berlin Hyp heraus und gut versteckt. Klaus Landowsky konnte damals weiterhin das Märchen vom erfolgreichen Banker aufrechterhalten und wegen so viel Erfolgs fest mit einer hohen Tantieme rechnen.

Der gleiche Trick wurde im Laufe der Schneider-Pleite angewandt. Das Grundstück der ehemaligen Französischen Botschaft, das die Berlin Hyp mit 230 Millionen Mark kreditiert hatte, wurde nach der Schneider-Pleite an die »Bavaria Immobilien Management GmbH & Co. Unter den Linden 40 KG« veräußert. Christian Lauritzen erschien höchstpersönlich, um den Kaufvertrag sowohl für sich und den anderen persönlich haftenden Gesellschafter als auch für die beiden Kommanditisten zu unterschreiben. Finanziert wurde die Kommanditgesellschaft von der Berlin Hyp und Landesbank Berlin mit zunächst 223 Millionen Mark. Um die laufenden Zins- und Tilgungszahlungen gegenüber den beiden

Geldinstituten zu begleichen, erhielt die Kommanditgesellschaft einen weiteren Kredit von 51 Millionen Mark von der Landesbank Berlin. Dort schlummerten die Verluste über Jahre.

Ein weiteres Schneider-Objekt, der Thomaskirchhof in Leipzig, war bei der »GbR Landesbank Berlin Grundstücksgesellschaft mbh / Berlin Hyp Immobilien GmbH Leipzig« geparkt. Aus einem Wirtschaftsprüfungsbericht 1999 war zu erfahren, daß das Objekt jährlich einen Verlust von rund drei Millionen Mark einfährt. Die wichtigsten Mieter waren Tochtergesellschaften der Bankgesellschaft selber, die überhöhte Mieten bezahlten (zirka 33 Mark pro Quadratmeter). Trotzdem, »zur Finanzierung des Kapitaldiensts durch die Mieterträge wäre eine Netto-Kaltmiete von DM 67,27 je m^2« nötig gewesen, rechneten die Wirtschaftsprüfer damals aus. Einige dieser Büros der Bankgesellschaft wurden in der Zwischenzeit geschlossen. Die Wirtschaftsprüfer empfahlen schon im Jahr 2000 eine Abschreibung von 9,6 Millionen Mark bei einem Kredit, der ursprünglich 24 Millionen Mark betrug.

Wieviele dieser Objektgesellschaften in den verschiedenen Etagen und Kellern der Bankgesellschaft und der Teilbanken herumschwirren, ist schwer einzuschätzen. Mitarbeiter bestätigen allenfalls, daß es nicht eben wenige seien. Die Bankgesellschaft hatte offensichtlich im Laufe der neunziger Jahre solch massive Kreditrisiken eingefahren, daß die Existenz der Bankgesellschaft ernsthaft bedroht war. Um sich und ihre Freunde aus der Bauszene zu retten, eine Erfolgsgeschichte aufrechtzuerhalten und die Tantiemen weiter fließen zu lassen, haben die Bankmanager die Verluste einfach in den Fonds, in der IBG und in den Objektgesellschaften versteckt. Man darf sich natürlich fragen, wie es möglich ist, Verluste – wahrscheinlich in zweistelliger Milliardenhöhe – einfach verschwinden zu lassen? Wo, um Himmels willen, blieb die Kontrolle? Es gibt nur eine logische Antwort: Auch die Kontrolleure haben mitgemacht.

Kapitel 7

Das Deutsche Enron

»Es tut mir leid, wenn ich Sie enttäuscht habe.« Unser Gesprächspartner lächelt süffisant. Er trägt einen dunkelblauen Nadelstreifenanzug – dreiteilig, ein weißes Hemd, Doppelmanschetten mit Manschettenknöpfen aus Gold und eine rot-grau gestreifte Krawatte, dezente gedeckte Töne selbstverständlich. Enttäuschung ist eher ein Understatement. Seit einer Stunde reden wir aneinander vorbei. Mein Kollege Olaf Jahn und ich wollen etwas über den Stand der Zivilklagen gegen die Manager der Bankgesellschaft Berlin erfahren. Stattdessen stellt er hypothetische Fragen, die uns ohnehin nicht interessieren, und selbstverständlich beantwortet er diese auch gleich – Anworten, die uns ebensowenig interessieren. Olaf und ich wechseln einen kurzen Blick der Resignation.

Vielleicht haben wir einen schlechten Tag, dachte ich. Irgendetwas haben wir falsch angepackt. Inzwischen sind auch alle Formen und Tricks des Nachhakens, die uns bekannt sind, ausgeschöpft. Ohne Erfolg. Als er aufsteht, um zu gehen, greift er lässig in seine Aktentasche und zieht einen braunen DIN A4 Umschlag heraus. »Vielleicht hilft Ihnen das weiter«, sagt er beim Abschied und legt das verschlossene Papier auf den Tisch. »Übrigens, Sie werden den Wirtschaftsprüfer Achim Walther – mit h – in Hannover finden. Auf Wiedersehen.« Ich notiere schnell die Informationen auf dem unbeschriebenen Umschlag. Wir bezahlen die Rechnung für zwei Kännchen Kaffee und ein Kännchen Tee und verlassen das Lokal.

Es ist Sommer 2002. Um die Bankgesellschaft ist es merkwürdig ruhig geworden. Kein Zufall. Eine Art kollektiver Verantwortungslosigkeit lastet schier unauflöslich auf Berlin. Die Beutegemeinschaft um die Bankgesellschaft hat sich inzwischen selber die Absolution erteilt. Die Rechnung übernimmt der Steuerzahler, offenbar ohne jedes Murren. Die alte Ordnung funktioniert wieder. Die »ehrenwerte Gesellschaft« kann ruhig schlafen. Nun kommt wie ein Blitz aus heiterem Himmel ein unscheinbares Kuvert und reißt den Fall erneut auf. Erst abends öffne ich den Umschlag. Darin finde ich einen Bericht vom 24. Juli 1997, fast fünf Jahre alt. Ich verschlinge die vierunddreißig Seiten und faxe sie gleich an Olaf weiter. Während er liest, rufe ich die Auskunft an, um die Nummer des Wirtschaftsprüfers Achim Walther mit h in Hannover herauszubekommen. Sekunden später habe ich ihn am Apparat. »Entschuldigung, wenn ich störe, Sie sind der Autor des ›Berichts über die Sonderprüfung zu den Risiken der von der Unternehmensgruppe Immobilien- und Baumanagement der Bankgesellschaft Berlin GmbH aufgelegten geschlossenen LBB-Immobilienfonds‹ vom 24. Juli 1997?«, frage ich ohne Umschweife. Es kommt ein klares »Ja« zurück. »Und wer sind Sie?« will die Stimme aus Hannover wissen. Ich antworte, was das Zeug hält, und ergattere einen Termin für den folgenden Vormittag. Walther gibt mir seine Adresse und will mir den Weg beschreiben. Ich höre kaum noch zu. Selbst wenn er im tiefsten Dschungel Afrikas wohnte, wir würden ihn finden.

1. Juli 2002. Wir fahren nach Hannover. Um zehn Uhr sind wir bei Achim Walther zu Hause. Wir klären vorher die Formalitäten – mindestens versuchen wir es. Achim Walther erweist sich allerdings als ein selbstbewußter Mensch, der sehr klare Vorstellungen vom Leben und dessen Ablauf hat. Die Rollen sind also zunächst vertauscht. Die erste Stunde stellt er die Fragen, und wir haben zu antworten. Was wir wollen und wieso, möchte er erfahren. Was wüßten wir von den Fonds? Was von der IBG, von Schoeps, Lauritzen und Decken? Vor allem aber: wie beabsichtigten wir die Informationen seines Berichts zu verwenden?

»Wissen Sie, ich habe anderthalb Jahre auf einen Anruf aus Berlin gewartet«, erklärt er, nachdem er sein schier endloses Informationsbedürfnis gestillt hatte. »Eigentlich hätte ich selber diesen Bericht, den Sie, Gott weiß wie, erhalten haben, ohne Problem in die Medien lancieren können. Ich bin sicher, daß es Medien gibt, die dafür relativ viel Geld bezahlt hätten. Ich bin allerdings etwas altmodisch. Informationen zu Geld zu machen, ist mir zuwider und übrigens berufsrechtlich unzulässig.« Sogleich folgt aber die kalte Dusche: »Deswegen darf ich – und hier muß ich Ihren Hoffnungen einen Dämpfer geben – mit Ihnen über den Bericht reden, jedoch nicht über seinen Inhalt. Es tut mir leid, wenn ich Sie enttäuscht habe.« Der Satz scheint Konjunktur zu haben.

Großartig! Man hat den Bericht, man hat den Autor, darf aber nicht über den Inhalt reden. Ein wahres Rätsel, das eine dialektische Antwort fordert. Es gibt jedoch eine Lösung. Wir besitzen zwei Sonderprüfberichte für das damalige Bundesaufsichtsamt für Kreditwesen aus den Jahren 1997 und 2000. Gleiches Thema, ganz ähnliche Kritik. Es wird verabredet, Walther die beiden Unterlagen, die er bis dahin nicht kannte, zukommen zu lassen. »Danach können wir die Inhalte dieser beiden Berichte diskutieren«, meint Walther, »mit der Abmachung, daß wir dabei meine eigenen Berichtsaussagen beiseitelassen«. Alles zwar ein bißchen kompliziert, aber die Tür ist plötzlich geöffnet.

Gewappnet mit den beiden Berichten für das Bundesaufsichtsamt waren wir bald wieder auf den Weg nach Hannover. Ein Weg, den wir noch öfter machen werden. Bei gutem Tee nach ostfriesischer Art und herrlichem Sommerwetter – beides Seltenheiten in Deutschland – erfolgte die Aufdeckung der IBG-Bilanzpraktiken, die nicht weniger verheerend waren als die Immobilienverlagerung in die Fonds. Laut Walther gehe aus den Berichten klar hervor: »... die bilanzierten und testierten Jahresergebnisse der IBG waren mit Rücksicht auf die nicht rosige Ergebnissituation des Konzerns nach dem Tragfähigkeitsprinzip manipuliert. Ertrags- und Vermögenslage waren erheblich geschönt. Unglaublich, daß das Bundesaufsichtsamt damals bereits davon Kenntnis hatte und nicht einschritt.« Eine eindeutige Aussage. Ein Wirtschaftsprüferskandal, der in Deutschland bisher seinesgleichen sucht, erstaunlicherweise aber – und nicht ohne Absicht – fast unbeachtet geblieben und beinahe untergegangen ist: Das »deutsche Enron«.

Die Aufdeckung des Skandals begann genau genommen am 30. Januar 1997 gegen elf Uhr, als Achim Walthers Telefon klingelte. In der Leitung war Ulf-Wilhelm Decken, seit knapp sieben Monaten Vorstandssprecher der Landesbank Berlin und überdies Mitglied des IBG-Aufsichtsrats. Decken und Walther hatten sich zu Beginn der neunziger Jahre in Hannover kennengelernt. Walther war 1975 bis 1985 Finanzdirektor des Touristikkonzerns TUI und hatte seit dieser Zeit sehr guten Kontakt zur Dresdner Bank, wo Decken bis zu seiner Berufung im Jahr 1992 in den Vorstand der Landesbank Berlin tätig war.

An diesem Januartag im Jahr 1997 erinnerte sich Decken an Walther. Decken machte sich Sorgen um die Risiken in den geschlossenen Immobilienfonds der Landesbanktochter IBG und wollte endlich wissen, was tatsächlich los war. Decken fragte, ob Walther sich zutraue, die Fonds auf ihre Risiken zu prüfen. »Er wirkte damals besorgt, fast etwas ärgerlich, über die für ihn offenbar undurchsichtige wirtschaftliche Lage der Fonds«, sagt Walther heute. »Mit den langfristigen Mietgarantien und Rücknahmeoptionen der IBG im Rücken wurden die aufgelegten Fonds immer größer und zu einem überwältigenden Markterfolg. Andererseits wuchs aber auch das Risiko für seine Landesbank. Decken erhoffte sich von dieser Sonderprüfung eine quasi amtliche, völlig neutrale Bestätigung, daß bei diesen Fonds alles in Ordnung ist.«

In der Geschichte der Bankgesellschaft spielt Decken eine undurchsichtige, zum Teil widersprüchliche Rolle. In diesem Fall tat er zweifelsohne das Richtige – eigentlich eines der wenigen Beispiele in der ganzen Geschichte der Bankgesellschaft, in denen ein Vorstandsmitglied sich wie ein normaler, also kritischer Banker verhielt. Decken hatte offensichtlich befürchtet, daß aus den Fonds Schwierigkeiten entstehen könnten. Daraufhin hat er als Mitglied des IBG-Aufsichtsrata eine Sonderprüfung von einem unabhängigen Wirtschaftsprüfer verlangt. Dazu hat ein jedes Aufsichtsratsmitglied das Recht – und sogar die Pflicht. Dieser Schritt Deckens führt zu der Frage: Warum ist in all den Jahren kein anderes Aufsichtsratsmitglied der Bankgesellschaft und deren Tochterbanken – und viele von ihnen erzählen heute von ihrem Zweifel und Mißtrauen – diesen Weg gegangen? Dazu gehören Berlins damalige Finanzsenatorin Annette Fugmann-Heesing (SPD), seit dem 26. März 1996 im Aufsichtsrat der Landesbank und seit dem 16. April 1996 im Aufsichtsrat der Bankgesellschaft, Ditmar Staffelt (SPD), heute Staatssekretär im Bundeswirtschaftsministerium, der während der gesamten »Sorglos-Fonds«-Phase im Aufsichtsrat der Landesbank saß, oder Manfred Bodin, seit 26. Mai 1999 im Aufsichtsrat der Bankgesellschaft, Vorstandsvorsitzender der Nord/LB, die einen Milliardenschaden aus ihrem Engagement bei der Bankgesellschaft erlitt. Die Antwort ist durch viele Bilanzskandale in jüngster Zeit belegt: Aufsichtsräte verstehen in zu vielen Fällen ihren Job nicht.

Am 3. Februar 1997 trifft sich Walther auf Deckens Empfehlung zum ersten Mal mit IBG-Geschäftsführer Manfred Schoeps im Berliner Büro der IBG in der Berliner Straße 44 um 16 Uhr zur Besprechung des Auftrags. Walther erinnert sich: »Mir war klar, Schoeps hat sich nur mit mir getroffen, weil Decken ihn dazu genötigt hatte. Auch zu der Auftragsvergabe kam es nur wegen Decken, denn Schoeps kannte mich vorher überhaupt nicht.« Bei dem Gespräch erklärte Schoeps, die Rechnungslegung der IBG läge in den Händen der Kanzlei Köning & Dr. Lauritzen in Nürnberg. Für alle Informationen und Auskünfte seien die dortigen Mitarbeiter zuständig.

Dann passierte die erste Merkwürdigkeit. Walther erhielt einen Auftrag mit dem Datum 27. Februar 1997, jedoch nicht von der IBG, sondern von der Kanzlei Köning & Dr. Lauritzen. Walther lehnte diesen Auftrag ab. Nur ein Geschäftsführer der IBG darf einen solchen Auftrag vergeben. Außerdem hätte ein Gutachten im Auftrag von Köning & Lauritzen keine offizielle Relevanz bei der IBG.

Erst am 13. März 1997 ging das Auftragsschreiben der IBG bei Walther ein. Walthers Aufgabe lautete, »die von unserer Unternehmensgruppe aufgelegten geschlossenen Immobilienfonds« auf Risiken und Risikovorsorge zu überprüfen. »Ihre Prüfungshandlungen sollen darauf gerichtet sein, sich ein Urteil darüber zu bilden, ob bislang seitens unserer Unternehmensgruppe mit diesen Risiken in verantwortlicher Weise umgegangen wurde.«

Walther machte sich ans Werk. Er erarbeitete seinen Bericht überwiegend in den Geschäftsräumen der Kanzlei Köning & Dr. Lauritzen sowie den Räumen der LBB Immobilien Beteiligungs- und Vertriebsgesellschaft mbH, die die Fonds verwaltete. Beide befanden sich in demselben Haus am Nordring 69 in Nürnberg. Während dieser Zeit, so Walther, wuchs der Druck kontinuierlich seitens der IBG, seine Gutachten schnell abzuschließen. Sein Eindruck war, daß Schoeps und die IBG-Geschäftsleitung seiner Arbeit skeptisch gegenüberstünden. Die IBG verfolgte dabei die Taktik von Zuckerbrot und Peitsche. Am 13. Mai 1997 traf sich Walther mit dem mittlerweile verstorbenen IBG-Geschäftsführer Herbert Alisch, woraufhin Alisch einen außergewöhnlichen Brief an den Hannoveraner schrieb. Darin wird festgelegt, daß der Prüfungsauftrag »bis Mitte August 1997 fertig sein« solle. Wenig Zeit angesichts des verabredeten Prüfungsumfangs und seiner Schwierigkeit. Alisch läßt Walther überdies wissen, daß im September 1997 besprochen wird, »ob und in welcher Form Sie ... bei der weiteren Zusammenführung der Hausverwaltungsaktivitäten unsere Gruppe unterstützen können.« Und endet mit der Bitte, sich zum Jahreswechsel zu melden, um »festzulegen, welche weiteren Aufgaben, z.B. als Manager auf Zeit, sich unter Umständen 1998 anbieten«. Walther werden also unmißverständlich lukrative Anschlußaufträge in Aussicht gestellt.

Man könnte diesen Brief einen schlichten Versuch der Beeinflussung nennen. Man könnte sogar weiter gehen und einen Bestechungsversuch unterstellen. Vermutlich ist der Brief aber nicht mehr als ein typisches Beispiel dafür, wie in der Bundesrepublik auf höchster unternehmerischer Ebene gelegentlich Geschäfte zwischen Konzernen und Wirtschaftsprüfern ablaufen. Meistens wortlos. Man versteht sich eben. In diesem Fall lag der Unterschied darin, daß die meisten Wirtschaftsprüfer solche Briefe nicht an Journalisten weitergeben.

Im Juli meldet sich Alisch erneut bei Walther. Er macht massiven Druck, den Bericht endlich abzuschließen. Nach gut vier Monaten schickt Walther am 26. Juli den Entwurf seines Berichts an die IBG. Das Ergebnis war vernichtend. Auf vierunddreißig Seiten attestierte Walther den Managern, ihr Fondsgeschäft sei fehlerhaft organisiert und die Risiken seien mit der vorhandenen Mietvertragsverwaltung nicht ermittelbar.

Bereits beim ersten Durchlesen der Fondsprospekte war Walther auf die großzügigen Garantien der Fonds gestoßen. Garantien, von denen er fürchtete, sie könnten die Finanzkraft der IBG übersteigen. »Die IBG ist durch Mietgarantien über 25 Jahre und die angebotenen Andienungsrechte so hohe wirtschaftliche Risiken eingegangen, die sie aus heutiger Sicht vielleicht nicht aus eigener Kraft bewältigen kann«, schrieb Walther damals in seinem Bericht. Damit hatte er, wie wir heute wissen, den Nagel auf den Kopf getroffen. Er zeigte genau die Risiken auf, die ohne Milliardenzuschüsse und -bürgschaften seitens des Landes Berlin inzwischen längst zum Zusammenbruch der Bankgesellschaft geführt hätten.

Um die aus diesen langfristigen Miet- und Anteilsübernahmegarantien resultierenden Risiken zu berechnen, gingen Schoeps und die mit der Prüfung der IBG beauftragte BDO Deutsche Warentreuhand Wirtschaftsprüfungsgesellschaft von unrealistischen Werten aus. Sie kalkulierten mit einer durchschnittlichen Inflationsrate zwischen zwei und drei Prozent und unterstellten Vollvermietung sowie eine Mietsteigerung von bis zu drei Prozent jährlich und eine Verzinsung der angelegten Gelder von sieben Prozent. Alle diese Faktoren führen hier exzeptionell nach oben. Seit Jahren verlaufen diese Faktoren jedoch in Wirklichkeit real auf weit niedrigerem Niveau. Die Schere zwischen den zu hoch kalkulierten, dennoch für 25 Jahre garantierten Erträgen einerseits und den realen Einkünften andererseits geht immer weiter auseinander. Damit wächst der Betrag, der durch die Garantie auszugleichen ist, stetig von Jahr zu Jahr.

Ursache dieser Gefahr waren die grundsätzlich unvorsichtig hoch kalkulierten Mieteinnahmen der Fonds, für deren optimistische Entwicklung keine konkreten Anhaltspunkte vorlagen. Walther schrieb: »Aus heutiger Sicht ist zu erwarten, daß die in den Einnahmen grundsätzlich kalkulierte Mietpreissteigerung von rund drei Prozent pro Jahr für gewerbliche Mieten nicht den wirtschaftlichen Gegebenheiten der nächsten 20 bis 25 Jahre entspricht.« Diese Mietsteigerung basierte auf einer unterstellten hohen Inflationsrate in der Zukunft.

Walther nennt auch die »unvorhersehbare Mieten- und Wertentwicklung im Berliner Wohnungsbau« als zweiten wesentlichen Risikofaktor. Dabei gingen die Fonds davon aus, daß die Mieten ihrer Objekte jährlich linear steigen. Sollten diese Steigerungen ausbleiben, mußte zunächst einmal die Mietgarantie dafür aufkommen. Das könnte schon dramatisch genug werden. Wenn aber am Ende der 25-jährigen Fondslaufzeit die Anteilsübernahmegarantie greift und solche Mietsteigerungen ausgeblieben sind, dann haben die Immobilien – deren Wert über Mieteinnahmen berechnet wird – niemals den Wert, für den die IBG sie zurückerwerben muß.

Doch die in Kauf genommenen Risiken sind noch nicht alles, zeigt Walther in seinem Bericht auf. Ebenso erschreckend sind, nach seiner Meinung, die erheblichen Mängel in der Mietvertragsdatenverwaltung, die eine auch nur annähernd genaue Bezifferung des Risikos, und insbesondere auch die Berechnung der Risikorückstellungen, nicht ermöglichten. »Die Gestaltung dieser Kalkulationen ist inhaltlich und formal ungenügend und wird keiner ausreichenden Prüfung unterzogen, obwohl die Garantieleistungen der IBG direkt vom kalkulierten Einnahmenvolumen abhängen«, merkt Walther an. Er stellt ferner fest: »Zur Zeit gibt es über den Umfang der eingegangenen Garantieverpflichtungen nicht mal theoretische Klarheit, so daß auch kein nachvollziehbares, einheitlich konzipiertes Risiko-Management besteht.« Für Walther ist klar: »Der Wertansatz für Mietgarantierückstellungen in den Jahresabschlüssen 1995 und 1996 wurde methodisch falsch gebildet.«

Walther zieht die Konsequenz aus seinen Erkenntnissen und schreibt: »Die bisher getroffenen organisatorischen Maßnahmen im kaufmännischen Bereich reichen nicht aus, um die eingegangenen Risiken rechnerisch zu erfassen und steuern zu können. Die augenblickliche Mietvertragsdatenverwaltung läßt einen testatfähigen Jahresabschluß der IBG nicht zu.«

Eine drastischere Feststellung hätte Walther kaum treffen können. Danach hätte die Wirtschaftsprüfungsgesellschaft der IBG, die BDO, die Jahresbilanzen der IBG von 1995 und 1996 korrigieren und die von Walther festgestellten Risiken einfließen lassen müssen. Damit hätten natürlich zwangsläufig der Aufsichtsrat der IBG, die Bankgesellschaft und die Teilbanken vor einem Scherbenhaufen gestanden. Und die Öffentlichkeit hätte zudem auch davon erfahren. Der Traum, im Immobilienfondsbereich das große Rad zu drehen, wäre ausgeträumt. Die Verschiebung von Immobilienrisiken wäre gestoppt worden – und die Bankgesellschaft wahrscheinlich insolvent. Dennoch hat die Wirtschaftsprüfungsgesellschaft BDO die Jahresabschlüsse uneingeschränkt testiert. Man fragt sich natürlich nach den Motiven.

In einer frühen Phase haben mein Kollege Olaf Jahn und ich den Walther-Bericht dem Rechtswissenschaftler Dr. Hans-Peter Schwintowski, der den Lehrstuhl für Bürgerliches Recht, Handels-, Wirtschafts – und Europarecht an der Humboldt Universität zu Berlin bekleidet und sich mit der Krise der Bankgesellschaft gut auskennt, vorgelegt. Seine Reaktion: »Ich war erstaunt, wie exakt der Autor das heutige Bankendesaster bereits 1997 im voraus erkannt und beschrieben hat – die Mißstände, die methodischen Fehler. Was Walther offenlegte, waren die Wurzeln der Berliner Bankenkrise. Damals hätte man die geschlossenen Immobilienfonds dieser Art einstellen müssen.«

Walther hatte noch einen weiteren Aspekt der Fonds kritisiert. Er bezweifelte, daß die LBB-Fonds mit ihren Rundum-Garantien den Anleger wegen fehlender Risiken überhaupt zu einem steuerlichen Vorteil berechtigten. Walther wies darauf hin, daß es seit der Auflage der LBB-Fonds 3, mit der Entstehung der »Sorglos-Fonds« also, um ein neues, ganz anderes Fondsprodukt ging. Bei diesen Fonds spielten die Einkünfte aus Vermietung und Verpachtung keine Rolle mehr. Hier handelte es sich um normale Einkünfte aus Kapitalvermögen. Jahre später faßte Berlins gegenwärtiger Finanzsenator Thilo Sarrazin (SPD) das Wesen der geschlossenen Immobilienfonds der Bankgesellschaft zusammen als »eine Art Bundesschatzbrief mit Steuervorteil.« Walther schrieb 1997: »Es ist schwer zu glauben, das Verwaltung und Rechtsprechung den Anlegern bei dieser Vertragslage Einkünfte aus Vermietung und Verpachtung – und damit Steuervorteile – zubilligen würden.«

Diese Einschätzung teilte nicht nur Walther. Es ist interessant zu wissen, daß die Genehmigung für die Steuervorteile für die geschlossenen Immobilienfonds der Bankgesellschaft alle vom Finanzamt Nürnberg stammen – Schoeps' und Lauritzens politischer Heimat. Kritiker in Berlin meinen, daß das Finanzamt Berlin einen Steuervorteil bei den »Sorglos-Fonds» nie genehmigt hätte. Sie fragen sich auch, warum Berlins frühere Finanzsenatorin Annette Fugmann-Heesing, die seit 1996 im Aufsichtsrat der Landesbank und Bankgesellschaft saß, nie eingriff. Walther nennt, auch heute noch, die Vorgänge um die Anerkennung der Steuervorteile aus den LBB-Fonds »den größten Steuerskandal seit Bestehen der Republik«.

Nur wenige Tage später, nachdem Walther seinen vernichtenden Berichtsentwurf an die IBG geschickt hat, schreibt die IBG am 31. Juli 1997 an Walther: »Weitergehende Aktivitäten bis zu unserem Treffen am 11. September halten wir zur Zeit für nicht erforderlich; allerdings sind wir sicher, daß aus den von Ihnen getroffenen Feststellungen eine Überarbeitung Ihres Entwurfes im Herbst 1997 resultieren wird.« Die Botschaft war eindeutig.

Ende September 1997 erhielt Walther über die IBG eine längere Stellungnahme zu seinem Berichtsentwurf von der Wirtschaftsprüfungsgesellschaft Arthur Andersen, die die LBB-Fonds-Prospekte der gesetzlich vorgeschriebenen Prüfung ohne Beanstandung unterzogen hatte. Darin argumentierten die Prospektprüfer wort- und einfallsreich, warum die LBB-Fonds durchaus den Vorschriften der Finanzverwaltung und der einschlägigen Rechtsprechung zu Immobilienfonds entsprachen. Sie wollten Walthers Argumentation nicht folgen, daß die Kommanditisten der Fonds, in Folge der umfangreichen Garantien, eben keine nennenswerten immobilientypischen Risiken tragen mußten. Sie verweigerten sich Walthers Erkenntnis, daß die LBB-Fonds ein völlig neues Produkt am Immobilienmarkt und gerade deswegen so beliebt und erfolgreich waren. Die Finanzverwaltung war auf die Entwicklung eines derartigen

Produkts natürlich nicht eingestellt, und der Hinweis von Arthur Andersen auf bisher ergangene Verwaltungsverlautbarungen ging daher, meint Walther, voll daneben. Er sagt heute: »Es war ein argumentativer Eiertanz von Arthur Andersen, der zu nichts führen konnte, weil sie den tieferen finanzpolitischen Sinn von Abschreibungsgesellschaften – natürlich im Interesse ihres Mandanten IBG – einfach nicht verstehen wollten.«

Neben der Stellungnahme von Arthur Andersen erhielt Walther gleichzeitig von der IBG eine nicht unterzeichnete Stellungnahme von knapp sechs Seiten von der Wirtschaftsprüfungsgesellschaft BDO »zu Fragen der Umsatzrealisierung sowie der Rückstellungsbildung für abgegebene Mietgarantien und Generalmietverträge der IBG«. »Diese Stellungnahme von der Wirtschaftsprüfungsgesellschaft BDO enthielt weder neue Erkenntnisse noch weitere Argumente zu den Sachfragen«, erinnert sich Walther. Wenn die IBG Walthers Ergebnisse hätte ernsthaft überprüfen wollen, hätten Schoeps & Co den Walther-Bericht einem anderen, wirklich neutralen Prüfer vorlegen müssen. Sie wußten vermutlich, warum sie genau das nicht taten.

Am 2. Oktober 1997 um zehn Uhr trafen sich alle Beteiligten im Sitzungssaal der Kanzlei von Köning & Lauritzen in Nürnberg. Die IBG-Geschäftsführer Dr. Schoeps und Dr. Alisch waren interessanterweise nicht anwesend. Dennoch war die Runde zahlenmäßig beeindruckend, wenn auch qualitativ nur zweitklassig. Darunter Wirtschaftsprüfer Jürgen Quehl als Vertreter der BDO, Dr. Peter H. Eggers für Arthur Andersen und Hans Köning (bei fast allen Fondsgesellschaften ist zu der Zeit als Treuhandkommanditistin die Hans Köning Beratungs- und Treuhand GmbH Steuerberatungsgesellschaft tätig) als Unterstützung für Lauritzen, der als Vorsitzender, so Walther, arrogant und wortgewaltig die Veranstaltung im Stile einer Kommanditistenversammlung führte. Als quantitative Drohkulisse waren noch weitere vier leitende Mitarbeiter von IBG und Fondvertrieb IBV anwesend. Nach Köpfen stand es acht zu eins. Die Atmosphäre im Saal war frostig. An den Gesprächsverlauf erinnert sich Walther genau: »Die Veranstaltung glich einem Tribunal. Die versammelten Berater und Prüfer versuchten ihre Argumente auf Biegen und Brechen gegen mich durchzusetzen. Ich sollte meinen Bericht ändern. Als allen klar wurde, daß es keine Berichtsänderung geben würde, schloß die Sitzung um 13 Uhr.«

Schoeps & Co. handelten diesmal schnell. Walther erhielt erneut Post von der IBG. In diesem Brief vom 7. Oktober heißt es, daß »es Ihrerseits zu Fehleinschätzungen bezüglich der im Prüfungsauftrag gestellten Thematik gekommen ist.« Walther wird der Auftrag entzogen: »Wir erlauben uns [...], Sie mit sofortiger Wirkung vom Prüfungsauftrag zu entbinden.« Walther erkannte den »außerordentlichen Schachzug«, der hinter dieser Entscheidung steckte. »Es lag kein offiziell abgenommener Bericht vor. Die Verantwortlichen konnten so tun, als habe es die Sonderprüfung nie gegeben.« Walther wurde allerdings von der IBG auf Heller und Pfennig bezahlt.

Walthers Bericht verschwand zwar in irgendeiner Schublade, die von ihm aufgezeigten Risiken leider nicht. Die BDO Deutsche Warentreuhand korrigierte die Jahresabschlußberichte für 1995 und 1996 nicht. Sie testierte über die nächsten Jahre, bis zum Zusammenbruch des Fondsgeschäfts im Jahr 2001, die Jahresberichte der IBG uneingeschränkt, ohne jemals in ihren Bestätigungsvermerken auch nur mit einem Wort auf die von Walther monierten Systemfehler einzugehen.

»Im Walther-Bericht wurde auf eindeutige bilanzrechtliche Fehler hingewiesen«, meint Rechtsprofessor Schwintowski. »Im Jahre1997 hätte die BDO nicht uneingeschränkt testieren dürfen. Die Prüfer haben die Warnungen auf der Grundlage des Walther-Berichts ignoriert. Sie kannten die Gefahren und Fehler und haben dennoch bestätigt: Alles in Ordnung. Damit muß das Land Berlin und die Bankgesellschaft der Frage des Bilanzbetruges nach Paragraph 332 des Handelsgesetzbuches und Schadenersatz seitens der BDO nachgehen.«

Wir legten auch Professor Wolfgang Gerke, Bank- und Börsenrechtler der Universität Erlangen-Nürnberg, den Walther-Bericht vor. Er kommt zu einem ähnlichen Schluß: »Hätte die BDO 1997 die Warnungen und die Aufforderungen zur Testatsverweigerung des Wirtschaftsprüfers Walther ernstgenommen, hätte sie möglicherweise das Schicksal von Walther geteilt und ein attraktives langjähriges Mandat verloren. Dem Land Berlin wäre durch die risikogerechte Prüfungstätigkeit der BDO aber ein wesentlich geringerer Schaden entstanden. Bei der BDO ist nicht nur die Testierung einer falschen Bilanzierung zu beanstanden, sondern die generelle Vernachlässigung eines existentiellen Risikos der IBG.«

Als der Walther-Bericht in unseren Beiträgen im ARD-Fernsehmagazin »Kontraste« und im »Handelsblatt« an die Öffentlichkeit gelangte, blieb die erste Stellungnahme der BDO – eine Presseerklärung vom 28. August 2002 – mehr als merkwürdig. Laut BDO war der Walther-Bericht »von weiteren führenden Wirtschaftsprüfungsgesellschaften in den strittigen Punkten widerlegt«. Die BDO bezog sich auf eine gemeinschaftliche Sonderprüfung von KPMG, Price Waterhouse Coopers und BDO vom 10. Februar 1997 – ein halbes Jahr vor dem Walther-Bericht. Wirtschaftsprüfer halten sich bekanntlich für Menschen besonderen Schlages. Wie sie aber einen Bericht, für den es zu der Zeit noch nicht einmal einen Auftrag geschweige denn eine schriftliche Fassung gab, in den strittigen Punkten schon widerlegt haben können, ist verwunderlich. Man muß sich auch fragen, wieso die IBG, wenn nach dieser gemeinschaftlichen Prüfung alle Aspekte der Fonds klar waren, Walther überhaupt noch mit einer zusätzlichen Prüfung der Fonds beauftragt hatte?

Auf Anfrage erklärte die KPMG, daß die Sonderprüfung der drei Wirtschaftsprüfungsgesellschaften, zu denen sie gehörte, ein Werk von 142 Seiten darstellt (davon 85 Seiten Anlage). Die Sonderprüfung beinhaltete eine »Risikoeinschätzung der Kreditengagements sowie der von ausgewählten Beteiligungsgesellschaften gewährten Kredite« bei der Bankgesellschaft, der Berliner Bank und der Landesbank Berlin. Also ein ganz anderes Thema. Nur auf vier Seiten beschäftigten sie sich mit den Rückstellungen für Mietgarantien bei der IBG: »Im Ergebnis wurde festgestellt, daß das Verfahren zur Bemessung der Rückstellung für Mietgarantien zum 31. Dezember 1995 sachgerecht war. Die der Bemessung zugrunde liegenden Annahmen waren nicht Gegenstand der Untersuchung.« Ausserdem ließ die KPMG wissen, daß sie niemals mit dem Walther-Bericht konfrontiert wurde. Von dessen Existenz habe sie erst Jahre später aus dem Handelsblatt erfahren. Hellseher gab es also nur bei der BDO und der Price Waterhouse Coopers.

In ihrer ersten Presseerklärung bezog sich die BDO ferner auf die schon erwähnte Stellungnahme der Firma Arthur Andersen, die vor dem Treffen in Nürnberg erstellt wurde. In einer internen E-Mail vom 27. August 2002 wurde den Mitarbeitern von Arthur Andersen erklärt: »Angeblich haben wir in einem Gutachten von 42 Seiten die Vorwürfe des WP Walther widerlegt. Diese Information ist in dieser Form schlichtweg falsch ... wir haben in keiner Weise zu Bilanzierungsthemen oder Risiken Stellung genommen, die im Walther-Gutachten dargestellt sind.«

In ihrer Presseerklärung liefert die Wirtschaftsprüfungsgesellschaft BDO also alles in allem eine recht unbeholfene Rechtfertigung. Darin findet sich jedoch ein spannender Satz: »BDO hat sich gemeinsam mit dem Konzernabschlußprüfer KPMG und später Price Waterhouse Coopers davon überzeugt, daß die Mietvertragsdatenverwaltung ausreichend war.« Eine inhaltslose Aussage. Jede Mietvertragsdatenverwaltung dient schließlich mehreren Zwecken. Einer davon ist die ganz normale Mieteneingangsüberwachung. Die Erfüllung dieser Grundfunktion und einer Reihe selbstverständlicher Nebenfunktionen wurde im Walther-Bericht überhaupt nicht angesprochen. Ihm ging es ausschließlich um die Frage, ob mit Hilfe dieses Organisationsmittels in vertretbarer Zeit die Mietendifferenzen zwischen den kalkulierten Prospektmieten und den tatsächlich erzielten Vertragsmieten feststellbar waren. Das war der Punkt, weil nur über eine so verstandene Mietvertragsdatei die Rückstellungen für künftige Mietgarantieverluste berechnet werden konnten.

Die Gegenreaktion der BDO nimmt nach dieser ersten vagen Stellungnahme schärfere Formen an. Ende August 2002 erhält Walther einen Brief von den Rechtsanwälten der BDO, CMS Hasche Sigle in Hamburg. Er wird aufgefordert – selbstverständlich mit Androhung von rechtlichen Konsequenzen – die Behauptung, daß die BDO im Jahr 1997 und in den Folgejahren »vorsätzlich« falsche Testate erteilt hätte, zu unterlassen. Walther war verblüfft, da er den Begriff »vorsätzlich« in diesem Zusammenhang nie verwendet hatte. In seiner Antwort an die BDO-Rechtsanwälte schrieb er: »... habe ich bisher auch nicht die Auffassung verbreitet. Ihre Behauptung ist unzutreffend.« »Dies konnte ich leicht zusagen«, erklärt Walther, »da ich das Wort ›vorsätzlich‹ ohnehin nie benutzt hatte.« Für ihn kam die Unterzeichnung einer Unterlassungserklärung nicht in Frage.

Ähnliches passierte Professor Schwintowski. Er erhielt einen Anruf von der Rechtsanwaltskanzlei CMS Hasche Sigle aus Hamburg. Schwintowski wurde vom BDO-Anwalt mit der Versicherung konfrontiert, er habe ein Gutachten Dritter aus dem Jahre 1997 vorliegen, das die bilanzrechtlich relevanten Vorwürfe Walthers zurückgewiesen habe. Angesichts von Prozeßdrohungen habe Walther seine früheren Vorwürfe gegenüber der BDO relativiert, nachdem er mit den Aussagen über das Gutachten Dritter konfrontiert worden sei. Danach lancierte die BDO eine neue Presseerklärung: »BDO von Vorwürfen entlastet«, worin die angebliche Distanzierung von Walther und Schwintowski zu ihren früheren Aussagen behauptet wurde.

Schwintowski war wie so viele andere auch Opfer einer gezielten Desinformationskampagne. Es ging erneut um den KPMG-Price Waterhouse Coopers-BDO-»Hellseher-Bericht« vom Februar 1997 und die Stellungnahme der Wirtschaftsprüfungsgesellschaft Arthur Andersen. Als Schwintowski das ominöse »Gutachten Dritter« von CMS Hache Sigle anforderte, erklärte die Kanzlei: »Im übrigen hat unsere Mandantin keinen Anlaß (und auch nicht das Recht), Ihnen irgendwelche Unterlagen zur Verfügung zu stellen.«

In der Zwischenzeit wurde Professor Schwintowski dann von uns mit den nötigen Unterlagen versorgt, und er schätzt den Fall heute noch genauso ein wie vorher. Wenn man die Reaktion der BDO auf kritische Stimmen betrachtet, kann man ahnen, was intern passierte, als der Walther-Bericht im Juli 1997 vorlag.

Für die BDO waren die Bankgesellschaft Berlin und ihre Teilbanken ein wichtiger Auftraggeber. Zusammen mit der KPMG prüfte die BDO von 1994 bis 1996 die Bankgesellschaft selber. Von 1990 bis 1996 testierte die BDO die Landesbank Berlin und die IBG (mit ihrer Vorgängerin, der LBB Immobilien- und Baumanagement GmbH) sowie viele ihrer Tochtergesellschaften von 1994 bis zu ihrem Zusammenbruch im Jahr 2000. Und sogar noch danach im Jahr 2001. Hierbei mußte den Prüfern der BDO aufgefallen sein, daß Objekte aus problematischen Immobilienkrediten der Landesbank Berlin, die sie als Prüfer kannten, immer wieder in die Fonds der LBB und IBG abwanderten. Daß sie sich dazu nicht selbst äußerten, sondern im Gegenteil kritische Stimmen ignorierten, ist mehr als auffällig.

Dazu kommt ein weltbekanntes Problem: die Symbiose, man kann auch sagen Kumpanei, von Unternehmensvorständen und Wirtschaftsprüfern, resultierend aus wechselseitiger Abhängigkeit. Wirtschaftsprüfer werden im Laufe der Jahre durch ihre organisatorische Einbindung in den Prozeß der Bilanzaufstellung betriebsblinde Gefangene ihrer eigenen Irrtümer und mitunter falschen Berichtsdarstellungen in der Vergangenheit. Sie übernehmen im Laufe der Zeit zunehmend die Sichtweise der Unternehmensvorstände und entscheiden dann in vielen Ermessensfragen im Interesse des Vorstands des zu prüfenden Unternehmens. Diese Art ständiger Zusammenarbeit begünstigt ein Klima von Kumpanei zwischen Vorständen und Prüfer.

Ein Beispiel für einen möglichen Interessenkonflikt bietet Thies Eggers, 1990 bis einschließlich 1996 Arthur-Andersen-Gesellschafter und -Manager. Er wird im Jahr 1993 von der Landesbank Berlin als Investor für die Gehag-Fonds Private-Placement angesprochen und erwirbt einen Anteil für 300.000 Mark, wofür er wahrscheinlich ein beträchtliches Steuergeschenk erhält. Arthur Andersen war der Prüfer der Immobilienfonds der Landesbank Berlin. Es stellt sich die Frage: Wie objektiv urteilte Arthur Andersen? Die führenden Mitarbeiter von BDO, Arthur Andersen, Price Waterhouse Coopers und KPMG waren wie die Chefs der Bankgesellschaft alle Mitglieder des »International Club«. Man fragt sich, wie groß war tatsächlich der Abstand zwischen Prüfer und Geprüftem.

Außerdem haben in der Vergangenheit die Organisationsabteilungen vieler Wirtschaftsprüfungsgesellschaften neben dem Prüfungsmandat weitere lukrative Beratungs- und Gutachteraufträge von ihren Mandanten erhalten. Im Falle solcher zusätzlichen Beratungsaufträge gerät die Prüfungsgesellschaft leicht in Gewissenskonflikte. Plötzlich soll sie unternehmerische Entscheidungen, die sie selber für ein sattes Beraterhonorar empfohlen hat, als Prüfer objektiv beurteilen.

Ein Beispiel dafür ist ein Auftrag der IBG an die BDO zur Entwicklung eines Risiko-Grundmodells für die Fonds. Ein Auftrag, den die BDO, kurz nachdem sie Achim Walthers Empfehlung zur Ablehnung einer Testierung des IBG-Jahresabschlusses ignorierte, erhielt. Jahre später, 1999, wurde dieses Risikomodell, das die BDO für die IBG entwickelt hat, bei einer Prüfung für das Bundesaufsichtsamt für das Kreditwesen als grundsätzlich für geeignet befunden, allerdings käme es darauf an, wie es angewendet würde. Die Prüfer der Aufsichtsbehörde kritisierten dann genau dies, nämlich, daß das Modell nicht richtig praktiziert wurde – und das soll der BDO als Jahresprüfer der IBG nicht aufgefallen sein? Die BDO bekam über die Jahre viele weitere Aufträge von der IBG.

Wie bei Enron in den Vereinigten Staaten haben wir mit der IBG ein Unternehmen, das dank bilanzieller Unregelmäßigkeiten massive Gewinne vortäuschte, Gewinne, die von einer Wirtschaftsprüfungsgesellschaft testiert wurden – mit dem Ergebnis, daß schließlich Milliarden Risiken entstanden.

Am 12. November 1997, kurz nachdem die IBG Walther und seinen Auftrag zu den Akten gelegt hatte, schickt die »Fides-Treuhandgesellschaft« einen Sonderbericht zur »Landesbank Berlin, Girozentrale, Berlin« ans damalige Bundesaufsichtsamt für das Kreditwesen. Ein Teil der Unterlagen widmet sich der IBG und deren Immobilienfonds. »Dieses Papier ähnelt Walthers Papier frappierend. Beide kommen zu den gleichen Ergebnissen, auch wenn sie im Fides-Bericht zurückhaltender dargelegt werden. Jeder Fachmann mußte sie verstehen«, urteilt Professor Schwintowski.

In den Schlußbemerkungen heißt es, daß Zweifel an der Angemessenheit von Rückstellungen für Risiken auf Mietgarantien und Anteilsandienungsrechten sowie an der zutreffenden Höhe der Rechnungsabgrenzungsposten im Jahresabschluß der IBG bestehen. Ein wirksames und vor allem aufeinander abgestimmtes, umfassendes Controlling konnten die Prüfer von Fides bei den geschlossenen Immobilienfonds nicht feststellen. Das zeigt sich unter anderem darin, daß aussagefähige Unterlagen zur Quantifizierung von Risiken aus Mietgarantien, Anteilsandienungsrechten und Wertpapiergarantien nicht vorgelegt werden konnten. Bei den Anteilsandienungsrechten wurde in einem vereinfachten Verfahren ein Risiko von 235 Millionen Mark ermittelt.

Sogar Berlins Staatsanwaltschaft hat den Bericht der Fides-Treuhand verstanden und das hat was zu sagen. In einem Zwischenbericht vom 27. Dezember 2001 bemerkten die damals zuständigen Staatsanwälte Hans-Jürgen Dorsch und Andreas Wüttke, die Fides-Prüfung habe »gravierende Mängel in der Überwachung und Steuerung des den IBG-Komplex betreffenden Immobiliengeschäfts« aufgedeckt. Dennoch seien die Mängel »nicht abgestellt« worden. Statt dessen sei die IBG »zum weitaus größten Teil mit einer konzeptionell unveränderten Neuauflage von geschlossenen Immobilienfonds fortgefahren.« Die Frage stellt sich: Wenn die Berliner Staatsanwaltschaft einen solchen Bericht richtig verstehen kann – und wir reden hier nicht von irgendeiner Staatsanwaltschaft –, wieso hat das Bundesaufsichtsamt für das Kreditwesen diesen Bericht, den es selber in Auftrag gab, nicht verstanden und danach entsprechend gehandelt?

Auch die Berliner Senatsverwaltung für Wirtschaft und Betriebe erhielt eine Kopie des Fides-Treuhand-Berichts am 3. Dezember 1997 vom Bundesaufsichtsamt für das Kreditwesen. Dort haben die verantwortlichen Mitarbeiter, darunter Staatssekretär Wolfgang Branoner (CDU), den Bericht abgezeichnet. Branoner, der im Laufe des Jahres 1998 Senator wurde, ist in demselben Jahr Aufsichtsratsmitglied in der Bankgesellschaft und Anfang 1999 der Landesbank geworden. Er sah offensichtlich keinen Anlaß zum Handeln. Auch meine Nachfrage an ihn zu dieser Angelegenheit ließ er unbeantwortet.

Einen vom Bundesaufsichtsamt für Kreditwesen angeordneten Sonderbericht nimmt keine Bank auf die leichte Schulter, vor allem kein Aufsichtsrat. Doch die BDO kommt Schoeps und Co. erneut zur Hilfe. In einer Stellungnahme der BDO zum Fides-Bericht vom 19. Januar 1998 werden die Kritikpunkte von Fides zur Bildung von Rücklagen für die Mietgarantien explizit zurückgewiesen. Erneut werden Warnungen von unabhängigen Prüfern von der BDO im Dienst der IBG entkräftet.

Am 24. September 1998 meldet sich nun die Konzernrevision der Bankgesellschaft Berlin bei Manfred Schoeps, dem Konzernvorstand und dem Aufsichtsrat der IBG mit dem Bericht »Nr. 25/1998« zu »Haftungsrisiken der IBG-Gruppe«. Es geht um die Miet- und Andienungsgarantien der geschlossenen Immobilienfonds der Landesbank Berlin. Die Innenrevision der Bankgesellschaft kommt gleich zu Beginn ihrer Ausführungen zur Ursache der heutigen Bankenkrise: die Generalmietverträge und Mietgarantien, mit denen die IBG Zeichner angelockt hatte. Die Wirtschaftsprüfer der BDO Deutsche Warentreuhand hatten, so die Innenrevisoren, im »Prüfungsbericht zum Jahresabschluß 1997« das Eingehen dieser Verpflichtungen mit »vertriebspolitischer Notwendigkeit« erklärt. Die Garantien seien »für die Marktakzeptanz der LBB-Fonds von großer Bedeutung«.

Auch die internen Prüfer kommen zu ähnlichen Ergebnissen wie Walther und Fides vor ihnen: »Mit den Generalmietverträgen/Mietgarantien sind erhebliche potentielle Risiken verbunden. Die IBG und die »Arwobau« verpflichten sich gegenüber den Fondsgesellschaften, die in den Fondsprospekten ausgewiesenen langfristig prognostizierten Mieteinnahmen der Fondsgesellschaften über 25 Jahre sicherzustellen.« Bezüglich der Risikoberechnung von Mietrisiken seitens der IBG schreiben auch die

Konzernprüfer: »Erforderlich ist darüber hinaus die Quantifizierung des Haftungsrisikos der IBG über die Gesamtlaufzeit der Verpflichtungen.« Völlig ungerührt von diesen Feststellungen beharrte die IBG auf ihrer falschen Risikoberechnungsmethode – und die BDO testierte weiter.

Die Revisionsprüfer lassen ihre Vorstände nicht im Zweifel, wo das Problem liegt: »Das potentielle Risiko besteht somit in allen Fällen darin, daß die von der IBG-Gruppe ›erzielten‹ effektiven Mieteinnahmen nicht die Höhe der prospektierten und gegenüber den Fondsgesellschaften garantierten ›fiktiven‹ Mieteinnahmen erreichen.« Dieser Satz allein hätte in der Bankgesellschaft reichen müssen, um das Fondsgeschäft sofort zu beenden, meinen Fachleute.

An der Art und Weise, mit der die IBG-Bilanzen erstellt wurden, übte die Innenrevision massive Kritik, wie später auch Prüfer der Bankenaufsicht. So hatte die IBG Einnahmen aus Mietgarantiegebühren stets sofort in vollem Umfang als Einnahmen in ihre Bilanz einfließen lassen – und damit nach außen das Bild ihrer wirtschaftlichen Lage geschönt. Tatsächlich hätten diese Gebühreneinnahmen über die 25-jährige Laufzeit der Garantien verteilt werden müssen. In jedem Jahr hätte die IBG damit nur 1/25 dieser Gelder als Einnahmen bilanzieren dürfen. Das jedenfalls hatte, so der Verweis der Innenrevision, die Fides-Treuhandgesellschaft in ihrer Sonderprüfung für das Bundesaufsichtsamt für das Kreditwesen festgestellt.

Nur weil die BDO Deutsche Warentreuhand diese Bewertung in einer Stellungnahme vom 10. Januar 1998 zum Fides-Bericht zurückwies, stellen die internen Prüfer ihre Bedenken zurück. Ein Satz, der Fragen zur Fahrlässigkeit und Haftung der Konzernprüfer aufwirft, denn immerhin gibt es zu dieser Bilanzierungsfrage ein Fachgutachten des Instituts der Wirtschaftsprüfer, das die Konzernprüfer selber in ihrem Bericht anführen.

Auch bei den Anteilsandienungsgarantien erkennt die Innenrevision das Unübersehbare: »Diese Risiken werden bislang im Rahmen der konzeptionellen Aufarbeitungen des zentralen Risikocontrollings nicht berücksichtigt« und fordern »eine Qualifizierung dieses Risikos vorzunehmen«. In ihrem Bericht erklären die Bankprüfer, daß die BDO den Empfehlungen von Fides zur Bildung hoher Rückstellungen für diese Risiken widersprach.

Professor Gerke ist der Auffassung: »Mit elf namentlich aufgeführten Exemplaren wurden über die Konzernrevision ... dem Konzernvorstand der Bankgesellschaft Berlin, dem Vorstand der Landesbank Berlin, dem Vorstand der Berliner Hyp, dem Vorstand der Berliner Bank, dem Aufsichtsrat der IBG und der Geschäftsführung der IBG eindeutige Warnungen übermittelt, die keiner von ihnen übergehen konnte und durfte.« Die elf Bank-Manager heißen Wolfgang Rupf, Hans Leukers, Norbert Pawlowski, Leopold Tröbinger, Ulf-Wilhelm Decken, Klaus Landowsky, Klaus von der Heyde, Peter-Jörg Klein, Jürgen Noack, Jochem Zeelen und Manfred Schoeps.

Die Kette der kritischen Berichte reißt übrigens nicht ab. Am 14. März 2000 verfaßt die Wirtschaftsprüfungsgesellschaft Fasselt-Mette & Partner im Auftrag des Bundesaufsichtsamts für Kreditwesen einen Bericht zur Bankgesellschaft Berlin. Band IV des Berichts befaßt sich auf über 118 Seiten einzig und allein mit der IBG – vor allem mit den Fondsrisiken. Dieser Bericht kommt dezidiert zu den gleichen Schlüssen, wie die Berichte davor: Mietrisiken seien zu optimistisch kalkuliert, die Mietrisikogebühren zu Unrecht vereinnahmt worden, es fehlten Rücklagen für die Andienungsgarantien.

In der Schlußbemerkung heißt es: »Die IBG erhält von den Fondsgesellschaften für die Übernahme der Mietgarantien beziehungsweise des Generalmietvertrags eine Einmalgebühr. Diese Mietgarantiegebühr ist von der IBG bisher sofort realisiert worden. Die Vorgehensweise der IBG entspricht nach unserer Auffassung nicht den Grundsätzen aus Ertragsrealisation bei schwebenden Geschäften. Hierdurch ist es im Zeitraum 1994 bis 1998 in erheblichem Umfang zum Ausweis von nichtrealisierten Gewinnen gekommen.« »Die Korrektur der realisierten Mietgarantiegebühren hat zur Folge, daß die Drohverlustrückstellung neu zu berechnen ist.« »Den ursprünglich prospektierten Mieterlösen haben deutlich höhere Inflationsraten zugrunde gelegen, als sie derzeit feststellbar sind.« Die Mietausfallberechnungen der IBG »erscheinen wegen der Verschärfung auf dem Vermietungsmarkt als eher optimistisch.« »Die von der IBG übernommenen Andienungsgarantien ... werden in der Bilanz der IBG nicht berücksichtigt.«

Wie bei den vorangegangenen Berichten setzten die Bankgesellschaft, die IBG und BDO auf Zeitgewinn. Das Geschäft nimmt weiter seinen

Lauf. Die IBG bleibt nach außen ein Erfolgsmodell, und die Bankgesellschaft hat sogar vor, die IBG mit dieser Erfolgsstory als Aktiengesellschaft an die Börse zu bringen.

Auch das Bundesaufsichtsamt für das Kreditwesen hat trotz dieser zwei Berichte seelenruhig zugeschaut. Nach dem Fides-Bericht von 1997 hätte das Bundesaufsichtsamt die schweren Fehler im Fondssystem der IBG selber erkennen und handeln müssen, meint Hans-Peter Schwintowski: »In solchen Fällen einzugreifen, ist die Aufgabe des Bundesaufsichtsamts, dafür haben wir doch eine solche Behörde. Da das Bundesaufsichtsamt versagt habe, hat die Behörde ihre Amtspflicht verletzt.«

Erst mit vier Jahren Verspätung, gut eineinhalb Jahre nach der Sonderprüfung der Fides-Treuhand und als die Bankgesellschaft wegen der IBG vor der Insolvenz stand, hat die Behörde reagiert. In einem Schreiben vom 15. November 2001 an den Vorstand der zuletzt zuständigen Konzernprüfer Price Waterhouse Cooper kritisierte eine hochrangige Mitarbeiterin der Aufsichtsbehörde, Carmen Koberstein-Windpassinger, daß die Bankgesellschaft sowie die IBG bis in das Jahr 2000 hinein über kein angemessenes Risikomanagement verfügten. In dem Brief wird eindrucksvoll beschrieben, in welch katastrophale Lage IBG-Manager, BDO und schließlich Price Waterhouse Coopers als Konzernprüfer das Unternehmen schlittern ließen. Die von der IBG-Gruppe in den Jahren 1998 und 1999 eingegangenen Risiken seien wegen ihres Umfangs geeignet, »den Fortbestand des Konzerns Bankgesellschaft Berlin zu gefährden«. Wenige Monate später war es soweit.

Am 21. Juni 2002 war Frau Koberstein-Windpassinger vor den Berliner Untersuchungsausschuß zur Bankenaffäre geladen. In einer nichtöffentlichen Sitzung zog die Vertreterin der Bundesanstalt für Finanzdienstleistungsaufsicht (früher Bundesamt für das Kreditwesen), wenn man den Parlamentariern glauben darf, kräftig vom Leder. Danach soll Koberstein-Windpassinger dem Ausschuß erklärt haben, daß die Aufsichtsbehörde seit geraumer Zeit die BDO im Blick habe. Auch in anderen Fällen habe es schon »mangelhafte Prüfungsleistungen« der BDO gegeben. Aus diesem Grund, so Koberstein-Windpassinger, erhalte die BDO keine Sonderprüfungsaufträge von ihrem Amt mehr.

Auch andere Prüfer der Bankgesellschaft, die KPMG Deutsche Treuhandgesellschaft AG und die Price Waterhouse Coopers, haben, wenn man Frau Koberstein-Windpassinger in Berlin richtig verstand, nicht zur vollen Zufriedenheit der Bonner Kontrolleure gearbeitet: Die KPMG habe in den Jahresabschlüssen der Landesbank Berlin von 1998 und 1999 die Risiken zu niedrig bewertet und die Price Waterhouse Coopers als Prüfer des Gesamtkonzerns Bankgesellschaft »zu den erheblichen strukturellen Mängeln im Risikomanagement nicht oder nicht ausreichend Stellung« bezogen. Zufällige Parallelen oder gebündelte Absichten?

Aber hier endet die Geschichte von Achim Walther und seinem Bericht noch lange nicht. Im April 1999 hat Walther seinen alten Bekannten Ulf-Wilhelm Decken in der Landesbank Berlin besucht. Das Gespräch kam auf den Berichtsentwurf, für den sich Decken, laut Walther, interessiert zeigte. Daraufhin hat Walther mit einem Brief vom 15. April 1999 ein Exemplar seines Berichts Decken, der immer noch im Aufsichtsrat der IBG saß, zukommen lassen. Walther suchte schriftlich die Auseinandersetzung. Eine Antwort erhielt er nicht. Ein weiterer Brief vom 6. Juni 1999 blieb ebenso unbeachtet. Am 4. Dezember 2000 schrieb Walther erneut an Decken. Dieses Mal reagiert Decken prompt. Er entschuldigt sich und erklärt, es gebe keinen Gesprächsbedarf zu dem Bericht, »da die IBG in ihrer gesamten Struktur umgekrempelt wird, Altrisiken in einem Kraftakt abgefedert werden und Fälle der Vergangenheit sich in der IBG-AG nicht wiederholen können. Eine Erörterung dieser Themen brächte zum heutigen Zeitpunkt keinen neuen Ergebnisgewinn.« Zu diesem Zeitpunkt waren die Risiken übrigens schon offengelegt.

Als Olaf Jahn und ich im August 2002 unsere Artikel für das »Handelsblatt« verfaßten, haben wir wie üblich bei Decken nachgefragt, was er mit Walthers Bericht angefangen habe. Wie so viele Vorstands- und Ex-Vorstandsmitglieder der Bankgesellschaft ist auch Decken mit Prozessen und Ermittlungen überzogen. Seine Antwort war erwartungsgemäß knapp: »Ich habe stets alle Unterlagen und Erkenntnisse, die für Entscheidungen erheblich waren, zeitnah an die zuständigen Gremien weitergeleitet.« Übersetzt heißt das, er hat den Bericht an den IBG-Aufsichtsratsvorsitzenden Wolfgang Rupf weitergeleitet. Wenn es so ist, ist entscheidend, wer diesen Bericht zu diesem Zeitpunkt noch erhalten hat und was daraufhin unternommen wurde.

Im Fall BDO gibt es übrigens noch eine interessante Fußnote. Als die Krise der Bankgesellschaft begann, gab es am 6. Juni 2001 eine Meldung im »Tagesspiegel« mit dem Titel »Prüfbericht der Messe Berlin ist schöngefärbt« von Antje Sirleschtov, damals Wirtschaftsredakteurin. Im Schatten der Bankaffäre blieb diese Meldung fast unbemerkt – leider. Die Parallelen zur Bankgesellschaft sind aber unheimlich.

Die Geschichte dreht sich um die Messe Berlin AG, die zu rund 99 Prozent dem Land Berlin gehört. Trotzdem hatte das Land einige Aufsichtsratsmitglieder mit Kompetenzen geholt, wie Manfred Timmermann (Wirtschaftsprofessor und ehemaliger Staatssekretär), Hans Reischl (REWE-Vorstandsvorsitzender), Rolf Eckrodt (Chef von Mitsubishi Motors), Peter Dussmann (Geschäftsführender Gesellschafter der Dussmann Unternehmensgruppe) und Joachim Theye (Rechtsanwalt). Alle fünf sind Ende März 2001 zurückgetreten. Ursache, so Frau Sirleschtov, war eine eingehende Prüfung des Jahresabschlusses 1999 durch die fünf unabhängigen Aufsichtsräte. Sie kamen zu dem Ergebnis, daß »der Bericht der BDO schönfärberisch und unkritisch ist«, erklärt Sirleschtov. Außerdem erhielt die Autorin des Artikels eine Kopie eines Aufsichtsratsprotokolls, in dem festgestellt wird, es sei »ein Interessenkonflikt zu konstatieren, da die BDO neben dem Prüfungsmandat weitere Beratungs- und Gutachteraufträge für die Messegesellschaft durchgeführt hat.«

Laut Frau Sirleschtov monierte der Aufsichtsrat auch, »daß die Prüfer von BDO in ihrem Bericht weder auf die langjährigen Verluste der Messe, noch die prekäre Eigenkapitalsituation, noch die mangelhafte Preispolitik hingewiesen hatten. Nicht einmal ›Unregelmäßigkeiten‹ und Betrugsversuche, die die Messe im Jahr 1999 rund eine halbe Million Mark gekostet haben, seien von BDO erwähnt.« Daraufhin wollte der Aufsichtsrat eine neue Wirtschaftsprüfungsgesellschaft bestellen. Es wurden zwei Angebote eingeholt, wobei beide billiger als die BDO gewesen sein sollen. Der damalige CDU Finanzsenator Peter Kurth, der auch im Aufsichtsrat der Messe AG saß, weigerte sich jedoch, der BDO den Auftrag zu entziehen. Der Grund: der Vertrag lief über acht Jahre. Andere Mitglieder des damaligen Messe-Aufsichtsrats, wie Wolfgang Rupf, schienen die Praktiken der BDO nicht sonderlich zu stören.

Wie Frau Sirleschtov in dem Artikel weiter berichtete, ging Joachim Theye, damaliger Aufsichtsratsvorsitzender der Messe AG, daraufhin zu Berlins Regierungschef, Eberhard Diepgen, wie Kurth CDU-Mitglied, um seine persönliche Intervention zu erbitten. Ohne Erfolg.

CDU-Senator Kurth erklärte den Aufsichtsratsmitgliedern, daß der Landesrechnungshof die Aufhebung des Vertrages verweigere. Auf Nachfrage erklärte der Landesrechnungshof Frau Sirleschtov, Kurth »teilte uns ... keine stichhaltigen Gründe mit, die zu einer vorzeitigen Auftragskündigung geführt hätten.« Die BDO durfte weiter prüfen. Nach dem gemeinsamen Rücktritt der fünf Aufsichtsratsmitglieder wurden neue, weniger kritische Aufsichtsratsmitglieder geholt. Offiziell hieß es, die fünf Aufsichtsratsmitglieder seien wegen unterschiedlicher Vorstellungen zur Privatisierung der Messegesellschaft zurückgetreten.

Kapitel 8

To Big To Fail

Der 18. Februar 1999 war ein gewöhnlicher Superlativ-Tag in Berlin – der Stadt, in der bekanntlich immer alles am größten, am besten, am schnellsten ist. Die Botschaft des Tages verkündete nicht wie gewöhnlich Berlins visionärer Regierender Bürgermeister Eberhard Diepgen, sondern die Bankgesellschaft Berlin. In einer Ad-hoc-Meldung gab die Bank bekannt, ihr operatives Ergebnis für das Geschäftsjahr 1998 sei »das beste seit ihrer Gründung«. Die Meldung strotzte vor Optimismus. Es handelte sich jedoch um ein Rekordergebnis, das eher nachdenklich stimmen mußte. Zum ersten Mal in der Geschichte der Bankgesellschaft Berlin würde es nämlich keine Dividende geben. Als Grund angegeben wurden die Risiken des Kreditgeschäftes.

Wenige Monate später, am 26. Mai 1999, fand die Hauptversammlung der Bankgesellschaft Berlin im Internationalen Congreß Centrum in Berlin vor tobenden Kleinaktionären statt. Für diese Anleger mit meist nur einer Handvoll Aktien war der Dividendenausfall für 1998 nur der Vorgeschmack auf das sich anbahnende Ende einer Fehlinvestition. Vom damaligen Aktienpreis (14,06 Euro) der Bankgesellschaft können die Kleinaktionäre heute nur träumen. Was sie damals nämlich alle nicht wissen konnten: Es war alles noch viel schlimmer, die Bankgesellschaft Berlin war schon bankrott.

Durch die Politik der Bankgesellschaft, deren spezielle Kombination von Täuschen und Vertuschen, sowie die enge Zusammenarbeit mit den Wirtschaftsprüfungsgesellschaften, die diese Politik ermöglichten, und die Bereitschaft des Bundesaufsichtsamts für das Kreditwesen, Stillschweigen zu bewahren, konnte die Agonie – und damit die Zunahme der Verluste – des Berliner Geldinstituts über Jahre hinaus verlängert werden. Ebenso wie Rupf, der übrige Vorstand und Teile des Aufsichtsrats der Bankgesellschaft zogen es auch die Konzernprüfer von Price Waterhouse Coopers vor, den wahren Zustand der Bank nicht kritisch zu hinterfragen. Ihnen standen alle Zahlen zur Verfügung, und sie genossen einen intimen Einblick ins Geschäft des Kreditinstituts. Auch das

Bundesaufsichtsamt für das Kreditwesen war informiert. Rupf räumt ein: »Das Bundesaufsichtsamt läßt ja bei Risikolagen einer Bank durchaus zu, daß man einen Vorgang nicht in einem Jahr abarbeiten muß, sondern man sagt: Also gut, das kann auch in ein, zwei oder drei Jahren abgearbeitet werden.«

Jeder Banker wird einem erzählen, daß das Kreditgeschäft von Natur aus mit Risiken behaftet ist, die man allerdings durch Hereinnehmen von Sicherheiten und Nachweisen zur Bonität des Schuldners verringern kann. Es ist auch hinlänglich bekannt, daß mit höherem Risiko auch der Gewinn steigt – damit aber auch die Chance eines Desasters. Ohne Risiken also kein Geschäft. Deswegen geht es im Bankgeschäft in erster Linie um das genaue Abwägen dieser Risiken.

Die Bankgesellschaft Berlin hatte zweifelsohne auch profitable Geschäftsbereiche – und die Bank bestand keineswegs nur aus inkompetentem Personal. Die Verluste im Kreditbereich waren jedoch so hoch und so zahlreich, daß die Bank sie aus dem Ertrag anderer Bereiche nicht mehr ausgleichen konnte. Viele Vermögenswerte mußten veräussert werden und schlimmer noch, die Bank ging immer größere Risiken ein in der Hoffnung, sich durch Gewinne aus den dabei hohen Margen retten zu können. Zu diesen panikartigen Aktionen zählte auch das jährlich steigende Fondsvolumen (das erst ab 1999 allmählich zu sinken begann), dessen Risiken völlig außer Kontrolle gerieten. Am Schluß zockte das Bankhaus sogar auf den Aktienmärkten mit – niemand zog die Reißleine.

1996, dem Jahr, in dem die großen Probleme der Bank öffentlich bekannt wurden, galt die Bankgesellschaft als das, was man im angelsächsischen Raum »TBTF« nennt: To Big To Fail (zu groß, um bankrott zu gehen). »TBTF« sollte sicherstellen, daß die Bank nicht in die Insolvenz geht, denn ein Bankrott der Bankgesellschaft hätte für die Wirtschaft des Landes Berlin, für das Ansehen der Bundesrepublik und für den Ruf des Finanzplatzes Deutschland schwerwiegende Konsequenzen gehabt. Um dies zu vermeiden, wurde einfach weitergemacht. Eine Strategie die, wie wir heute wissen, insofern aufging, als sie immer noch verfolgt wird.

Einige Vorstände der Bankgesellschaft setzten offensichtlich auf Zeit, in der Hoffnung, daß das Problem sich von selber löst. In Zeiten des Wachstums und steigender Inflationsraten spekulieren viele Banker darauf, daß eine ausreichend hohe Inflationsrate auch für steigende Immobilienpreise sorgt. Ab Mitte der neunziger Jahre war diese Zeit aber vorbei. Im Fall der Bankgesellschaft erwies sich die Lage als so verfahren, daß nur ein konsequenter Einschnitt eine Sanierung ermöglicht hätte: der rechtzeitige Verzicht auf ein ausuferndes Neugeschäft und die Abwicklung der Problemkredite, solange diese noch beherrschbar waren. Die Verluste würden heute einige Milliarden weniger betragen, die Bank würde auch nicht mehr eine halbe Milliarde Euro Kapital pro Jahr verbrennen, so wie sie dies noch immer tut. Doch die Bereitschaft für einen solchen verantwortlichen Eingriff fehlte, weil alle Beteiligten wußten – und das wird heute bestätigt: Auch wenn alles im Desaster endet, es würde keine persönlichen Konsequenzen geben.

Nach dem Dividendenausfall 1998 ging alles wieder nur darum, den Schein zu wahren. Rupf bemühte sich – erneut erfolgreich –, den Eindruck eines energischen Sanierers aufrechtzuerhalten. Seine Strategie könnte man so beschreiben: Verbale Sanierungsbehauptungen gemischt mit einer angeblich konservativen Bilanzpolitik. Bei der Herbstpressekonferenz der Bankgesellschaft Anfang November 1998 beschwor Rupf mit rhetorischer Dramatik »Blut, Schweiß und Tränen« und verkündete »eine harte Schwitzkur«. Schuld an der neuesten Krise sei, so Rupf, die fehlgeschlagene Fusion mit der Nord/LB, wodurch er bei der Sanierung der Bankgesellschaft »viel Zeit verloren« habe. Daß er selber diesen Fusionsversuch mitverantwortete und vorantrieb, schienen Rupf und die anwesenden Journalisten vergessen zu haben. Am Schluß versprach Rupf, für »das nächste Jahr sei mit einer nachhaltig niedrigen Risikovorsorge« zu rechnen.

Ursache der 2,1 Milliarden Mark Rückstellungen der Holding waren, laut Rupf, angeblich erneut faule Kredite der Berliner Bank. Zweifelsohne kostete Steinriedes Erbe die Bankgesellschaft über die Jahre mehrere Milliarden. Aber die Wertberichtigungen der Berliner Bank für das Geschäftsjahr 1998 waren – angeblich auf Befehl von Rupf – weit übertrieben angesetzt worden: Rupf ließ im Windschatten der damaligen Asienkrise alle entsprechenden Auslandskredite mit den maximalen steuerlich anerkannten Prozentsätzen wertberichtigen, zum einen, um den Sündenbock Berliner Bank noch einmal für sein eigenes Scheitern zu instrumentalisieren, zum anderen, um sich für die Folgejahre eine Reserve zu schaffen. Ab 1999, als diese Wertberichtigungsbestände mit der Berliner Bank in die Bankgesellschaft gewandert waren, wurden sie wieder aufgelöst und zur Verschönerung der eigenen Bilanz genutzt.

Denn mittlerweile waren die anderen Teilbanken weit maroder als die Berliner Bank. Genau das sollte die Außenwelt jedoch nicht erfahren. Mit Effekthascherei fusionierte Rupf die Berliner Bank in die Bankgesellschaft AG. Es blieben nur die Berliner Bank-Filialen mit ihrem Retailgeschäft übrig. Doch die von Rupf versprochenen konkreten Sanierungsmaßnahmen – Einsparungen von einer Milliarde Mark und Abbau von 2000 Stellen – blieben aus.

Berlins Großkoalitionäre interessierten sich weder für Rupfs Ausreden und Versprechen noch für die Probleme der Bank. Sie wollten Geld, um das Landeshaushaltsdefizit zu stopfen, Jobs für ihre Seilschaften und Kredite für ihre windigen Freunde – und damit basta. Als die Bankgesellschaft den Dividendenausfall für das Geschäftsjahr 1998 verkündete, waren die Parteibosse von CDU und SPD mehr als verstimmt. So hatte sich die Berliner Politik die Geschäfte der Bankgesellschaft Berlin nicht vorgestellt.

Doch Rupf hat die außergewöhnliche Fähigkeit, Menschen zu überzeugen, daß er an »Altlasten« unschuldig sei, eifrig nach Lösungen suche und diese sogar schon gefunden habe. Schuld waren immer die anderen. Diese Fähigkeit, von eigenen Fehlern abzulenken, hielt ihn noch Jahre im Amt. Die Konsequenzen des Dividenden-Ausfalls waren daher auch denkbar gering. Edzard Reuter verließ den Aufsichtsrat »aus Altersgründen« – normalerweise ein netter Ausdruck für einen Rausschmiß. Reuter war, nach seinem Ausscheiden bei Daimler mit mehr Zeit ausstaffiert und um seinen eigenen Ruhm besorgt, für Rupf zunehmend unbequem geworden. Das alte Mentorenverhältnis war ins Gegenteil mutiert. Rupfs Wunschkandidat als Nachfolger Reuters war Dieter Feddersen, ein in Bankdingen wenig erfahrener Frankfurter Großanwalt, dessen Hauptinteresse zunächst dem geglückten Versuch galt, seine Kanzlei an den US-amerikanischen Anwaltskonzern White Case zu verkaufen. Feddersen wohnte in Kronberg im Taunus, nur ein Dorf von Rupf's Königstein entfernt und war mit Rupf gut bekannt. Als Vorsitzender des deutschen Komitees für Corporate Governance, das den Ehrenkodex eines verantwortlichen Managements in börsennotierten Aktiengesellschaften formuliert hat, personifizierte Feddersen auch das nötige Maß an Seriosität und Legitimität, hinter dem Rupf sein Riesenzauberrad der Risiken weiterdrehen konnte.

Reuter kam aus der Sache glimpflich davon. Wäre da nicht sein Vater, würde Reuter wahrscheinlich heute als einer der größten Versager innerhalb der Wirtschaftselite der Bundesrepublik gelten. Doch der Name Reuter gehört zum bundesrepublikanischen Mythos, und sein Sohn zählt außerdem zur Spitze der Berliner Gesellschaft. Als einer von ihnen wird er nach außen geehrt. Bei der Jahresversammlung der Bankgesellschaft im Mai 1999 schlug Rupf den zurückgetretenen Reuter sogar zum »Ehrenpräsidenten des Aufsichtsrats der Bank« (ohne Mitsprache bei geschäftlichen Entscheidungen) vor, womit er virulentes Schimpfen seitens der Kleinaktionäre erntete. Rupfs Versprechen, im nächsten Jahr wieder eine Dividende zu zahlen, tröstete wenig, wobei damals noch niemand wußte, daß die Dividende für 1999 die letzte der Bankgesellschaft für lange Zeit sein würde – wenn nicht für immer.

Der dramatische Zustand der Bankgesellschaft konnte nur dank der Tatsache erfolgreich geheimgehalten werden, daß das Geldinstitut von Anfang an eine »Risiko-Controlling-freie Zone« war. Dadurch hatte nur ein innerer Kreis um den Vorstand die Übersicht über den wahren Grad der Schieflage der Bank. Mitte des Jahres 1999 hatte man sich den ersten, angeblich objektiven Einblick über drohende Verluste verschafft. Das Ergebnis war erdrückend – obwohl es der vollständigen Wahrheit bei weitem nicht entsprach.

Im Juli 1999 erstellen Mitarbeiter der Beratungsfirma McKinsey im Auftrag der Bankgesellschaft einen »Bericht zum Risikomanagement« im Konzern. Das Ergebnis ist besorgniserregend. 18,2 Milliarden Mark des Kreditvolumens vom Konzern im Firmen- und Immobilienkreditbereich befinden sich in den drei untersten Ratingklassen D bis F. D heißt »schwache Gesamtverhältnisse, E beinhaltet »schlechte Gesamtverhältnisse« mit Wertberichtigung und F bedeutet »Abwicklungsfälle« mit Wertberichtigung. In diesen 18,2 Milliarden Mark enthalten ist ein nicht gedecktes Risikopotential von rund 4,7 Milliarden Mark. Das sind drohende Verluste, denen keine Sicherheiten gegenüberstehen. Das ist für eine Bank eine alarmierende Nachricht und für sich schon schlimm genug; in Wirklichkeit war es aber noch schlimmer, denn die Risiken des

Immobiliendienstleistungsgeschäfts – die Fonds und Vorratsimmobilien – wurden beim Auftrag an McKinsey ausgespart und sind somit im Bericht gar nicht erfaßt. Darin ging es nur um die Immobilienkredite der Teilbanken.

Von den 4,7 Milliarden Mark Risikopotential lagen 2,7 Milliarden beim Firmenkundengeschäft und lediglich zwei Milliarden im Immobilienkreditbereich. Die Immobilienzahlen, meinen Mitarbeiter der Bankgesellschaft, waren geschönt. »In dem McKinsey-Bericht fehlten viele angeschlagene Immobilien«, erklärt ein Manager der Bank heute. Seine Erklärung: Viele dieser Immobilien wurden versteckt, indem sie aus der Bank heraus- und in Objektgesellschaften hineingeparkt waren. So findet man zum Beispiel die »Bavaria Immobilien Management GmbH & Co. Unter den Linden 40 Kommanditgesellschaft« (dahinter verbirgt sich der schon genannte faule Schneider-Kredit für die ehemalige Französische Botschaft in Berlin) auf der Liste der Problemkredite in dem McKinsey-Bericht nicht. Jahrelang schwebte dieser Immobilienkredit jenseits der Bilanzen der Berlin Hyp und Landesbank Berlin, die die Kommanditgesellschaft immerhin mit rund 280 Millionen Mark finanzierten. Juristisch gesehen gehörte diese Immobilie eben nicht der Bank, sondern einer Kommanditgesellschaft. Wie die Prüfer der Bundesaufsichtsbehörde im Jahr 2000 feststellten: »Dementsprechend wird diese Objektgesellschaft nicht in den Konzernabschluß der Bankgesellschaft einbezogen.«

Auch die Gesellschaft Bürgerlichen Rechts, hinter der das ehemalige Schneider-Projekt Thomaskirchhof in Leipzig schlummert und jährlich Millionenverluste einfährt, fehlt in der Auflistung des McKinsey-Berichts. Gesellschaften dieser Art wurden von den Teilbanken der Bankgesellschaft vollständig finanziert – samt Zins und Tilgung an sich selbst. So verschwanden problembehaftete Immobilien aus den Büchern. Die Risiken jedoch blieben bei den Banken.

Die zweite Methode, die die Berlin Hyp unter der Führung von Klaus Landowsky pflegte, so erläutert ein von mir interviewter Bankmanager, bestand einfach darin, risikoreiche Immobilienkredite schön zu rechnen. Das ging nicht ohne das Wegsehen oder sogar die Zustimmung der Wirtschaftsprüfungsgesellschaft der Berlin Hyp. Jahrelang testierte die Deutsche Baurevision AG im Lagebericht der Bilanz einen gesunden wirtschaftlichen Zustand für die Berlin Hyp. Bei den Immobilien-Risiken wurden kaum Einzelwertberichtigungen, die den Ertrag ja gemindert hätten, vorgenommen – gegenüber den Aktionären und der Aufsicht objektiv eine Täuschung über die tatsächliche Situation des Unternehmens.

Erst als alles zu spät war und die Bank schon als »To Big To Fail« galt, kam ein Teil der Wahrheit ans Licht der Öffentlichkeit. Im Jahr 2000 übernahm die KPMG die Jahresprüfung der Berlin Hyp. Als die KPMG ihre Prüfung für das Geschäftsjahr 2000 vornahm – diese Untersuchung kann logischerweise erst nach dem Abschluß des Geschäftsjahres erfolgen, also Anfang des Jahres 2001 –, begannen die Krise und der Niedergang der Bankgesellschaft. Das Bundesaufsichtsamt für das Kreditwesen, das in der Affäre um die Bankgesellschaft auch um seinen eigenen Ruf kämpfte, tat mit einem Mal etwas, was es viele Jahre vorher hätte tun sollen: es drohte, alle Jahresabschlußberichte der Bankgesellschaft äusserst kritisch zu überprüfen. KPMG hatte auch kaum Spielraum, ihrem Auftraggeber weitere große Gefälligkeiten leisten zu können. Nach den Pleiten ihrer Kunden Holtzmann, Flowtex und Balsam ist ihr Ruf ziemlich ramponiert. In der Branche wird KPMG höhnisch mit »Keiner Prüft Mehr Genau« übersetzt.

In dem Jahresbericht 2000 der Berlin Hyp, der aus lauter Vorsicht extrem verspätet fertiggestellt wurde, entdeckte die KPMG sage und schreibe Einzelwertberichtigungen in Höhe von rund 658 Millionen Euro! Das sind mehr als alle Wertberichtigungen in der Gesamtgeschichte dieses Hypothekeninstituts von 1992 bis 1999 zusammen. Für das Bilanzjahr 2001 folgte eine zusätzliche Risikovorsorge von 296 Millionen Euro. Die Ursache hierfür war eine radikale Rating-Überprüfung der KPMG auf der Grundlage von schlechteren Werten. Trotzdem sehen die Einzelwertberichtigungen für das Jahr 2002 ebenso düster aus.

Die Berlin Hyp steht mit dieser massiven Risikovorsorge immer noch nicht auf sicheren Beinen. Eine Studie der Consultingfirma Consart vom Juli 2001 im Auftrag des Aufsichtsrats der Bankgesellschaft konstatierte ein Risikoportfolio – risikobehaftete Immobilienkredite – in Höhe von 9,1 Milliarden Euro bei der Berlin Hyp.

Fazit: Das wahre Ausmaß der Immobilienrisiken bei der Berlin Hyp und den anderen Teilbanken fand sich im McKinsey-Bericht nicht wieder. Deswegen gab das Gutachterergebnis ihres Berichts von 1999 die tatsächliche Katastrophe nicht im mindesten wieder.

Das Schönrechnen der Kreditrisiken durch Landowskys Berlin Hyp zog auch die anderen Banken der Bankgesellschaft in Mitleidenschaft. Die Berlin Hyp hatte Projektgesellschaften wie denen von Jürgen Schneider zugesagt, sie voll zu finanzieren. Als Hypothekenbank darf die Berlin Hyp nach dem Hypothekenbankgesetz eine Immobilie grundsätzlich nur bis zu 60 Prozent des nachhaltigen Werts einer Immobilie finanzieren, weil sie das Privileg hat, sich über mündelsichere Pfandbriefe zu refinanzieren. Es ist zwar zulässig, diese Grenze im Einzelfall zu überschreiten, aber dann braucht sie zusätzliche Sicherheiten, und die Summe der Überschreitungen ist eng begrenzt. Unzulässig für eine Hypothekenbank ist es jedoch, so viele Immobilien auf einem Mal hundertprozentig zu kreditieren. Die sogenannten nachrangigen Teile des Kredits oberhalb der 60-Prozentgrenze sind stark risikobehaftet, da in einer Immobilienkrise der Wert der Immobilien auch mal bis um 40 Prozent oder mehr fallen kann. Ist das der Fall, dann stehen die nachrangigen Teile des Kredits ohne jede Sicherheit in den Büchern. Andere Banken, die als nachrangige Gläubiger Geschäfte mit der Hypothekenbank machen, gehen dann leer aus; sie können sich nicht aus der Immobilienverwertung bedienen.

Im Spätherbst und Winter 2000 übernahm die Bankgesellschaft AG solche sogenannte Nachrangkredite mit einem Wert von insgesamt 228 Millionen Euro von der Berlin Hyp. Die Bankgesellschaft wollte laut Vertrag nur solche Kredite übernehmen, deren Kreditratings zu 50 Prozent die Kategorie A und B (»gut«) und zu weiteren 50 Prozent C (»befriedigend«) erreichen. Die Einstufung in die betreffenden Ratingklassen hatten allerdings Mitarbeiter der Berlin Hyp selbst erstellt. Sämtliche Kredite waren nachrangig.

Kurz danach, im Jahresabschlußbericht der Bankgesellschaft AG aus dem Jahr 2000 – merkwürdig, wie kritisch die Wirtschaftsprüfungsgesellschaften in diesem Jahr plötzlich wurden –, stellten die Prüfer von Price Waterhouse Coopers fest, »daß das von der Berlin Hyp erworbene Kreditportfolio in Bezug auf die Ratings nicht in Ordnung war.« Viele der Kredite hatten schon Leistungsstörungen. Unter den Kreditnehmern befanden sich eine Reihe von wirtschaftlich angeschlagenen Bauträgern, deren Schwierigkeiten der Bank schon lange bekannt waren. Selbst der Kredit für die Geldvernichtungsimmobilie Thomaskirchhof in Leipzig zählte dazu. Schon für das Jahr 2000 – in genau dem Finanzjahr, in dem sie die Kredite von der Berlin Hyp übernahm – mußte die Bankgesellschaft AG Rückstellungen von 46,2 Millionen Euro für die Risiken aus diesen von der Berlin Hyp erworbenen Krediten bilden. Im Folgejahr stieg die Risikovorsorge auf 71 Millionen Euro – fast ein Drittel der Kreditsumme. Die Frage stellt sich: hat die Bankgesellschaft AG diese Kredite von der Berlin Hyp aus grober Fahrlässigkeit übernommen – oder weil Klaus Landowsky es wünschte und die Banker taten, was Berlins starker Mann wollte?

Im Jahr 1999 war die Titanic schon zum Sinken verurteilt. Die wirtschaftliche Lage in Berlin und den neuen Bundesländer, verschlechterte sich rapide, die Zahl der faulen Kredite im Portfolio der Bankgesellschaft nahm ebenso rapide zu. Wie McKinsey eruierte, hatte die Bankgesellschaft ein nicht gedecktes Risikopotential von fast fünf Milliarden Mark. Es fehlten die schöngerechneten Kredite in den Bilanzen, die noch weitere Milliardenverluste verbargen. Es fehlten auch die faulen Immobilienkredite in Milliardenhöhe, die in die Fonds verlagert wurden oder als Objektgesellschaften verschwunden waren. Durch die Fonds produzierte die Bankgesellschaft kurzfristig einen hohen Gewinn, aber gleichzeitig noch höhere Verluste, die »auf die Zeitschiene« geschoben wurden. Aus der Bankgesellschaft war mittlerweile eine tickende Zeitbombe geworden.

Das Erstaunlichste war, daß die Bankgesellschaft ihre Geschäftspolitik kaum änderte. Statt ihre Kreditportfolien zu sanieren, gab die Bankgesellschaft den gleichen angeschlagenen Kreditnehmern immer wieder neue Kredite. Es gab sogar Fälle von Kreditnehmern, denen bei einer Teilbank der Bankgesellschaft weitere Kredite verweigert wurden, die dann jedoch Geld von einer anderen Teilbank der Holding bekamen.

Für Wolfgang Rupf ist das nichts Unbekanntes. Auch von den Tücken der Fondsgarantien erfuhr Rupf aus erster Hand im Juli 1998, als er Post von Manfred Schoeps erhielt. Bei dem Objekt Brunnenstraße in den LBB-Fonds 5 hatte die Bankgesellschaft gegenüber den Fonds eine Vereinbarung in Verbindung mit entstandenen Mietausfällen des Objekts abgeschlossen. In seinem Brief vom 16. Juli – adressiert an Rupf persönlich – forderte Schoeps fast 4,7 Millionen Mark von der Bankgesellschaft für Mietausfälle von über 13 Monaten. Jeder Vorstandssprecher einer Bank – und Aufsichtsratsvorsitzender der IBG – hätte in diesem Moment registrieren müssen, welche konkreten Gefahren sich in den Immobilienfonds seiner Bank verbargen. Im Februar 2001 gab Rupf zu, daß durch die Generalmietverträge der bankeigenen Geschäftshäuser die Bankgesellschaft für die Immobilienfonds »insgesamt jedes Jahr 51 Millionen Euro Defizit zur Marktmiete zu tragen hatte.«

Rupf beschwert sich aber zu Unrecht über die hohen Mieten der bankeigenen Gebäude. Die Bankgesellschaft hatte nämlich ihrerseits die eigenen Gebäude zu überteuerten Preisen an die Fonds verkauft, Preise, die nur durch die überhöhten Mietverträge begründet waren – »Sale and lease back«. Damit hatte die Bank kurzfristig viel Geld von den Fonds kassiert und schönte so ihr Jahresergebnis – verpfändete jedoch damit ihre Zukunft. Die Generalmietverträge waren ein weiterer Sprengstoff im Innern der tickenden Zeitbombe.

Es waren nicht nur Rupf, Landowsky und Schoeps, die die Bankgesellschaft zugrunde richteten – obwohl sie ohne Zweifel die Hauptverantwortlichen waren. Wolfgang Rupf hatte einen Vorstand, dessen Kompetenzen zweifelhaft waren. Er bestand aus Männern, die Strategien in immer größeren Dimensionen ausdachten, jedoch nie in der Lage waren, diese erfolgreich umzusetzen.

Zum 1. Juli 1998 trat Norbert Pawlowski als Vorstandsmitglied der Bankgesellschaft Berlin an. Er wurde zuständig für Controlling inklusive Risikocontrolling, für Aktiv-Passiv Steuerung, für Revision und für Compliance [Einhaltung von Gesetzen und Richtlinien]. Laut Pawlowski wurde auch er von Edzard Reuter zur Bankgesellschaft geholt, weil: »Was es damals im Rahmen der Konzernzusammenführung noch nicht gegeben hat, das war ein Ressort Controlling, ein Ressort Risikocontrolling. Es gab auch keinen eigenständigen Ressortchef dafür, und ich wurde mit dem Aufbau einer solchen Aufgabe betraut.« Das muß man sich auf der Zunge zergehen lassen: viereinhalb Jahre nach Entstehung des sechstgrößten Geldinstituts der Bundesrepublik Deutschland kommt jemand auf die Idee, ein Vorstandsmitglied für ein konzernübergreifendes Controlling einzustellen!

Von Risiken muß Pawlowski tatsächlich etwas verstanden haben. Er war Bereichsleiter für Konzerncontrolling bei der Bayerischen Hypotheken- und Wechselbank. Als Hypo-Projektleiter war er auch an der Not-Fusion dieses Geldhauses mit der Bayerischen Vereinsbank beteiligt. Kurz nach seinem anschließenden Wechsel zur Bankgesellschaft entdeckte man im Bereich der Bayerischen Hypo vorher »unbekannte« Ausfallrisiken im Immobilienbereich von 3,6 Milliarden Mark. In einer Sonderprüfung stellten die Prüfer fest, daß die Risiken mit den verwendeten Methoden nicht abgebildet wurden. Bösartig ausgelegt, sie waren versteckt. Daraus entwickelte sich dann eine handfeste Immobilienaffäre.

Eine Marginalie, die jedoch viel besagt. Bei seinem Auftritt vor dem Untersuchungsausschuß zur Bankenaffäre in Berlin bezeichnete sich Pawlowski immer wieder als früherer Mitarbeiter der Hypo Vereinsbank – von der Bayerischen Hypo, seinem eigentlichen Arbeitgeber, sprach er nicht. Er ging soweit zu behaupten: »Ich habe [...] fast zwanzig Jahre bei der Hypo Vereinsbank gearbeitet.« Die Fusion fand erst im Jahr 1997 statt. Ebenso interessant ist die Tatsache, daß Pawlowskis kleiner Flirt mit der Unwahrheit offensichtlich niemandem im Untersuchungsausschuß aufgefallen ist.

Die Wahrheit ist nicht immer Pawlowskis Stärke. Wie mit Rupf hatte ich auch eine persönliche Begegnung mit Pawlowski. Eigentlich wollten wir für das ARD-Magazin »Kontraste« nur die bankeigene Villa, worin Pawlowski damals residierte, drehen. Er und andere führende Manager der Bank bezahlten für diesen Villen Mieten weit unterhalb der Kostenmieten, die der Bank entstanden waren. Das Finanzamt sah diesen Umstand als einen geldwerten Vorteil an und wollte dafür Steuern kassieren. Damit hatte sich der Aufsichtsrat der Bankgesellschaft ausgiebig auseinandergesetzt – Zeit, die er besser hätte nutzen können, um die Probleme der Bank anzupacken. Nach heftigen Diskussionen wurden, laut unserer Information, die Mieten tatsächlich erhöht – erwartungsgemäß mit einer netten Gehaltserhöhung als Ausgleich.

Als wir im Frühling 2001 vor Pawlowskis Villa filmten, tänzelte der Hausherr zu seinem Gartenzaun für einen kleinen Plausch: »Sie haben eine Mieterhöhung bekommen, habe ich gehört?« erkundigte ich mich. – »Ja, wir haben auch eine Mieterhöhung bekommen«, bestätigte Pawlowski. – »... und eine Gehaltserhöhung dazu?« frage ich nach. – »Nee, Lohnerhöhung haben wir nicht bekommen«, meinte der Herr der Zahlen. – »Haben Sie nicht bekommen? Das ist komisch. Aus unseren Unterlagen liest sich das ganz anders.« Ich wollte ihm die Chance geben, alles richtigzustellen. – »Nee, nee. Gehaltserhöhung gab es nicht«, beharrte Pawlowski. – Ich gab ihm eine zweite Chance: »Ach so, ich hatte gehört, es gäbe jährlich eine 15.000-Mark-Gehaltserhöhung und dazu 15.000 Mark zusätzlich für die Steuer … zumindest laut Herrn Feddersen.« – »Das wär schön ja … ja.« Daraufhin kehrte Pawlowski samt Hund in seine Residenz zurück.

Merkwürdig: Im vertraulichen Protokoll vom Arbeitsausschuß des Aufsichtsrates der Bankgesellschaft vom 18. Februar 2000 steht etwas anderes. Danach hat der Arbeitsausschuß den Vorständen in der Tat diese 30.000 Mark Aufbesserung zugebilligt – weil die Bankchefs nunmehr kostendeckende Mieten zahlen mußten. Wörtlich heißt es: »Die durch die Mieterhöhungen betroffenen Vorstandsmitglieder erhalten zum Ausgleich des unmittelbaren Nachteils die jährlichen Erhöhungsbeträge pauschaliert auf 200 Prozent, d.h. TDM 30 zuzüglich zu ihrer Tantiemenzahlung.« Konfrontiert mit ihren eigenen Unterlagen, bestätigte die Bankgesellschaft, daß die genannte Ausgleichszahlung vereinbart sei, »die mit der Tantieme 2001 ausbezahlt werden sollte«.

Wie der Wahrheit schien Pawlowski öfters auch der Fachkompetenz fern zu sein. In der Bankgesellschaft stand der Chefcontroller unter Kritik; es hieß, daß ihm die fachlichen Kriterien fehlten, um Risiken zu erkennen und richtig auszuwerten, oder wie Vorstandskollegen lästerten, Pawlowski habe »nie eine richtige Zahl geliefert.« Andere Kritiker sind der Meinung, daß Pawlowski sehr wohl die tatsächlichen Zahlen kannte, doch hätten weder er noch seine Kollegen sich mit den zwingenden Konsequenzen aus diesen Zahlen beschäftigen wollen.

Ein fehlerfreies bankübergreifendes Controlling, das mit seinen Analysen das Management zu Handlungen veranlaßt, hat Pawlowski bis heute nicht geschaffen. Offensichtliche Probleme wie die Fondsrisiken hatte er eher übersehen. Auch gegen Landowsky konnte und wollte er sich nicht durchsetzen. Pawlowski räumt selber ein, daß seine »Maßnahmen in den Teilbanken nicht so vonstatten gegangen sind, wie wir uns das vorgestellt hatten.«

Es heißt, der Chefcontroller der Bank sei – ebenso wie Rupf – immer wieder vor Berlins starkem Mann Landowsky eingeknickt. Es war zum Beispiel Pawlowski, der die Verträge zur Übernahme der sogenannten nachrangigen Kredite aus der Berlin Hyp unterschrieb. Vor dem Untersuchungsausschuß im Mai 2002 berichtete Pawlowski ganz stolz, daß eine seiner drei wichtigsten Errungenschaften für die Bankgesellschaft die Zusammenarbeit mit der Beratungsfirma McKinsey war, um »den gesamten Bereich der IBG« zu prüfen. »Das haben wir auch im Jahr 1999 durchgeführt. Wir kamen auf Grund der damaligen Datenlage zu der Erkenntnis, daß Ertrag und Risiko ausgewogen seien und daß die Strukturen in der IBG verbesserungswürdig seien, und haben dann dementsprechend auch Maßnahmen eingeleitet, die dann insbesondere im Jahr 2000 in die Umsetzung gingen.« Ende des Jahres 2000 war die IBG insolvent, was zum Desaster der Gesamtbank führte. Auch diese merkwürdige Aussage Pawlowskis provozierte keine Reaktion bei den Untersuchungsausschußmitgliedern.

Pawlowski meint einen Bericht vom Juni 1999 zum »Risikomanagement« der IBG von der Firma McKinsey. Auch die Mitarbeiter von Mc Kinsey entdeckten die gleichen Risikofaktoren wie der hannoveranische Wirtschaftsprüfer Walther und die beiden Prüfberichte der Bundesanstalt für das Kreditwesen und die Innenrevision der Bankgesellschaft. Erneut wurde nicht entsprechend gehandelt. In ihrem Bericht an den Aufsichtsrat der Bankgesellschaft zum Jahres- und Konzernabschluß 2001 kommt die Wirtschaftsprüfungsgesellschaft Price Waterhouse Coopers zu dem Gesamtergebnis: »Das Risikofrüherkennungssystem ist [...] derzeit nur eingeschränkt geeignet, die Gesamtrisikosituation der Bank und des Konzerns abzubilden, um Entwicklungen, die den Fortbestand der Bank und des Konzerns gefährden können, frühzeitig zu erkennen.« Ein eindrucksvolles Zeugnis für Pawlowskis Wirken während seiner dreieinhalb Jahre bei der Bankgesellschaft.

Pawlowski folgten andere Kollegen aus der Bayerischen Hypotheken- und Wechselbank, wie beispielsweise sein Vorstandskollege, Johannes Evers. Und wie der Herr der Zahlen agierte auch Evers bemerkenswert unglücklich. Der promovierte Wirtschaftsmathematiker galt eher als Theoretiker denn als Praktiker. »Evers fehlt jedes Gespür für Ertrag und Kundennähe«, urteilte ein Aufsichtsratsmitglied. Als er Anfang 1999 mit 38 Jahren zur Bankgesellschaft als stellvertretendes Vorstandsmitglied kam, hatte er vorher mehr Zeit bei der Beratungsfirma McKinsey als in einer Bank verbracht. Seine Bankerfahrung beschränkte sich auf ein kurzes Intermezzo bei der »Hypo-Service-Bank«, einer versuchsweise gegründeten und von Beratungskonzeptionen getragenen Low-Cost-Bank für anspruchslose Privatkunden, die man damals im deutschen Osten vermutete. Das Experiment scheiterte, Evers wurde Mitglied des Vorstandes der Bankgesellschaft, zuständig für den Bereich Privatkunden, das heißt faktischer Chef der größten deutschen Sparkasse mit ihren über 2,5 Millionen Kunden. Er paßte gut ins Team: Wie die anderen Manager des Vorstandes hatte auch er viele Ideen, mit denen die Bankgesellschaft immense Verluste einfuhr.

Im E-Business versenkte der frühere McKinsey-Berater Millionen. Bereits zum Ende des Jahres 2001 wurde die Situation seines Projektes »Webfiliale« (Online-Banking für die Sparkasse) in einem internen Papier als »kritisch« bezeichnet. Das Budget war aufgebraucht, die Kosten drohten ins Unermeßliche zu wachsen. Die vorgenommenen Ziele sind nicht annähernd erreicht worden. Auch bei dem Online Brokerage der Bank waren Ende 2001 die Projektmittel aufgebraucht. Erfolg gab es keinen. Die geplanten Zeitpläne und Kosten des Projekts konnten nicht eingehalten werden. Das Vorhaben wurde zum 31. Oktober 2001 eingestellt. Ein gleiches Schicksal erlitt das Internet-Portal »BerlinOnline«, ein gemeinsames Projekt mit Gruner + Jahr. Die Bank stieg mit 20 Millionen Euro im Jahr 2000 bei der Hochzeit der Online-Euphorie teuer ein – und erntete auch hier nur Millionenverluste.

Als Teil ihrer Osteuropa-Strategie hatte die Bankgesellschaft versucht, die zweitgrößte Bank Polens, die BIG Bank, zu übernehmen. Die Aktion war ein Schlag ins Wasser. Dazu gehörte auch eine Online-Bank in Polen, die Inteligo, die heute abgewickelt wird, wobei zunächst Verluste in Höhe von rund 25 Millionen Euro entstehen. Daran war Evers maßgeblich beteiligt.

Überraschend positiv erscheint angesichts dieser Kette von Mißerfolgen das Jahresergebnis der Bankgesellschaft Berlin in 1999. Die Holding verbuchte einen nicht besonders beeindruckenden Gewinn von 157 Millionen Euro – aber immerhin einen Gewinn. Rupf konnte außerdem bemerkenswerte Fortschritte bei der Reduzierung der Risikovorsorge vermelden, die mehr als halbiert worden sei. Im Geschäftsbericht heißt es: »Professionelles Management sowie verantwortungsvoller und ergebnisbewußter Umgang mit Risiken werden im Konzern Bankgesellschaft

Berlin als Voraussetzung für eine erfolgreiche Umsetzung unserer Geschäftspolitik und strategischen Planungen angesehen.«

Man fragt sich, was haben Rupf, Landowsky, Schoeps und Compagnons im Laufe des Jahres 1999 gemacht, um so einen Satz in die Bilanz schreiben zu können? Die relevantere Frage ist jedoch eine andere: Was haben die Prüfer von Price Waterhouse Coopers, die den Jahreabschlußbericht testierten, gemacht? Ihr Bericht trägt das Datum 14. März 2000. Ein Jahr später war die Bankgesellschaft Berlin pleite. Nur dank staatlicher Zuschüsse und Bürgschaften in Milliardenhöhe überlebt heute das Geldinstitut. Im angelsächsischen Raum würde man in einem ähnlichen Fall von »Cooking the books« (Manipulation der Bilanz) sprechen. In Deutschland spricht man gar nicht darüber.

Zum Ende des Jahres 2000 wirkte die Bankgesellschaft wie paralysiert. »Man hatte das Gefühl, daß die Bank in Zeitlupe an die Klippen geriet«, erinnert sich ein Bankmitarbeiter. Der Vorstand der Bankgesellschaft war ohne jede Strategie. Es ging nur noch ums Täuschen und Vertuschen.

Die Immobilienkreditverluste wuchsen schneller als sie kaschiert werden konnten. Rupf potenzierte die Problematik noch, indem 1999 Klaus Landowsky zum Konzernvorstand für das »Ressort Immobilien« ernannt wurde. »Landowsky hatte keine Ahnung, was er damit übernommen hatte«, erinnert sich einer seiner Mitarbeiter. »Er war machtgeil und hatte damit einen zusätzlichen Titel.« Nicht nur Landowsky, der ganze Managementstab der Berlin Hyp war völlig überfordert, eine Krise dieser Dimension in den Griff zu bekommen. Mit Landowsky war ein Bock zum Gärtner ernannt worden.

Die Fonds waren unter Schoeps bereits völlig außer Kontrolle geraten. Jedes Jahr wuchsen die Fondsvolumen um Milliarden weiter, um der Bank Liquidität zuzuführen. Bezüglich der versteckten Risiken dieser Immobilienfonds hatte der Wirtschaftsprüfer Achim Walther dem Vorsitzenden der damaligen Landesbank Berlin, Ulf-Wilhelm Decken, schon Ende 1998 mitgeteilt: »Es genügt ein einziger Funke in Gestalt eines übereifrigen Finanzbeamten, eines ehrgeizigen Politikers oder einer plötzlichen Fachzeitschriftendiskussion – und schon ›brennt der Baum‹. Mit unabsehbaren Folgen.« Walther hatte wieder recht.

Der Funke hatte einen Namen: Friedhelm Schaperjahn.

Kapitel 9

Der Baum brennt

Ein hektischer Vorweihnachtstag im Flughafen Heathrow. Der Cathay Pacific Airlines Flug nach Auckland via Hongkong wird aufgerufen. Es ist der 20. Dezember 2000, ein regnerischer Londoner Wintertag. Malcolm Blair, ein kräftiger neununddreißigjähriger Zimmermann, seine Lebensgefährtin Melanie und Sohn Rory brechen auf zu sonnigen Weihnachtsferien in Malcolms Heimat Neuseeland. Kurz bevor Malcolm den letzten Check-In-Schalter erreicht, bricht er zusammen. Der Neuseeländer bekommt kaum Luft und muß eiligst mit einem Krankenwagen ins Hillingdon Krankenhaus gebracht werden. In diesem Moment beginnt eine Kette von Ereignissen, die bald darauf zu dem vorzeitigen Niedergang der Bankgesellschaft Berlin führt.

Sechs Wochen vor diesem Tag, am 7. November 2000, trifft sich der erweiterte Konzernvorstand der Bankgesellschaft Berlin in seinem Sitzungsraum im siebten Stock der Konzernzentrale am Berliner Alexanderplatz. Die Zentrale, als Bürohaus von Peter Behrens in den zwanziger Jahren erbaut, wurde in den neunziger Jahren standesgemäß und selbstverständlich nicht eben billig umgebaut: viel Glas, elegante Türen, edle Hölzer, sanfte Teppiche, lederne Sessel – Bankadel verpflichtet. Zu den Vorlagen für die Sitzung gehört ein Papier mit dem Titel »Neustrukturierung der Immobilienaktivitäten des Konzerns Bankgesellschaft – insbesondere unter Berücksichtigung der geplanten Börseneinführung der IBG«. Keiner ahnt, daß diese Vorlage zum jähen Absturz der Bank führen wird. Keiner kennt den Neuseeländer Malcolm Blair, der weder in Deutschland noch jemals in Berlin war und nie in seinem Leben von der Bankgesellschaft Berlin gehört hat.

Am 21. Dezember 2000 um 21:35 Uhr klingelt mein Telefon. Es ist Melanie, die Lebensgefährtin von Malcolm Blair. Aufgelöst erzählt sie, daß Malcolm im Krankenhaus liegt. Er erholt sich nur langsam. Die Reise nach Neuseeland mußte abgesagt werden. Da ich ihr Haus in London während ihrer Abwesenheit hüten sollte, waren damit auch meine Reisepläne hinfällig. Ich blieb in Berlin.

Dadurch ergab sich für mich die unvorhergesehene Möglichkeit, zwischen Weihnachten und Neujahr weiter zu recherchieren. Eigentlich eine schöne Zeit: die Ämter sind leer, die Gespräche entspannt. Ich erfahre von einem juristischen Streit in verschiedenen Städten der neuen Bundesländer zwischen einer Energielieferantenfirma namens ELPAG und einer Reihe von Kommanditgesellschaften, die Tausende von Plattenbauwohnungen im Osten besitzen. Nach Aussage meines Informanten geht es um frühere Wohnungen der Aubis-Gruppe. Hinter der Energiefirma ELPAG verstecken sich angeblich die Aubis-Chefs Wienhold und Neuling. Hinter den Kommanditgesellschaften sollte sich wiederum die Berlin Hyp verbergen. In der Tat – es handelt sich um lauter Objektgesellschaften, und ein bekannter Name taucht immer wieder auf: Christian Lauritzen. Die Parteien streiten sich um Heizkostenabrechnungen. Während die Vertreter der Streitenden in warmen Kanzleien und Büros ihre juristische Auseinandersetzung führen, wird die Heizung von Tausenden von Wohnungen trotz Minustemperaturen gekappt. Darüber schreibe ich einen Artikel und biete ihn Ralf Schönball an, Verantwortlicher für die Immobilienseite des »Tagesspiegel«.

Nun, diese Immobilienseite ist dank Schönball etwas Besonderes. Aus einem üblicherweise langweiligen Teil einer Zeitung hat Schönball mit viel Fleiß und Ideen ein spannendes Ressort aufgebaut. Alle wichtigen Menschen in Berlin lesen als erstes am Samstag die Immobilienseite im »Tagesspiegel«, denn Immobilien sind in Berlin Synonym für Macht. Es ist auch erfreulich, daß solche journalistischen Leistungen hierzulande anerkannt werden. Schönball erhielt für das Jahr 2001 den Wächter-Preis im Zusammenhang mit seiner Berichterstattung zur Bankgesellschafts-Krise.

Schönball entscheidet sich, meinen Artikel auf seiner Seite abzudrukken. Es bleibt jedoch noch eine letzte Hürde: die Rechtsabteilung. Beim »Tagesspiegel« kann diese Hürde durchaus tückisch werden. Doch für Christian Eggert, damaliger Haus-Jurist, ist es die letzte Arbeitswoche bei der Zeitung, bevor er zu einer neuen Stelle im nichtmedialen Bereich wechselt. Vielleicht ist es die festliche Jahreszeit, vielleicht die Aussicht auf Befreiung von der schweren Bürde eines Medien-Juristen, Eggerts Spruch zu dem Artikel hat sich bei mir eingeprägt: »Was soll's. Wir werden Prozesse ohne Ende bekommen, aber solche Artikel herauszubringen, ist die Aufgabe einer Zeitung«. Gott segne ihn. Eggert ahnte vermutlich nicht, daß er mit seiner aufrechten Entscheidung die politische Geschichte Berlins ziemlich drastisch ändern würde. Der Artikel erschien am 30. Dezember 2000 unter der schönen Überschrift »Kalte Platten«. Kurz darauf wurde ich von zwei Lesern des Artikels kontaktiert. Die eine Person überreichte mir Unterlagen zu Parteispenden der Aubis-Manager Wienhold und Neuling an Klaus Landowsky. Die andere eine Vorstandsvorlage mit skandalösen Details aus der Bankgesellschaft.

Es ist eine seltsame Situation, zwei verschiedene Unterlagen mit dieser Brisanz gleichzeitig zu erhalten – und dann vor der Alternative zu stehen, zuerst Klaus Landowsky oder die Bankgesellschaft in eine schwere Krise zu befördern. Der erste Artikel erscheint am 29. Januar 2001 im »Spiegel« unter dem Titel »Der Milliarden-Bluff«. Der Beitrag greift die Konzernvorstandsvorlage vom 7. November 2000 zu den Immobilienaktivitäten der Bankgesellschaft auf und die damals geplante Börseneinführung der IBG. Es gibt wohl kaum einen aufgeklärten Zeitgenossen, der hinter den vornehmen Bankfassaden nicht irgendwelche krummen Geschäfte vermutet. Man weiß, daß es passiert. Es fehlt jedoch immer der Beweis. Fast immer. Diese Vorlage aus der Bankgesellschaft dokumentierte nun ein solches Geschäft – eine wahre Milliardentäuschung.

Der Inhalt dieser Vorstandsvorlage erschien dem »Spiegel«-Wirtschaftsredakteur, mit dem ich zusammenarbeitete, Wolfgang Reuter, und mir weniger verblüffend als die Tatsache, daß wir die Vorlage überhaupt schwarz auf weiß in den Händen hielten. Obwohl die Quelle über jeden Zweifel erhaben war, stellt sich zunächst nur die eine Frage: »Kann das Dokument überhaupt echt sein?« Wir legen die Vorlage mehreren Insidern und Experten vor. Keiner hält sie für eine Fälschung. Sie sind eher überrascht, daß die Manager der Bankgesellschaft überhaupt intellektuell in der Lage waren, sich eine solche Strategie auszuhecken.

Laut der Vorlage hatte die IBG wegen einer zusätzlichen Risikovorsorge für drohende Verluste »für das Jahr 2000 ein negatives Ergebnis von ca. DM 1,5 Milliarden eingeplant«. Die Ursache war die Bildung von Rücklagen für die Risiken, die Schoeps & Co. und die Wirtschaftsprüfungsgesellschaft BDO seit Jahren vehement abgestritten hatten. Das Eigenkapital der IBG von rund 500 Millionen Mark reichte »zum Ausgleich des negativen Ergebnisses nicht« aus. »Somit«, fährt der Bericht fort, »wäre seitens der Gesellschafter eine Kapitalerhöhung bei der IBG erforderlich.« Die Gesellschafter der IBG sind die Landesbank Berlin, Berlin Hyp und Bankgesellschaft Berlin AG.

Die IBG war faktisch pleite. Um sie zu retten, sollten die drei Muttergesellschaften eine Milliarde Mark in ihre Immobilientochter hineinpumpen. Das war aber noch nicht alles. Der Konzern sollte nicht nur diese Summe aufbringen, sondern: »Darüber hinaus würde ein negativer Jahresabschluß der IBG auf das Konzernergebnis durchschlagen.« Diese Entwicklung in der IBG bedeutete erstens ein schlechtes Jahresergebnis für den Konzern und wahrscheinlich erneut einen Dividendenausfall, und zweitens wäre die ganze Problematik der IBG-Risiken ans Tageslicht gekommen.

Auslöser dieser offenen Krise war Friedhelm Schaperjahn. Er hatte eine lange gemeinsame Geschichte mit der Bank, neunzehn Jahre, und damit auf eine Zeit zurückgehend, als es noch keine Bankgesellschaft gab. Er begann bei der Berliner Sparkasse als Bereichsleiter im Controlling. Er stieg stetig auf, und im Jahr 1989 war er Mitglied des Vorstandes des Geldinstituts, auch nachdem die Sparkasse im Jahr 1990 in eine Landesbank umgewandelt wurde. 1994 verließ er überraschend die neugegründete Bankgesellschaft Berlin. Kollegen meinen, daß er den Betrug bei der Bewertung der Teilbanken nicht mitmachen wollte und deswegen die Bank verließ – der einzige übrigens, der solche Konsequenzen gezogen hat. Danach wurde Schaperjahn Sprecher der Investment-Gruppe der DekaBank. Nach deren Fusion mit der Deutschen Girozentrale wurde er stellvertretender Vorstandsvorsitzender der Deka-Bank.

Im Mai 2000 kehrte Schaperjahn als stellvertretender Vorstandsvorsitzender der Landesbank zurück. Warum, kann niemand erklären. »Er war erfolgreich, respektiert und anerkannt. Das hatte er nicht nötig«, behauptet ein Banker. Schaperjahn sollte den Börsengang des Immobiliendienstleistungskonglomerats IBG vorbereiten und durchführen. Dadurch wurde Schaperjahn Vorstandsmitglied des für die Börse geschaffenen IBG-Nachfolgers, der Immobilien- und Beteiligung Aktiengesellschaft (IBAG), und auch Geschäftsführer der IBG. Die Bank entschied sich, daß Schoeps nach einem kurzen Übergang am 31. August 2000 die IBG verlassen sollte, um Schaperjahn freie Hand zu lassen. Anfang des Jahres 2000 hatten Schoeps und die Norddeutsche Kapitalbeteiligungsgesellschaft mbH außerplanmäßig ihre stille Beteiligung an der IBG gekündigt. Schoeps erhielt 12,5 Millionen Euro für seinen Anteil. Schoeps weiß, daß vor einem Börsengang das Unternehmen gründlich untersucht und bewertet wird. Wie damals bei der Bayern Immobilien Treuhand steigt Schoeps aus, kurz bevor die Karre endgültig an die Wand gefahren ist.

Mit dem Kapital aus seinem IBG-Anteil gründet Schoeps am 19. November 2000 die GBI (Gesellschaft für Beteiligungen und Immobilien-Projektentwicklung mbH & Co. KG) in Erlangen. Zweck der GBI ist »die Beteiligung an Gesellschaften, deren Ziel die Beschaffung, Entwicklung, der Verkauf und die Vermittlung von gewerblichen und wohnwirtschaftlichen Immobilien und die Initiierung von Immobilienfonds ist.«

Wolfgang Rupf entdeckte binnen kurzem, daß er mit Schaperjahn den falschen Mann ins Boot geholt hatte – und Schaperjahn seinerseits entdeckte sicherlich, daß er bei der falschen Bank war. Wie jeder seriöse Banker studierte Schaperjahn rasch den Bericht von Fasselt-Mette für das Bundesaufsichtsamt für das Kreditwesen zu den Risiken der IBG. Wie ein normaler, seriöser Banker nahm Schaperjahn den Bericht ernst. Mitarbeiter erzählen, daß Schaperjahn sich mit dem IBG-Controller Günter Rache zurückzog und beide Männer nach den Vorschlägen von Fasselt-Mette die tatsächlichen Risiken der IBG berechneten. Diese Liste von »neu entdeckten« Risiken hieß unter den Mitarbeitern fortan »Raches Horror-Liste«. Nach den ersten Berechnungen kamen Schaperjahn und Rache auf notwendige Rücklagen in Höhe von 996 Millionen Euro für die IBG – und wußten, daß es noch schlimmer kommen würde.

Vielleicht unter dem Motto »Wess' Brot ich eß, dess' Lied ich sing« ermittelten jetzt, zum Jahreswechsel 2000/2001, die Wirtschaftsprüfer der BDO genau Schaperjahns Risikozahlen – Zahlen, gegen die sie sich jahrelang gesträubt hatten. Schaperjahn, so seine früheren Kollegen, ist kein Mensch, der klein beigibt – abgesehen davon, daß er mit solchen Risiken niemals die geplante IBAG an die Börse hätte bringen können. Schoeps war weg, Schaperjahn beharrte auf den Rückstellungen und setzte sich durch. Eine wahre Revolution in der Bankgesellschaft.

Die Reaktion darauf war weniger revolutionär. In typisch Rupf'scher Manier wurde nämlich wieder ein größeres Rad gedreht. Ihm fehlte offensichtlich der Mut, die desolate Lage der Bank öffentlich darzustellen und die Bank zu sanieren – vor allem scheute er die Auseinandersetzung mit dem Senat. Insider meinen, eine Sanierung der Bankgesellschaft zu dieser Zeit hätte einen Dividendenausfall über Jahre und eine Kapitalerhöhung bedeutet. Es ist auch wahrscheinlich, daß damit Rupfs Bankenkarriere endgültig abgeschlossen gewesen wäre.

Die Vorstandsvorlage vom 7. November 2000 entwirft eine neue Strategie – angeblich völlig legal. Nach dieser Strategie entschied sich die Bank, die IBG zweizuteilen. Alle Immobiliendienstleistungsgesellschaften, die mögliche Aussichten auf Erfolg hatten, wurden in der für den Börsengang bestimmten Aktiengesellschaft IBAG gesammelt. Laut Vorlage sollte die Rest-IBG nicht nur die in den Generalmietverträgen liegenden Risiken übernehmen, sondern auch die Verpflichtungen aus den Höchstpreis- und Konditionengarantien gegenüber den Fondsgesellschaften«. Diese Risiken wurden in einer Gesellschaft namens »LPFV« gebündelt. Außerdem sollten die Betreibergesellschaften, die nichts in einem Immobilienunternehmen zu suchen hatten, wie der Lausitzring, die SOMAG (Flüchtlingsheime des Landes Berlin) oder die BCA Hotels bei der IBG bleiben. Die meisten dieser Firmen waren sowieso Gefälligkeitsleistungen für den Berliner Senat und fuhren Verluste ein.

Die IBAG mit ihren erfolgversprechenden Immobiliendienstleistungsgesellschaften sollte veräußert werden. Aus diesem Verkauf sollte die IBG »liquide Mittel in Höhe von voraussichtlich DM 1,6 Mrd., die zur Risikovorsorge einzusetzen sind«, erhalten. Die Einkünfte durch die Veräußerung von IBAG-Aktien würden so die Verluste durch die Risikovorsorge bei der IBG verschwinden lassen. Besser noch: Durch die Verkleinerung der IBG, so die Vorlage, sollte von der IBG »ein Betrag in Höhe von DM 310 Millionen zur Rückzahlung der von den Gesellschaftern im Mai 1999 eingezahlten Kapitalrücklage eingesetzt werden.« Statt die Verluste der IBG korrekt auszuweisen, wollte der Konzern mit diesem Manöver sogar sein Jahresergebnis stärken.

Das Papier faßt diese Vorteile zusammen: »Bereinigung des voraussichtlichen Ergebnisses der IBG für das Jahr 2000 und damit Schaffung einer Basis für die notwendige Erfolgsstory der IBAG sowie hohe Ausschüttungen an den Konzern BGB.« Erneut konnten die Risiken der Immobilienfonds kaschiert werden.

Unter der Prämisse, daß die IBAG von der Bank unabhängig sein sollte, mußte nach Auffassung der Wirtschaftsprüfer von Price Waterhouse

Coopers, die das Projekt begleiteten, Schaperjahn als IBAG-Chef alle Posten bei der IBG und Landesbank räumen, so daß eine saubere Trennung der IBAG von der Bankgesellschaft gesichert sei. Um diesen Plan in Windeseile umzusetzen, mußte Schoeps zum 19. Dezember 2000 als IBG-Geschäftsführer zurückgeholt werden.

Der Vorstand legte seinen Plan dem Aufsichtsrat der Bankgesellschaft bei seiner Sitzung am 1. Dezember 2000 vor. Da saßen sie alle zusammen: unter anderem der neue Aufsichtsratsvorsitzende Dieter Feddersen; die CDU-Senatoren Peter Kurth und Wolfgang Branoner; der Vorsitzende des Gesamtpersonalrats Helmut Tesch, von den Gewerkschaften Helmut Friedrich (DAG), Ernst-Otto Kock (ÖTV), Joachim Tonndorf (DAG), die sogenannten »Experten aus der Wirtschaft«: Heinz Dürr (Dürr AG, der frühzeitig um 13:25 Uhr die Sitzung verließ), Klaus Murmann (Sauer-Danfoss Inc.), Dieter Schadt (Franz Haniel & Cie. GmbH), Erwin Staudt (IBM), Heinz-Gerd Stein (Thyssen-Krupp AG), die Vertreter der beiden großen Teilinhaber Manfred Bodin (Nord/LB) und Wolfgang Peiner (Parion Versicherungsgruppe, heute CDU-Finanzsenator in Hamburg), und der Vorstand der Bankgesellschaft.

Rupf erläutert den Aufsichtsratsmitgliedern die Beschlußvorlage zur Neustrukturierung der Immobilienaktivitäten im Konzern (IBG und IBAG). Die Investmentbanken J.P. Morgan und Morgan Stanley sollten die Anteile der IBAG im Rahmen eines Private Placements veräußern. Dann – und das wird im Protokoll festgehalten – erklärt Rupf: »Gleichzeitig soll durch diese Konzeption der nicht unerhebliche Risikoumfang aus den Patronaten und Garantien des Bankkonzerns für die Fondsprodukte transparent gemacht und bilanziell offen abgeschirmt werden, wobei der Vorstandsvorsitzende bekräftigte, daß die Garantieübernahme für die Fonds zukünftig minimiert werden soll.«

Rupf pokert in seinem Resümee ziemlich hoch: »In diesem Zusammenhang erinnerte Herr Dr. Rupf an den Theorienstreit im vergangenen Jahr zwischen dem Wirtschaftsprüfer der IBG (BDO) und dem Sonderprüfer über die Berechnungsmethode bei der Bildung der Rückstellungen für die Mietgarantien.« Theorienstreit? Wenn man bedenkt, daß die Fondsrisiken eines Tages den Steuerzahler viele Milliarden Euro kosten werden, ging es eher um handfeste Tatsachen. Wie in einem Nebensatz läßt Rupf jedoch den Aufsichtsrat lediglich wissen, daß das Bundesaufsichtsamt für das Kreditwesen langsam Ernst bei der Risikofrage der IBG macht.

Um diesen Aspekt zu betonen, berichtet, laut Protokoll, Pawlowski über die Prüfung des Bundesaufsichtsamts für das Kreditwesen (der Bericht von Fasselt-Mette) und macht deutlich, daß die Aufsichtsbehörde mehr Rückstellungen für Risiken gebildet haben will.

Danach ergreift Klaus Landowsky das Wort, so daß vermutlich alle Anwesenden spätestens jetzt wußten, daß die Angelegenheit Chefsache sei. Er verkündet, daß durch diese Transaktion die IBG und IBAG noch bessere und noch größere Geschäfte machen können.

Der wesentliche Mangel eines Aufsichtsratssitzungsprotokolls ist die fehlende Information über die jeweilige Verfassung seiner Mitglieder. Wenn solche wichtigen Themen abgehandelt werden, bleibt unerwähnt, ob Mitglied X gerade schläft, die Zeitung oder Unterlagen für die nächste Sitzung liest oder kurz hinausgegangen ist, um zu telefonieren. Wir wissen nicht, was den Aufsichtsräten in solchen Momenten durch den Kopf gegangen ist – wenn überhaupt.

Nach verschiedenen Gesprächen mit damaligen Aufsichtsratsmitgliedern habe ich den Eindruck, daß die Arbeitnehmervertreter (Personalrat und Gewerkschaftsvertreter) sich aus ihrer Verantwortung mit der Begründung herausreden: Wir haben eigentlich keine Ahnung, aber dafür waren die Wirtschaftsbosse ja da. Die sind die Experten. Bei den Vertretern des Landes – Politiker und Wirtschaftsmanager – wiederum heißt es: Wir hatten keine Ahnung vom Bankgeschäft, aber dafür waren die Finanzexperten Peiner und vor allem Bodin da. Bodin und Peiner haben wahrscheinlich gedacht: Diese Bank ist pleite, und die Investitionen unserer Institute sind verloren. Vielleicht passiert ein Wunder. Es bleibt uns nichts anderes übrig als abzuwarten.

Der Aufsichtsrat stimmte der Transaktion von IBG und IBAG zu. Es gab nur zwei Haken in dem Plan. Erstens: die Bankgesellschaft durfte nach dem Verkauf der Engagements aus bilanzrechtlichen Gründen auf keinen Fall mehr mehrheitlich an der neuen IBAG beteiligt sein. Zweitens: die Veräußerung der Anteile der IBAG mußte vor dem 30. Dezember 2000 abgewickelt werden, sonst käme das ganze Manöver im Jahresabschluß 2000 nicht mehr zur Geltung. Damit stand die gesamte Umstrukturierung unter beträchtlichem Zeitdruck.

In der Zwischenzeit war Morgan Stanley am Verkauf der IBAG nicht mehr beteiligt, wahrscheinlich, weil ihnen die Sache zu heikel wurde. Nun war die Investmentbank J.P. Morgan alleine dafür zuständig. Am 12. Dezember 2000, so Rupf, wurde klar, daß die Anteile nicht sofort an Fremde verkauft werden sollten – oder konnten – und statt dessen eine Briefkastenfirma die Anteile zunächst erwerben sollte. Rupf meinte dazu: »Der Vorstand hat dann von seinem Wirtschaftsprüfer Price Waterhouse verlangt, daß er eine schriftliche Stellungnahme – er hatte mündlich erklärt, daß das in Ordnung wäre – dazu abgibt, daß es sich insoweit um kein In-Sich-Geschäft handelt, daß es sich insoweit um ein klares Geschäft handelt, so daß die Entkonsolidierung dieser Aktivität auch erfolgen kann. Diese schriftliche Stellungnahme haben wir auch von Price Waterhouse erhalten.« Die letzte Hürde lag nur noch beim Bundesaufsichtsamt für das Kreditwesen, das das Geschäft genehmigen mußte.

Die vorgesehene Lösung war simpel: die IBAG wurde von der Greico Inc. (German Real Estate Investment Company Incorporated) erworben. Diese Greico, eine Briefkastenfirma auf den Cayman Inseln, wurde zu 100 Prozent von der Bankgesellschaft Berlin refinanziert. So floß das Geld für den IBAG-Erwerb als Darlehen von der Bankgesellschaft in Berlin an die Greico auf den Cayman Inseln und von dort als IBAG-Kaufpreis an die Bankgesellschaft in Berlin wieder zurück. Damit hatte die Bankgesellschaft erneut ein Desaster in einen riesigen Erfolg umgewandelt. Das Ergebnis der Bankgesellschaft für das Jahr 2000 würde brillieren – wäre nicht der Neuseeländer Malcolm Blair dazwischengekommen.

Mit dem Erscheinen des »Spiegel«-Artikels »Der Milliarden-Bluff« ist es mit dem Projekt vorbei. Die Bankgesellschaft leugnet, daß irgendwelche Bilanztricks vorgenommen wurden, woraufhin der »Spiegel«-Redakteur Wolfgang Reuter auf die hervorragende Idee kommt, die zitierte Vorstands-Vorlage im Internet bei »Spiegel«-Online zu lancieren. Plötzlich haben die Öffentlichkeit und die Mitarbeiter der Bankgesellschaft die Gelegenheit, das Dokument selber in den Händen zu halten und zu studieren. Angeblich war das auch die Hauptbeschäftigung der Mitarbeiter der Bankgesellschaft an dem Tag.

Eine Woche nach dem Erscheinen des »Spiegel«-Artikels kommt heraus, daß die Transaktion nun doch als In-Sich-Geschäft über die Cayman Inseln abgewickelt wurde. Daran ist eigentlich nichts Illegales – nur, daß Geschäfte, die über eine Briefkastenfirma auf den Cayman Inseln laufen, als zwielichtig gelten und deswegen ein seriöses Geldinstitut so etwas nie tut. Gleichzeitig gibt Rupf bekannt, daß sich seine Bank nicht in einer Schieflage befinde, und betont, daß die Risikolage »beherrschbar« sei und schließt aus, daß kritische Kreditengagements existierten, die nicht bereits seit langem in der Öffentlichkeit bekannt sind. Daß die Risiken Rupf wohlbekannt sind, bezweifelt keiner. Es bleibt nur die Frage, wie die Bank über Jahre damit umgegangen ist.

Die Bankgesellschaft befindet sich in einem Wirbelwind von Enthüllungen. Unter den Beteiligten bricht helle Panik aus. Es herrscht jetzt das Prinzip: Rette sich, wer kann. Rupf zufolge zieht Price Waterhouse Coopers seine Zusage für die Transaktion zurück. Es muß ihm und dem Vorstand der Bankgesellschaft spätestens jetzt klar sein, daß die Bundesaufsichtsbehörde das Geschäft nicht mehr genehmigen kann.

Es bleibt Rupf nichts anderes übrig, als den IBAG-Verkauf rückgängig zu machen. Jetzt rollt die befürchtete Risikovorsorge für die IBG, die Schaperjahn und Rache durchgesetzt hatten, auf Rupfs schönes Jahresergebnis 2000 zu. Am 16. Februar 2001 beschließt der Aufsichtsrat der Bankgesellschaft eine weitere Sonderprüfung, dieses Mal von der Wirtschaftsprüfungsgesellschaft Ernst & Young, um die Angemessenheit der Risikovorsorge im IBG-Jahresabschluß 2000 zu überprüfen. Das Ziel scheint, daß Ernst & Young die Risiken wieder niedrig bemessen sollen.

In ihrer vorläufigen Zusammenfassung vom 22. Mai 2001 an Bankchef Rupf bestätigen die Prüfer von Ernst & Young nicht nur die von Schaperjahn und Rache bisher berechnete und von der BDO belegte Risikovorsorge, sondern listen völlig neue ungedeckte Risiken auf. Zum ersten Mal wird die Anteilsübernahmegarantie der Fonds nach 25 beziehungsweise 30 Jahren, wie von Walther, Fides und Fasselt-Mette eingefordert, als Risiko eingestuft. Dafür fehlt es aber an Risikovorsorge.

Um sich zu retten, greift Rupf auf die alten, zuverlässigen Prüfer, die BDO, zurück. So heißt es denn auch in der Stellungnahme vom 19. Juni 2001 der BDO, daß »aus der vorliegenden Darstellung der Wirtschaftsprüfungsgesellschaft Ernst & Young keine Ansätze [erkannt werden können], die von der IBG/LPFV bei der Rückstellungsbildung im Jahresabschluß 2000 verpflichtend zu übernehmen wären.« Damit könnte das

Gutachten von Ernst & Young im Papierkorb landen, und dieses Problem wäre damit auch erledigt.

Rupf erhielt weitere Rückendeckung von der Wirtschaftsprüfungsgesellschaft Price Waterhouse Coopers, die die Bankgesellschaft prüft. Auch sie übernehmen die Auffassung der BDO – offensichtlich kritiklos. Leider können Verluste und Risiken durch Stellungnahmen und Berichte von Wirtschaftsprüfungsgesellschaften nicht verschwinden. Die Milliardenlawine stand kurz vor dem Abrutschen.

Zu der Zeit beschäftige ich mich mit meiner Recherche zur Aubis-Spende an Landowsky. Die Geschichte, die ich gemeinsam mit dem ARD-Magazin »Monitor« seit Anfang Januar 2001 vorbereite, kommt nicht vom Fleck. Als ich vom »Spiegel« zurückkomme, entscheidet sich die »Monitor«-Redaktion endgültig, die Geschichte nicht zu bringen. Warum, wußte im nachhinein niemand bei »Monitor«. Ich rufe erneut Wolfgang Reuter beim »Spiegel« an und habe das Glück, wieder mit ihm und dieses Mal auch mit Wolfgang Beyer vom Berliner Büro zusammenzuarbeiten.

Es ging in diesem Fall um Gelder, die von den Chefs der Immobilienfirma Aubis, Christian Neuling und Klaus Wienhold, in die Kassen der CDU flossen – eine unangemeldete oder »illegale« Parteispende. Wie man in der Bundesrepublik längst feststellen mußte, haben die Politiker hierzulande keinen großen Respekt vor dem Gesetz – besonders, wenn es um Parteispenden geht. Doch in einem zweiseitigen Vermerk von Aubis-Chef Klaus Wienhold mit der Überschrift »Finanzdisposition des laufenden Jahres« bezüglich 1995 erfuhren wir etwas Elektrisierendes: »Die schleppende Kreditbearbeitung habe ich bei der Berlin Hyp vorgetragen, man hat mir eine zügigere Bearbeitung zugesagt.« Unter »Wichtige Dispositionsnotwendigkeiten« heißt es weiter: »Die zugesagte CDU-Spende für K.L. 40 TDM ist sicherzustellen, sie sollte unbedingt noch in diesem Jahr erfolgen.« Das Kürzel »K.L.« stand für Klaus Landowsky, Berlins CDU-Boss und Chef der Berlin Hyp, die der Aubis-Gruppe rund 700 Millionen Mark Kredite gewährte. Kredite, die die Bank zu einem großen Teil abschreiben muß.

Im Sommer 1995 – kurz vor den Berliner Abgeordnetenhaus-Wahlen am 22. Oktober 1995 – trafen sich Landowsky, Wienhold und Neuling zu einem gemeinsamen Essen. Dort, erzählte Wienhold in einem Beitrag des ARD-Magazins »Kontraste«, regte Landowsky eine Wahlkampfspende an. Die beiden Aubis-Manager sagten zu. Einige Zeit später rief Wienhold bei Landowsky an, um zu übermitteln, daß er und sein Partner 40.000 Mark an die CDU spenden würden. Am 4. Oktober 1995 holte Wienhold das Geld in der Zentrale der Berliner Volksbank in der Bismarckstraße ab und brachte die versprochene Spende zu Landowsky in dessen Büro in der Berlin Hyp – rechtzeitig zum Wahlkampf.

Die Schwierigkeit bei unserer Recherche war die Geldübergabe selbst. Wir konnten den Weg des Geldes fast bis zur Tür von Landowskys Büro belegen. Aber ob das Geld tatsächlich übergeben wurde, konnten wir nicht beweisen. Da ein starker Verdachtsmoment gegeben war, schien eine Veröffentlichung dringend notwendig. Wir fingen am Montag, den 5. Februar 2001, mit unserer Arbeit beim »Spiegel« an. Zwei Tage später erfuhren wir, daß die CDU von unserer Arbeit irgendwie erfahren hatte und angeblich eine Gegenstrategie ausheckte.

Am nächsten Morgen, Donnerstag den 8. Februar, erhielt eine Reihe von Tageszeitungen einen anonymen Anruf mit dem Hinweis auf die Spende. Abends um 16 Uhr, rechtzeitig zum Redaktionsschluß, gab die CDU eine Presseerklärung heraus. Die Strategie war offensichtlich: man wollte uns zuvorkommen, um uns den Wind aus den Segeln zu nehmen. Vielleicht sogar in der Hoffnung, daß der »Spiegel« daraufhin nichts mehr über den Fall bringen würde.

Einen Vorteil hatte die CDU-Pressemitteilung. Sie bestätigte den Empfang der Wienhold-Spende durch Landowsky. Die letzte Indizienlücke war geschlossen. Was man wahrscheinlich nie erfahren wird, ist der Ablauf des Gesprächs zwischen den beiden. Lief es vielleicht so ab:

»Guten Tag, Klaus.« – »Grüß Dich. Wie geht's Christian?« – »Gut, danke. Hier ist die Spende. Es tut mir leid, daß wir so spät dran sind.« – »Kein Problem. Leg' mal den Umschlag bitte dort auf den Tisch.« Oder so: »Guten Tag, Klaus« – »Grüß Dich. Wie geht's Christian?« – »Gut, danke. Hier ist die Spende. Es tut mir leid, daß wir so spät dran sind.« – »Kein Problem. Leg' mal den Umschlag bitte zu den anderen Spendenumschlägen auf den Tisch.«

Eins wissen wir genauer: Landowsky ging nicht korrekt mit der Spende um. Von den 40.000 Mark in bar gingen 10.000 an den CDU-Kreisverband Zehlendorf, in dem Landowsky seinerzeit kandidierte, 5000 erhielt Markus Kaufmann, Pressesprecher der CDU-Fraktion im Berliner

Abgeordnetenhaus, und die restlichen 25.000 Mark bekam Landowsky-Intimus und Berlin Hyp-Aufsichtsratsmitglied Dankward Buwitt, CDU-Schatzmeister in Berlin.

Weswegen war das unkorrekt? Erstens dürfen nach den Verhaltensregeln der Berliner CDU aus dem Jahr 1986 Parteimitglieder keine Barspenden, die 1000 Mark übersteigen, annehmen. Zweitens ist nur ein Teilbetrag der Spende im Rechnungsjahr 1995 verbucht worden.

Wichtig an dem »Spiegel«-Artikel war vor allem der Beweis durch den Vermerk, daß es einen Zusammenhang zwischen Darlehen und Spende gab. Wenig beachtet, jedoch auch erstaunlich wichtig, waren andere kaschierte Spenden der Aubis-Chefs.

Als im Sommer 1998 die Bundestagswahl bevorstand, fragte Landowsky erneut Wienhold und Neuling: »Macht ihr denn was?« Daraufhin rief Wienhold seinen Freund und Geschäftspartner Achim Schulze an. Der unterhielt ein Büro in der Aubis-Konzernzentrale in Berlin. Schulze gründete die Initiative »Partner für Deutschland« und heuerte einen Karikaturisten für eine CDU-Kampagne gegen den SPD-Kanzlerkandidaten Gerhard Schröder an. Die Anzeigen erschienen im Springer-Blatt »Die Morgenpost«. Die Kampagne unterstützen Neuling und Wienhold mit 50.000 Mark. Landowsky bestreitet, mit der Kampagne etwas zu tun zu haben.

1999 waren wieder Wahlen in Berlin. Diesmal ging es um eine Spende über 5000 Mark. Landowsky kandidierte jetzt im Bezirk Charlottenburg. Deswegen bat er, daß eine Spende von dort und ohne die Nennung der Namen von Aubis oder deren Geschäftsführern Wienhold und Neuling kommen sollte. Gesagt, getan. Laut Begleitschreiben stammte die Postüberweisung von einem Max Schwendke aus der Lindenallee 33 in Berlin-Charlottenburg. Schwendke bat ausdrücklich darum, das Geld »für den Wahlkampf von Herrn Landowsky zu verwenden«. Das besagte Haus stand zu der Zeit leer, doch laut Grundbuch gehörte es Wienhold und Neuling. Auch diesen Fall will Landowsky nicht kennen. Die Frage ist wohl eher, wieviele weitere Fälle *wir* nicht kennen.

Landowsky und die Berlin Hyp sind nun unter schwerem Beschuß. Der Verkauf der IBAG ist zum Debakel geworden. Dazu erhält Rupf einen Brief vom Bundesaufsichtsamt für das Kreditwesen mit dem Datum vom 2. Februar. Die Aufsichtsbehörde fragt nach einem Kreditnehmer

Nitschke. Rupf mußte etwas Böses geschwant haben. Es ging um den geschäftsführenden Alleingesellschafter der Okeanos Immobilien Verwaltungs GmbH, den Bauingenieur Nitschke, ein Projektentwickler bei der Bavaria Objekt- und Baubetreuung GmbH unter Manfred Schoeps. Laut Kreditunterlagen verdiente Nitschke im Jahr 1998 rund 76.000 Mark. »Sein Privatvermögen (20.000 Mark) und seine Verbindlichkeiten (20.000 Mark) heben einander auf.« Laut der Vorlage hat Nitschke bei der Bankgesellschaft Kredite von rund 650 Millionen Mark zum Ende des Jahres 1999. Nitschke ist unter anderem persönlich haftender Gesellschafter bei Zweiter IBV-Immobilienfonds für Deutschland, einem Nachfolger der LBB-Fonds.

Die Dramatik lag nicht darin, daß Nitschke seine Kredite im Notfall niemals zurückzahlen konnte. Das war der Aufsichtsbehörde offensichtlich egal. Weniger als ein Jahr davor hatten Fasselt-Mette in ihrem Prüfbericht für das Bundesaufsichtsamt bezüglich den Komplementären geschrieben: »Die nahestehenden Personen, bei denen es sich teilweise um wirtschaftlich unselbständige Personen handelt, können weder als Komplementäre noch als Alleingesellschafter der Komplementär-GmbH im Hinblick auf Verbindlichkeiten der Fondsgesellschaften einen nennenswerten Haftungsbeitrag erbringen.« Das Bundesaufsichtsamt wollte nun von Rupf wissen, ob Nitschke eine »Freistellung« von der Bank erhalten hatte. Es geht bei einer solchen Freistellung um die Bilanzierung der Bank.

Die Möglichkeiten einer Bank, Darlehen zu vergeben, sind durch das Volumen ihrer »haftenden Eigenmittel« (Eigenkapital, Rücklagen, stille Reserven und anderes) beschränkt. Vereinfacht kann man sagen, daß nach den Vorschriften des Kreditwesengesetzes die Summe aller Kredite einer Bank das 12,5-fache der haftenden Eigenmittel nicht übersteigen darf. Kauft eine Bank zum Beispiel ein Grundstück mit dem Ziel, es später gewinnbringend weiter zu veräußern, mindert sie in Höhe des Kaufpreises ihre anrechenbaren Eigenmittel. Sie stehen also in dieser Höhe für das Kreditgeschäft nicht mehr zur Verfügung. Anders ist es, wenn es sich beim Grundstückserwerb um eine GmbH & Co. KG handelt, wobei der persönlich haftende Gesellschafter (Komplementär) eine von der Bank unabhängige natürliche Person ist. Bei dieser Konstruktion wird der Grundstückskauf als Darlehensgeschäft betrachtet, da ein unabhängiger

Dritter den Kauf tätigt. Im Ergebnis – und das ist der wesentliche Unterschied – geht hierbei das zum Grundstückskauf verwendete Eigenkapital nicht für die Anrechnung im Kreditgeschäft verloren.

Ebenso schreibt Paragraph 13 des Kreditwesengesetzes vor, daß die Großkreditgrenze bei einem Einzelkreditnehmer nicht mehr als 25 Prozent des haftenden Eigenkapitals eines Kreditinstituts überschreiten darf. Wären nicht die Komplementäre gewesen, wären die Kredite an die Fonds auf die IBG anzurechnen gewesen und hätten diese Großkreditgrenze zweifellos gesprengt.

Mit einem Strohmann als persönlich haftenden Gesellschafter – Komplementär – einer Kommanditgesellschaft hat die Bank die Verfügungsmacht über das Grundstück und kann trotzdem mit den Eigenmitteln viele Kreditgeschäfte realisieren.

Genau das tat die Bankgesellschaft weiterhin mit den Fonds. Die Strohmänner – und es gab eine ganze Reihe von ihnen – wie Nitschke – erteilten unbegrenzte notarielle Vollmachten an die von der Bank genannten Geschäftsführer. Damit ist die Bank wirtschaftlich – nicht juristisch – Eigentümer der Fondsimmobilien. Dafür werden die Strohmänner von der Haftung befreit und erhalten dazu eine Honorierung, normalerweise zwischen 50.000 und 100.000 Mark jährlich. Zu diesem Kreis gehörten Ehefrauen und Freunde der Bankmanager und Angestellte des Geldhauses.

Selbstverständlich ist das eine Umgehung der Vorschriften des Kreditwesengesetzes, das unter Kreditgeschäft eine Kreditbeziehung zu einem fremden Dritten versteht, nicht jedoch zu einer Strohmanngesellschaft. Würden die Finanzierungen der Immobilienfonds als Kredite betrachtet, die sie in Wirklichkeit waren, so wäre die Eigenmittelausstattung der Bankgesellschaft viel zu gering gewesen. Das heißt, die Gesellschafter der Bankgesellschaft Berlin – primär das Land Berlin – hätten Eigenmittel in Milliardenhöhe zuführen müssen, um diese Umgehung der Bestimmungen auszugleichen.

In einem Brief vom 13. Februar hatte Rupf das Bundesaufsichtsamt für das Kreditwesen informiert: »Nach unserer Kenntnis wurde zugunsten von Herrn Nitschke [...] keine Freistellungserklärung erstellt.« Am 28. Februar 2001 erklärte der Bankgesellschaft-Chef vor dem Unterausschuß Vermögensverwaltung und Beteiligung des Hauptausschusses bezüglich einer Freistellungserklärung für den Strohmann Nitschke: »Da wurde behauptet, innerhalb der Berlin Hyp, man hätte eine gesehen. Er hat aber bisher keine vorgelegt und hat auch gesagt, er hätte keine.« Rupf hatte sich offensichtlich nicht sehr bemüht. Das taten jedoch andere.

In der Berlin Hyp wird zu dieser Zeit der Vertrieb der Immobilienfonds der Bankgesellschaft von Direktor Peter Haberling verantwortet. Als Haberling von Freistellungen in Zusammenhang mit Nitschke erfährt, zitiert er Nitschke, der in der Zwischenzeit bei der Berlin Hyp arbeitet, zu sich. Anders als Rupf und die restlichen Vorstandsmitglieder der Bankgesellschaft fragt Haberling bei Nitschke nach einer Freistellung. Unumwunden bestätigt Nitschke nicht nur die Freistellung, sondern legt Haberling die Freistellungserklärung aus Februar 2000, von den IBG-Chefs Manfred Schoeps und Hans Görler unterschrieben, vor. Nitschke erzählt, daß er nur wegen der Haftungsbefreiung Komplementär bei den Fonds geworden ist. Haberling ist konsequent und handelt – zweifelsohne ein großer Fehler in dieser Bankgesellschaft – und hält in einer knapp gefaßten, einseitigen Notiz für den Vorstand der Berlin Hyp seine Entscheidung fest, den Fondsvertrieb vom gleichen Tag an einzustellen. Offensichtlich hat er erfahren, daß er als Vertriebsverantwortlicher von nun an gegenüber den Fondszeichnern gegebenenfalls persönlich haften könnte. Entsprechendes gilt für seine Mitarbeiter.

Der Vorstand der Berlin Hyp nimmt die Entscheidung von Haberling zustimmend zur Kenntnis. Die Berlin Hyp hat den Vertrieb von Immobilienfonds der Bankgesellschaft bis heute nicht wieder aufgenommen.

Die Erkenntnisse der Berlin Hyp scheinen den restlichen Konzern nicht zu interessieren. Sie verkaufen die Fonds weiter. Aber der Nachweis, daß Dr. Rupf gegenüber dem Aufsichtsamt und den Berliner Abgeordneten falsche Informationen geliefert hat, bleibt nicht ohne Wirkung. Haberling wird nach kurzer Zeit beurlaubt und ein halbes Jahr später fristlos gekündigt.

Das Arbeitsgericht kann die Kündigungsbegründung der Bank allerdings nicht nachvollziehen. Haberling gewinnt seinen Prozeß zur Wiedereinstellung. Aber Manager wie Haberling, die nach Gesetz und Gewissen handeln, will die Bankgesellschaft offensichtlich nicht im Unternehmen. Sie läßt ihn, so ein Mitarbeiter der Berlin Hyp, kurzerhand bezahlt zu Hause sitzen.

Immer wieder bei meiner Recherche entdecke ich Spuren von Menschen wie Achim Walther, Richard Ott und Peter Haberling, die die Fehler, Täuschungen und Betrügereien der Bankgesellschaft erkannt und angesprochen haben. Die Bankgesellschaft hatte angeblich eine ganze Anzahl fähiger Manager, die ihren Chefs widersprochen und das gleiche Schicksal wie Walther, Ott und Haberling erlitten haben. Die Ausrede der Bankgesellschaft-Chefs, daß der Niedergang ihres Kreditinstituts auf unternehmerische Risiken zurückzuführen sei, wird damit immer absurder. Nicht nur haben sie guten Rat abgelehnt, sondern haben ihn vorsätzlich unterdrückt.

Bei ihrer Aufklärung ist die Bankgesellschaft weniger erfolgreich als Haberling. Auf die Freistellungserklärung angesprochen, verweist Nitschke die Bankprüfer auf Manfred Schoeps. Schoeps erklärt, berichten die Bankaufklärer, daß es keine Freistellungserklärungen in der IBG gebe, und es sei ihm nicht erinnerlich, eine ausgestellt zu haben.

Die Wahrheit kommt aber doch heraus. Nicht nur Nitschke – und seine Erben – besaßen eine Freistellung, sondern eine ganze Reihe weiterer Komplementäre, wie der freiberufliche Wirtschaftsberater Josef Meyer, Komplementär für die LBB-Fonds 3, 7 und 8 und die Objektfonds Alexanderhaus (die Konzernzentrale der Bankgesellschaft) und Prinzregentenstraße (Geschäftshaus der Landesbank Berlin). Auch er hatte für sämtliche Fonds eine Freistellungserklärung – von Anfang an. Gefragt, warum er die Freistellung brauchte oder wollte, erzählt Meyer von den hohen Risiken.

Jetzt stehen Rupf und das Bundesaufsichtsamt für das Kreditwesen in großen Schwierigkeiten. Man ist unter Druck, den Fall aufzuklären. Mit den gefundenen Freistellungserklärungen muß das Eigenkapital der Bankgesellschaft aufgestockt werden – in Milliardenhöhe. Wenn man noch mehr Aufklärung betreiben würde, wären weitere Milliarden neues Eigenkapital nötig, um die Bankgesellschaft vor der Schließung zu bewahren. Das wäre wahrscheinlich nicht zu verkraften, und die Bank müßte geschlossen werden. Mein Eindruck ist, daß man den Mittelweg wählt – und das gilt für die gesamte Bankenaffäre –, nämlich ein bißchen, aber nicht gründlich aufzuklären. Außerdem war es mehr als peinlich für das Bundesaufsichtsamt, daß es über Jahre wider besseren Wissen nicht gehandelt hatte, denn zum Beispiel hatten ja Fasselt-Mette die Diskrepanz bei den Freistellungserklärungen im Auftrag vom Bundesaufsichtsamt für das Kreditwesen ermittelt und im März 2000 beschrieben.

Um einen Strich unter dieses bedrohliche Kapitel zu ziehen, teilt das Bundesaufsichtsamt der Bankgesellschaft in Schreiben vom 2. November 2001 und vom 7. Februar 2002 mit, daß es die bekannten Freistellungen als zivilrechtlich unwirksam betrachte.

Nitschke, der im Juni 2001 Selbstanzeige beim Bundesaufsichtsamt für Kreditwesen und den Finanzämtern Berlin und Nürnberg gestellt hat und die Freistellungserklärung in Kopie übersendet, hört nie was von diesen Ämtern. Es könnte sein, daß sämtliche Komplementäre (und ihre Erben) der Bankgesellschaft-Fonds Freistellungserklärungen haben.

Das Geschäftsjahr 2000 endete für die Bankgesellschaft mit einem Fehlbetrag von rund 1,6 Milliarden Euro. Ein Großteil stammte von der IBG, aber auch von der Berlin Hyp. Wegen der Rückstellungen in der IBG, aber auch wegen der Strohmanngeschäfte mußten die Gesellschafter der Bankgesellschaft rund 1,8 Milliarden Euro für eine Eigenkapitalaufstockung nachschießen zum Verlustausgleich und für eine faktische Kapitalerhöhung, um die nun erforderliche Anrechnung der Fondskredite innerhalb der Großkreditgrenzen zu ermöglichen. Nun mußte entschieden werden, wer die Kapitalerhöhung mitmacht. Die Antwort war: vorwiegend der Steuerzahler. Am 12. Juli 2001 beschloß das Berliner Abgeordnetenhaus unter einer rot-grünen Übergangsregierung den Nachtragshaushalt, der einen Ausgabentitel für die Kapitalzuführung an die Bankgesellschaft in Höhe von bis zu zwei Milliarden Euro enthält. Damit war das Überleben der Bank zunächst gesichert.

Die Bank sei gerettet, hieß es aus Berlin. Doch das entsprach der Wahrheit überhaupt nicht. Stattdessen ließ die Koalition von SPD und Grünen die Sache eher in den Hintergrund treten und bereiteten sich auf die Wahlen im Oktober 2001 vor. Ein Landowsky-Skandal war eher für den Wahlkampf geeignet als die Tatsache, daß die Bankgesellschaft völlig marode war und viele weitere Milliarden in Anspruch nehmen würde. Die Grünen gingen so weit und behaupteten im August 2001: »Der neue rot-grüne Senat hat in Zusammenarbeit mit dem Vorstand und dem Aufsichtsrat der Bankgesellschaft daraus die notwendigen Konsequenzen gezogen.« Als ob nicht dieselben Vorstands- und Aufsichtsratsmitglieder für die Katastrophe verantwortlich waren.

Die SPD mußte sich um Schadensbegrenzung kümmern. Nicht nur sollte ihre Rolle im Niedergang der Bank geheim blieben, sondern auch ihr Versagen als Kontrolleure der Banken. Dazu zählten die SPD-Politiker Peter Strieder, Annette Fugmann-Heesing, Ditmar Staffelt und Klaus Böger. Alle saßen längere Zeit im Aufsichtsrat der Landesbank Berlin. Fugmann Heesing war auch jahrelang im Aufsichtsrat der Bankgesellschaft. Das gleiche gilt sowohl für die Gewerkschaftsfunktionäre Hartmut Friedrich und Joachim Tonndorf wie den Personalratsvorsitzenden Helmut Tesch und den Betriebsratschef Bernd Reinhard. Alle Wegbegleiter des Desasters. Alle, die sich heute als betrogene Opfer darstellen.

Hierbei bekam die SPD Schützenhilfe von den Grünen und der PDS. Beide Parteien wollten nach den Wahlen im Oktober 2001 mit der SPD koalieren. Statt die SPD während des Wahlkampfes an den Pranger zu stellen oder im Falle der Grünen Rupf, Feddersen, Pawlowski und anderen aus ihren Bankämtern zu jagen, haben sie gegenüber der SPD gekuscht.

Doch andere haben die Konsequenzen gezogen. Das Land Berlin, das vor der Kapitalerhöhung 56,6 Prozent der Bankgesellschaft-Aktien hielt, hat fast die ganzen 1,8 Milliarden Euro allein aufbringen müssen. Da die anderen Beteiligten kaum oder gar nicht nachzogen, lag nun der Anteil des Landes Berlin bei 81 Prozent. Die Nord/LB baute von 20 Prozent auf einen strategischen Minderheitenanteil von 11 Prozent ab. Damit hatte sie für den Erwerb der Bankgesellschaft einen Fuß in der Tür oder könnte einen Teil ihrer Investition zurückholen bei der Veräußerung dieses Anteils zu einem guten Preis an einen anderen Käufer des Berliner Kreditinstituts. Die Parion Versicherungsgruppe nahm an der Eigenkapitalerhöhung gar nicht erst teil. Ihr Anteil sank von 7,5 auf 2 Prozent. Auch der Streubesitz sank von 14 auf 6 Prozent (davon hat die Bank etwa die Hälfte im Eigenbestand, und weitere 1,5 Prozent liegen bei den Mitarbeitern als Belegschaftsaktien). Damit hat die Berliner Politik den Steuerzahler zum stolzen Inhaber von 81 Prozent einer maroden Bank gemacht – wobei jeder, der es wissen wollte, hätte wissen können, daß man lange noch nicht das Ende der Verlust-Fahnenstange erreicht hatte. Während die Politiker, Bankmanager und die Mitarbeiter des Bundesaufsichtsamts in den Medien von der Rettung der Bankgesellschaft redeten, ging es eher um die Rettung ihrer eigenen Haut.

Kapitel 10

Ein Freund, ein guter Freund

Zur Krise der Bankgesellschaft Berlin ist überall zu lesen und zu hören von enormen Summen, die das Geldinstitut »verloren« habe. Tatsächlich verlieren Banken selten Geld. Ab und zu kommen selbstverständlich einem Kassierer oder einer Kassiererin am Schalter ein paar herunterfallende oder wegrollende Cents abhanden. Es gab auch einige besondere Fälle bei der Bankgesellschaft, wo wegen fehlerhafter Computersysteme gelegentlich ganze Konten verlorengingen. Die wurden in der Regel aber – soweit ich weiß – wiedergefunden. Das Geld war wirklich nie weg – es vagabundierte höchstens kurzweilig durch die Cyberwelt.

Wenn die Bankgesellschaft einen »Verlust verbucht«, hat zwar die Bankgesellschaft das Geld nicht mehr – jemand anders jedoch sehr wohl. Geld geht nicht verloren, es wird einfach neu verteilt. Genaue Zahlen hat niemand, aber »gutinformierten Kreisen« zufolge kann man am Ende damit rechnen, daß die Bankgesellschaft den Steuerzahler mit einer Belastung von »verlorenen Geldern« in zweistelliger Milliardenhöhe beglücken wird – Euro selbstverständlich. Wohin ging das ganze Geld, fragen Sie?

Einige Milliarden flossen an das Land Berlin. Der Senat benutzte das Geld, um Löcher im Landeshaushalt zu stopfen, eine bequeme Methode, die zudem manchem Politiker, mancher Seilschaft hübsche Pfründe sicherte. Viele Milliarden werden an die Fondszeichner fließen. Dabei sollten wir allerdings zwischen den Menschen, die (wie im Falle des Private Placements Gehag Fonds) Anteile für Hunderttausende von Mark, ja sogar Millionen erwarben, und den Menschen, die mit wesentlich kleineren Summen für ihre Rente vorsorgen wollten, unterscheiden. Eine dreistellige Millionenhöhe ging für Gehälter und Tantiemen – und in Zukunft für die Pensionen – der Bankmanager drauf. Nicht zu vergessen sind die Gehälter der vielen Freunde der Politiker, die gut bezahlte Stellen bei der Bankgesellschaft und ihren Tochterunternehmen erhielten. Eine zweistellige Millionensumme wurde für Steckenpferde des Bank-Managements wie den »International Club« oder das »German Masters«-Tennisturnier für Frauen im »Lawn-Tennis-Turnier-Club Rot-Weiß« ausgegeben, der jahrelang als Klaus Landowskys Stammklub galt. Zu den Empfängern »verlorenen Geldes« zählt ebenso die bankeigene Stiftung »Brandenburger Tor«, in der die CDU-Politikerin und enge Wegbegleiterin Klaus Landowskys, Monika Grütters, immer noch als Vorstand mit beträchtlichem Gehalt fungiert.

Es fehlt jedoch ein letzter Posten, sogar ein wesentlicher, der in die zweistellige Milliardenhöhe geht: die Gelder der Bankgesellschaft nämlich, die an die Bauträger ausgezahlt wurden. Ein Großteil dieses Kapitals ist »verlorengegangen«. Es ist als Kredit an diese Bauunternehmer ausgezahlt worden. Sie werden beträchtliche Teile jedoch nie zurückzahlen. Wie alles bei der Bankgesellschaft kein Zufall. Dahinter steckt System – und es hat wenig mit unternehmerischem Risiko zu tun. Um dies zu verstehen muß man die Übersicht der Bankgesellschaft-Kreditengagements von Darlehen über 10 Millionen Mark vom 30. Juni 1997 mit der Mitgliederliste des »International Club« aus der Zeit vergleichen. Auf beiden entdeckt man dieselben Namen: ein Who ist Who der Berliner Bauträger.

Der erklärte Zweck des im Jahr 1994 gegründeten »International Club« ist laut Satzung: »Die internationale Freundschaft und Zusammenarbeit auf den Gebieten des Sports und der Kultur zu fördern und zu vertiefen.« Wenn man die Firmen- und Mitgliederliste liest, wirkt der Club-Zweck eher als Treffpunkt der Bankgesellschaft Berlin, der Berliner Politik, der Lokalgrößen, der Wirtschaftsbosse und ihrer Wirtschaftsprüfer und Rechtsanwälte. Ein Ort, an dem man unbeachtet in einer entspannten Atmosphäre Geschäfte machen könnte – oder wie Klaus Landowsky es zusammenfaßte: Der Club mußte beides bieten, »Kommunikation und Ruhe«. Und was die Förderung von internationaler Freundschaft und Zusammenarbeit auf den Feldern des Sports und der Kultur angeht, hat Landowsky es auf den Punkt gebracht: »Zum Herzen des Clubs muß die Bar werden, an der sich die Mitglieder treffen.«

Unter den Clubmitgliedern und der Großkreditnehmerliste der Bankgesellschaft sind die Baugrößen der Stadt ziemlich vollständig vertreten: Ernst Freiberger, zunächst Tiefkühl-Pizza-König von Berlin, stieg groß ins Immobiliengeschäft ein. 1997 hatte sein Unternehmen Kredite von rund 550 Millionen Mark bei der Bankgesellschaft, hauptsächlich bei der Berlin Hyp. Die Heinrich Buschmann und Rolf Thinius Gruppe mit

Krediten in Höhe von rund 550 Millionen bei der Berlin Hyp. Silva Franke, deren verstorbener Ehemann und Bauunternehmer Klaus Berlins Politiker aus CDU (darunter Eberhard Diepgen), SPD und FDP mit illegalen Barspenden beglückt hatte und dem Berliner Bau-Skandal, der zu Unrecht als »Antes-Skandal« bezeichnet wird, um von den tatsächlich Schuldigen und der Dimension dieses Skandals abzulenken, Aufwind gab, war mit 485 Millionen Mark im Kreditportfolio – hauptsächlich bei der Berlin Hyp. Dietmar Otremba, selber CDU-Mitglied und immerhin legaler Großspender, war mit 406 Millionen Mark damals bei der Bankgesellschaft in der Kreide – hauptsächlich bei der Berlin Hyp. Die Klaus Groenke und Axel Guttmann Gruppe, besser bekannt als Trigon, hatte Kredite von 341 Millionen Mark bei der Bankgesellschaft Berlin – hauptsächlich bei der Berlin Hyp. Groenke ist CDU-Mitglied und legaler Großspender für seine Partei. Bernd Porsch, dessen fehlgeschlagenen Projekte sich unter den Verlagerungsobjekten in den geschlossenen Immobilienfonds der Bank befinden, mit 308 Millionen Mark. Christian Neuling und Klaus-Hermann Wienhold der Aubis-Gruppe hatten zu der Zeit bei der Berlin Hyp Kredite von mickrigen 280 Millionen Mark. Die Summe wird aber noch auf rund 700 Millionen steigen.

Zu der feinen Liste von Baulöwen, die Großkreditnehmer und gleichzeitig Clubmitglieder sind, gehört auch Klaus Groth, CDU-Mitglied und jahrelanger Berater von Berlins früherem Regierenden Bürgermeister Eberhard Diepgen. Zwischen den Jahren 1988 und 1995, als die Baubranche in Berlin boomte, haben Groth und sein Unternehmen rund 340.000 Mark legale Spenden auf das Konto der CDU fließen lassen.

Laut Kreditbericht der Bankgesellschaft von 1997 hatte Groth zu der Zeit Kredite in Höhe von respektablen 1,7 Milliarden Mark von der Bankgesellschaft für seine eigenen Bauvorhaben und Fonds erhalten. Allein 1,5 Milliarden Mark stammten von der Berlin Hyp, wo Groths Parteikollege Klaus Landowsky den Vorsitz innehatte. Die Gruppe des Projektentwicklers Groth, die auch die Parteizentrale der Bundes-CDU in der Hauptstadt baute, ist zusammen mit ihren Fondsgesellschaften 1999 mit 922 Millionen Euro größter Kreditnehmer der Berlin Hyp. In demselben Jahr befand sich Groth zum ersten Mal bei der Berlin Hyp unter den Kreditnehmern der »Risikoklasse III«, den wertberichtigten Krediten also – Kredite, die eine Bank eigentlich lieber nicht hätte.

Groth gibt das Paradebeispiel für die Karriere eines Berliner Baulöwen und galt als einer der größten Akteure im sprichwörtlichen Berliner Sumpf. Für die Spinger-Presse verkörperte Groth den hanseatischen Kaufmann. Einen schlechteren Leumund kann man im sumpfigen Berlin eigentlich gar nicht haben. Viele seiner Geschäfte mit der öffentlichen Hand sind trotzdem sehr umstritten. Freunde wie Feinde sind sich aber einig: Keiner spielte so gekonnt mit dem Politikkartell in Berlin wie Klaus Groth.

Die Kunst, mit der öffentlichen Hand glänzende Geschäfte zu machen, erlernte Groth bereits in seiner Heimat Schleswig-Holstein, nachdem er von der Glücksburger Stadtverwaltung zum BIG-Konzern, dem damals größten Baukonzern in Schleswig-Holstein, wechselte. Dort war Groth Geschäftsführer. Der BIG-Konzern baute in großem Stil Wohnungen. Sein oberster Chef war der CDU-Landtagsabgeordnete Herbert Gerisch, Groth dessen rechte Hand.

Schon bald geht es um die übliche Vermischung von Politik und Geschäft. An Herbert Gerisch soll von einem Berliner Kaufmann eine Million Mark Schmiergeld gezahlt worden sein, damit eine Müllverwertungsanlage in Schleswig-Holstein gebaut werden kann. Im Jahr 1975 ermittelt die Kieler Staatsanwaltschaft gegen Herbert Gerisch und Klaus Groth. Die Affäre schlägt hohe Wellen. Die Staatsanwaltschaft stellt die Ermittlung jedoch ein, da nicht festgestellt werden konnte, wofür die eine Million Mark gedacht war.

Es folgt ein parlamentarischer Untersuchungsausschuß. Der Abschlußbericht verweist auf Groths Aussage vor der Staatsanwaltschaft. Dort nämlich gab er die Zahlung zu und erläuterte, daß er und Gerisch sich »im politischen Bereich für die Schaffung der gesetzlichen Voraussetzungen der Errichtung der geplanten Müllverwertungsanlage in Schleswig-Holstein einsetzen« sollten. Weiter heißt es im Untersuchungsbericht, Groth habe monatlich 8500 DM von dem Berliner Kaufmann erhalten und zwar zehn Monate lang »... für die vorbereitende Kontaktaufnahme zu kommunalen Stellen.« Aufgeklärt wurde der Vorwurf der Schmiergeldzahlung nie – dafür sorgte schon die CDU-Mehrheit im Landtag. Danach, im Jahr 1980, entschloß sich Groth, nach West-Berlin zu übersiedeln. Dort war er, gelernt ist gelernt, sofort um guten Kontakt zu den öffentlichen Auftraggebern bemüht. Zusammen mit dem Architekten Dieter Graalfs steigt er groß in den Sozialwohnungsbau ein. Nachdem die beiden etliche Grundstücke von der maroden Neuen Heimat erworben haben, dem mehr als zwielichtigen gewerkschaftseigenen Wohnungsbauunternehmen, legen sie geschlossene Immobilienfonds mit hoher Steuerabschreibung auf.

Für solche Vorhaben gibt es in Berlin eine wunderbare Adresse: die Wohnungsbaukreditanstalt. Dort werden die üppigen Subventionen für den sozialen Wohnungsbau verteilt. In der Wohnungsbaukreditanstalt bestimmen Politiker – von der SPD Klaus Riebschläger (Senator und später Rechtsanwalt von Klaus Groth) und der CDU-Politiker Klaus Landowsky (später Vorstandssprecher der Berlin Hyp), wer Zuschüsse und Kredite erhält. Zu diesem privilegierten Kreis gehört auch die Groth-Gruppe.

»West-Berlin war ein Eldorado für Bauunternehmer«, erinnert sich »Spiegel«-Redakteur Michael Sontheimer, damals einer der führenden Journalisten bei der Aufdeckung der mafia-ähnlichen Strukturen West-Berlins. »Der soziale Wohnungsbau in West-Berlin war ein bizarrer ›Closed-Shop‹, in dem sich, dank Subventionen in Milliardenhöhe, eine kleine Gruppe von Bauunternehmern risikolos bereichern konnte. Klaus Landowsky saß in der Pfandbriefbank, die Hypotheken und Darlehen vergab, und im Vorstand der Wohnungsbaukreditanstalt, die die Subventionen ausschüttete. Dort amtierte auch der SPD-Filzokrat Klaus Riebschläger. Die Bauträger bauten bis zu 40 Prozent teurer als in Westdeutschland üblich, viele rechneten darüberhinaus noch imaginäre Leistungen ab. ›Wer im Sozialen Wohnungsbau nicht pro Grundstück eine Million Mark plus macht‹, pflegte ein Bauunternehmer zu sagen, ›hat sich richtig dumm angestellt.‹ Wer es schlau machen und weiterhin im Geschäft bleiben wollte, gab einen geringen Prozentsatz seiner Profite als Parteispenden vor allem an die CDU – im Jargon der Korruption heißen solche Zahlungen ›Kick Back‹. Daß diese systematische Ausplünderung der öffentlichen Haushalte über Jahrzehnte wie geschmiert funktionierte, ist ein Armutszeugnis für die politische Kultur der Mauerstadt und ihre bis auf wenige Ausnahmen zahnlose und devote Journaille, allen voran die des übermächtigen Springer-Konzerns.«

Im Laufe des sogenannten Antes-Skandals, der Berlins Oligarchie heftig, aber nur kurz erschütterte, kam heraus, daß die Firma Groth +

Graalfs von 1983 bis 1985 Präsente im Werte von rund 200.000 Mark – vorzugsweise edle Weine – zielgerichtet an Politik und Verwaltung verteilte. Zu den durstigen Empfängern zählt der damalige Wohnungsbaukreditanstalt-Direktor Riebschläger, der damalige CDU-Stadtrat Wolfgang Branoner (später Wirtschaftssenator und Mitglied im Aufsichtsrat der Bankgesellschaft) und Landowsky-Intimus Dankwart Buwitt, zu der Zeit CDU-Fraktionsvorsitzender und Mitglied des Verwaltungsrats der Wohnungsbaukreditanstalt (später Aufsichtsratsmitglied der Berlin Hyp) ebenso wie 104 Mitarbeiter der Wohnungsbaukreditanstalt. Zum Vorstand der Wohnungsbaukreditanstalt gehörte auch Groths langjähriger Weggefährte Klaus Landowsky.

Groth ist kein politischer Dogmatiker, sondern Geschäftsmann. Deswegen macht er keinen Hehl daraus, daß er an alle Parteien – gemeint sind CDU, SPD und FDP – gespendet hat, obwohl er die CDU, seine eigene Partei, bevorzugte. Das System von Geben und Nehmen setzte sich auch nach dem Antes-Skandal fort – und Groths Erfolgsgeschichte liefert dafür einige prächtige Beispiele: 1989 hatte Groth ein Gewerbegrundstück in Berlin-Tempelhof für 18 Millionen Mark erworben und verkaufte es drei Jahre später für 60 Millionen an das Land Berlin. Der schlagfertige Groth, immer zu Erklärungen bereit, meinte, er habe massive Investitionen auf dem Grundstück vorgenommen. Wenn es die gab – woran gezweifelt wird –, erzeugten sie keinesfalls eine entsprechende Wertsteigerung. Beim Wiederverkauf von zwei Teilflächen erzielte das Land Berlin weniger als die Hälfte des an Groth gezahlten Quadratmeterpreises. Ein Großteil konnte bis heute noch nicht verkauft worden.

Die öffentlich-rechtliche Wohnungsbaukreditanstalt benötigt 1993 neue Räume und mietet sich für zehn Jahre in einem Bürogebäude in der Spichernstraße 2 in Berlin-Wilmersdorf ein – für überteuerte 97,75 Mark monatlich pro Quadratmeter Kaltmiete. Schaden für die öffentliche Hand im Laufe der zehn Jahre, laut Landesrechnungshof: »… mindestens 54 Millionen Mark«. Das Haus gehörte Groth + Graalfs. Laut Rechnungshof gab es zu der Zeit Alternativprojekte, die weitaus billiger waren. Der Verwaltungsrat der WBK genehmigt den Mietvertrag, ohne einen Makler eingeschaltet zu haben. Zu den Mitgliedern dieses weitsichtigen Rats gehören Wolfgang Nagel und Norbert Meisner von der SPD und Elmar Pieroth und Dankward Buwitt seitens der CDU. Alle vier werden später Aufsichtsratsposten in der Bankgesellschaft oder ihrer Teilbanken bekleiden.

Auch Groths Großprojekte Karow Nord in Berlin und Kirchsteigfeld in Potsdam, kamen in Verruf. In Karow hat die Bauverwaltung bei der Kontrolle der Rechnungen Unregelmäßigkeiten entdeckt. Ein Beispiel: Der Bau für Privatstraßen wurde der öffentlichen Hand in Rechnung gestellt. Die angegebenen Preise für die Gehwegplatten in der Vorortsiedlung waren höher als die für die Gestaltung der exklusiven Friedrichstraße in Berlin. Bäume, monierten die Beamten, seien zu überhöhten Preisen in Anschlag gebracht worden, und bei Kreuzungen wurde der Straßenbelag doppelt – in beide Richtungen – in Rechnung gestellt. Auch die Kosten für das Abpumpen des Regenwassers beim Straßenbau, ein Kostenfaktor, der der Bauverwaltung bis dahin völlig unbekannt war, summierte sich zum Millionenbetrag.

2500 Wohnungen bauen Groth + Graalfs in Potsdam-Kirchsteigfeld. Die dortigen Sozialwohnungen werden mit öffentlichen Geldern massiv gefördert. Klaus Groth bekommt 3080 Mark pro Quadratmeter an Förderung. Über diese ungewöhnlich hohe Fördersumme war der damalige SPD-Abgeordnete im Potsdamer Landtag Joachim Franck, der selber aus der Baubranche kommt, entsetzt: »Ich habe mir vorgestellt, daß wir den, der am preiswertesten baut, fördern. Das habe ich mir mindestens gedacht. Es fiel mir außerordentlich schwer, als ich sah, welch hohe Förderung Groth erhielt. Man muß wirklich sagen, das Geld wurde zum Fenster hinausgeschmissen.«

In einem Bericht aus dem Jahr 1999 beschäftigte sich der Berliner Landesrechnungshof erneut mit Groth. Geprüft wurde das Klingelhöfer Dreieck, eines der wichtigsten Filetstücke im Herzen Berlins, worauf unter anderem heute die CDU-Bundeszentrale steht. Beim Verkauf des Landesgrundstücks im Jahr 1998 an Groth erlitt die Kommune Verluste in Millionenhöhe, so der Landesrechnungshof. Der Verkauf wurde – wie könnte es anders sein – nicht ausgeschrieben. Später, als das Projekt nicht so zügig vorankommt, kauft die Berlin Hyp ein Bürogebäude auf dem Tiergartendreieck von Groths Firma ab – trotz massiven Leerstands in konzerneigenen Gebäuden. »Almosen-Haus« wurde das Gebäude von Bankmitarbeitern getauft, eine milde Gabe für den angeschlagenen Baulöwen Groth.

Zuletzt war Groth in den Schlagzeilen, als es um den Neubau der Bibliothek der Technischen Universität Berlin für rund 145 Millionen Mark ging. Der Senat hatte für die Ausschreibung im Jahr 2000 als externen Gutachter den langjährigen Geschäftspartner von Groth, das Ingenieurbüro Ruths, beauftragt. Die Vergabe, natürlich an Groth, wurde wegen einer Reihe von Unregelmäßigkeiten von einem anderen Bieter gerichtlich angefochten – mit Erfolg. Das erstinstanzliche Urteil wurde nicht nur von Groth, sondern auch von der Senatsbauverwaltung unter SPD-Senator Peter Strieder, also mit öffentlichen Geldern, angefochten. Vor dem Kammergericht verlieren Groth und Strieder erneut. Das Gericht untersagt dem Bausenator, den Auftrag so an Klaus Groth zu vergeben. Der Auftrag mußte neu ausgeschrieben werden.

Klaus Groth ist ein »Berliner Ehrenmann«. Als er am 12. März 1998 seinen sechzigsten Geburtstag im Hotel Adlon feiert, kommt alles, was in der Hauptstadt und Brandenburg Rang und Namen hat, auch der damalige CDU-Generalsekretär Hintze reist eigens aus Bonn an. Die Festgemeinde sang »Lobet den Herrn« und verzehrte Lachs, Perlhuhn und Ochsenbackerl.

Ein halbes Jahr später erhält Klaus Groth das Bundesverdienstkreuz Erster Klasse – auf Initiative von Bundespräsident Roman Herzog (der übrigens später Kuratoriumsvorsitzender der Stiftung »Brandenburger Tor« der Bankgesellschaft wird). Groth wird ausgezeichnet als schaffensfreudige Unternehmerpersönlichkeit, die den Wohnungs- und Gewerbebau Berlins entscheidend und positiv geprägt hat. Im folgenden Jahr 1999 erhält Klaus Groth eine weniger begehrte Auszeichnung. Sein Name erscheint bei der Berlin Hyp unter den Kreditnehmern mit wertberichtigten Krediten. Wie alle anderen Berliner Baulöwen ist Groth an der freien Marktwirtschaft, die man in West-Berlins Subventionsökonomie nicht so genau kannte, gescheitert.

Im Jahresabschlußbericht der Berlin Hyp aus dem Jahr 1999 heißt es bezüglich ihres Groth-Engagements: »Aufgrund der nachhaltig schlechten Ertragslage seiner gesamten Unternehmensgruppe, aus der er überwiegend seine Einkünfte erzielt, kann sich Herr Groth Liquidität nur aus dem Verkauf privater Objekte beschaffen. Hierbei ist jedoch zu berücksichtigen, daß bei der derzeitigen Immobiliensituation die Objekte nur mit Verlust zu veräußern wären.«

Die Bank ermittelt Einzelwertberichtigungen in Höhe von 10,2 Millionen Euro bei zwei Krediten. Bei anderen Engagements verzichtet die Bank zunächst auf Zins- und Tilgungszahlungen von der Groth-Gruppe. Im Konzernabschlußbericht der Bankgesellschaft für das Jahr 2000 werden von der Berlin Hyp in der Zwischenzeit Einzelwertberichtigungen für ihr Engagement bei der Klaus Groth Gruppe in Höhe von 45 Millionen Euro eingeräumt. Ursache für den Wertverfall sind hauptsächlich zunehmender Leerstand und Verkaufsschwierigkeiten.

Schon Ende des Jahres 2000 startet die Bankgesellschaft eine verdeckte Rettungsaktion für die Groth-Gruppe. Über Manfred Schoeps sollte Groth eine Kapitalspritze von der Bankgesellschaft in Höhe von 37 Millionen Mark zugeführt werden. Doch nach dem IBAG-Desaster Mitte Januar und nachdem Informationen über diesen Rettungsplan für Groth an die Öffentlichkeit gelangen, kommt das verdeckte Geschäft ins Gerede. Nun übernehmen Rupf und die Bankgesellschaft selber das Kommando. Über eine Tochtergesellschaft gründet die Bankgesellschaft mit Groth am 3. Februar 2001 eine gemeinsame Firma – die Groth Holding GmbH & Co. KG. Während die Einlage der Bank in die neue Gesellschaft 8,1 Millionen Euro beträgt, muß Groth selber 12,1 Millionen Euro beitragen. – Doch auch das wird von der Bank größtenteils durch ein Darlehen in Höhe von rund 10,5 Millionen Euro finanziert, wovon die Bank zunächst nur 4,2 Millionen Euro an Groth auszahlt. Groths Firma darf allerdings pro Jahr 1,6 Millionen Mark aus dem Kapitalstock der gemeinsamen Firma entnehmen. Erneut haben Rupf und die Bankgesellschaft sich in ein dubioses Geschäft begeben. Die in der Zwischenzeit sensibilisierten Medien vermuten eine politische Intervention. Groth und die Berliner Politik leugnen das.

Trotz der uneigennützigen Rettungsaktionen der Bankgesellschaft bleibt die Lage der Groth-Gruppe düster. In einer vertraulichen Aktennotiz der Bankgesellschaft zum Groth-Engagement vom 22. Juni 2001 fällt zum ersten Mal das gefürchtete I-Wort: »Insolvenzgefahr besteht, auch Betreiben durch Dritte nicht auszuschließen.« Die Notiz fährt fort, daß im Falle einer Insolvenz bei Groths Firma, »Insolvenz von Herrn Klaus Groth privat (hohe Bürgschaftsverpflichtungen und hohe Verschuldung) nicht auszuschließen« ist. Klaus Groth versucht sich gesund zu schrumpfen. Er entläßt Personal, reduziert Kosten. In der West-Berliner Variante des Realsozialismus hat er Millionen verdient. Nach der Wiedervereinigung kämpft er ums Überleben. Sogar die Bankgesellschaft ist nicht mehr für ihn da und weigert sich im Dezember 2001, das restliche Darlehen in Höhe von rund 6,5 Millionen Euro an Groth zu zahlen. Groth versucht über das Gericht, das Geld von der Bankgesellschaft einzuklagen. Er unterliegt aber.

Doch ein Klaus Groth gibt nicht auf und landet einen neuen Coup. Die Bundesanstalt für Arbeit veräußert im Jahr 2003 ein Filetgrundstück mitten im alten Diplomatenviertel des Berliner Bezirks Tiergarten. Gegenüber steht schon das von Groth entwickelte Klingelhöfer Dreieck samt CDU-Bundeszentrale. Voraussichtlich bekommt ein Konsortium den Zuschlag, das aus Hochtief, KPMG und Klaus Groths Unternehmen besteht. Eine gewisse Ironie läßt sich nicht vermeiden. Hochtief hat das Bieterverfahren für den Bau und Betrieb des Flughafens Schönefeld im Jahr 1999 gewonnen und gleich wieder wegen Unregelmäßigkeiten im Bieterverfahren verloren. Spuren führten tief in die unterirdische Berliner Politiklandschaft. KPMG trägt als Wirtschaftsprüfer bei der Landesbank Berlin seit 1997 erhebliche Verantwortung für das Desaster der Bankgesellschaft. Und Klaus Groth ist eine Ikone der Berliner Filzlandschaft – ein System, das diese Stadt für Generationen finanziell ruiniert hat und offensichtlich unerschrocken weiter funktioniert.

Auch die Rentaco Finanz & Boden Management AG befindet sich 1997 auf der exklusiven Liste der »International Club«-Mitglieder und Großkreditnehmer der Bankgesellschaft – oder besser gesagt, ihr Chef Günter Hartwig. Wie Groth ist er Bundesverdienstkreuzträger. Er ist wie Groth ein Praktiker, was Geschäfte und Politik angeht, obwohl Hartwig eher Arbeitsplätze als Spenden verteilt. Günter Hartwig ist laut Springer-Presse kein hanseatischer Kaufmann wie Groth, sondern ein »Selfmademan« – und später Selfmadepleitier, nachdem Rentaco Anfang 2001 Insolvenz anmeldete. Er ist CDU-Mitglied und saß früher im Vorstand des Wirtschaftsrates der CDU Berlin-Brandenburg. Seine Spezialität waren Altersheime oder »Senioren-Residenzen«, wie das Rentaco-Produkt bezeichnet wurde. Im Juni 1997 hatte Hartwig Kredite über rund 200 Millionen Mark bei der Bankgesellschaft: 130 Millionen bei der Berliner Bank und weitere 70 Millionen bei der Berlin Hyp. Die Berliner Bank betrieb sogar mit Rentaco ein Unternehmen zum Bau von Sozialimmobilien in Berlin und ganz Deutschland. Nach der Insolvenz mußten die Bankgesellschaft AG, die Berlin Hyp und die Landesbank vorerst insgesamt Einzelwertberichtigungen für die »Günter Hartwig Gruppe« in Höhe von zunächst 49 Millionen Euro vornehmen.

Der letzte Aufsichtsrat von Rentaco bestand aus drei Mitgliedern: Dr. Oscar Schneider (CDU, Bundesbauminister a.D.), Jost von Trott zu Solz (CDU, Rechtsanwalt, alter Weggefährte von Landowsky und Diepgen in der CDU und Gründungsmitglied des »International Club«) und Dr. Dieter Flämig (CDU, Berliner Staatssekretär a.D. und früherer Senatssprecher des ehemaligen Regierenden Bürgermeisters Eberhard Diepgen). Bei seinen Vorstandsmitgliedern war Hartwig nicht streng parteipolitisch. Im Gegenteil, so wie Groth an alle Parteien Geld zu spenden wußte, beschäftigte Hartwig Mitglieder aller Parteien. Zu den ersten Vorstandsmitgliedern von Rentaco im Jahr 1990 zählte Dr. Bernd Löhning, ein Volljurist. Er war vorher Fraktionsgeschäftsführer der FDP im Berliner Abgeordnetenhaus.

Im Jahr 1998 wurde der ehemalige SPD-Fraktionsgeschäftsführer Horst Achim Kern Vorstandsmitglied der Rentaco. Kern, eine klassische Figur im SPD-Filz Berlins, war nicht nur einer der wichtigsten Fürsprecher bei der Gründung der Bankgesellschaft, sondern wurde kurz nach deren Entstehen zum Mitglied des Aufsichtsrates der Berliner Bank berufen. Matthias Zipser, seit seiner frühen Jugend bei der SPD, diente sich zum persönlichen Referenten des damaligen Bausenators Wolfgang Nagel hoch. Dann wechselte er zur Rentaco – samt besten Beziehungen zur Bauverwaltung. Dort arbeitete er sich weiter hoch zum Geschäftsführer der Rentaco-Tochter »RPE-Rentaco«. Zwar persönlich kein Mitglied des »International Club«, doch eine der schillerndsten Figuren unter den Großkreditnehmern der Bankgesellschaft ist Dr. Jürgen Hanne. Kein Clubmitglied, wie gesagt, doch immerhin stand seine ehemalige Ehefrau auf der Mitgliederliste. Jürgen Hanne hatte schon in den achtziger Jahren einen fragwürdigen Ruf als Fondsinitiator. Von 1979 bis 1986 hatte er mit seiner damaligen Firma »Konzepta elf« sogenannte Petrol Explorationsfonds unter dem Werbe-Motto »Eine Idee ist geboren« aufgelegt. Diese Fonds sollten in Kanada Öl- und Gasvorkommen suchen und Förderrechte erwerben. Faktisch ist allerdings kein einziger dieser Fonds wirtschaftlich erfolgreich gewesen, und die 700 Millionen Mark Anlegerkapital gingen verloren. Schon 1986 schrieben die Anlegerschützer vom »Kapital-Markt Intern«, daß die Konzepta-Unternehmensgruppe, wozu Hanne zählte«, »sich bereits mit einer Serie von schlimmen kanadischen Öl- und Gasfonds ihren Ruf ruiniert« habe. Hanne galt als »verbrannt« und als Fondsinitiator ungeeignet.

Doch nach der deutschen Wiedervereinigung konnte noch jeder Glücksritter mit Immobilien in den neuen Bundesländern Geschäfte machen. Die Gier nach Steuerersparnissen schaltete das Hirn vieler Anleger, hauptsächlich Gutverdienender, völlig aus.

»Die Dr. Hanne Unternehmensgruppe mit Sitz in Berlin und Calgary ist einer der größten deutschen Anbieter von Immobilienanlagen«, so eine Selbstdarstellung der Firma. »Schon kurz nach dem Mauerfall erkannte man die Entwicklungschancen in den neuen Ländern. Dadurch wurde die Dr. Hanne Unternehmensgruppe zu einem der ersten Anbieter, bei dem die Anleger von den hohen Steuervorteilen aus dem Fördergebietsgesetz profitieren«, hieß es weiter.

Hanne spezialisierte sich auf Fonds für den Bau und die Modernisierung von Seniorenwohnanlagen »für gehobene Ansprüche«. Die erste Seniorenresidenz eröffnete er 1993 in Neuenhagen-Hoppegarten bei Berlin. Im März 1995 besuchte in einem publizitätsträchtigen Auftritt Bundespräsident Roman Herzog, der Mann mit einem großen Herzen für Berliner Baulöwen, diese Seniorenresidenz. Bis 1999 waren es weitere 20 Alterswohnanlagen und vier Hotels, die die Dr. Hanne Grundstücks GmbH mit 1,5 Milliarden Mark Investitionskapital von Tausenden Anleger und von Banken finanzieren ließ.

Das wichtigste Geldinstitut war wohl die Bankgesellschaft Berlin. Schon im Juni 1997 hatte die Bank Hannes Projekte mit rund 335 Millionen Mark, hauptsächlich von der Berlin Hyp (251 Millionen Mark), aber auch von der Landesbank Berlin (84 Millionen Mark), finanziert. Schon im Mai 1999 mußten die ersten beiden Hanne-Gesellschaften, darunter die persönlich haftende Gesellschafterin sämtlicher von Hanne initiierten Immobilienfonds und die Generalübernehmerin sowie Projektentwicklerin dieser Fonds, Insolvenzantrag stellen. Das Ende zeichnete sich ab. Zwischen Hannes Unternehmensgruppe und den Fonds entdeckten die Anleger eine undurchsichtige Firmenverflechtung, wohinter sich auffällig Jürgen Hanne verbarg. Das Imperium brach zusammen. Fertiggestellte Wohngebiete wie Nächst Neuendorf und Werder, beide bei Berlin, wurden Geistersiedlungen. Aus war es mit den versprochenen Renditen in zweistelliger Prozenthöhe.

Wie hoch die Anlegerverluste sein werden, vermag man noch nicht festzustellen. Auch bei den Banken ist die Höhe des Schadens noch nicht endgültig ermittelt. Die Berlin Hyp und Landesbank Berlin mußten allerdings schon hohe Wertberichtigungen vornehmen.

Die Rechtsanwälte Peter Apel und Wolfgang Schirp, die zu unerbittlichen Verfolgern von Hanne wurden – strafrechtlich wie zivilrechtlich –, fassen den Niedergang des Hanne-Imperiums zusammen: »In der Dr. Hanne-Gruppe und in anderen mit dem Fondsinitiator Jürgen Hanne eng verbundenen Unternehmen wurde die Kostenseite der Projekte enorm aufgebläht. Für die Prospektierung der hohen Ausschüttungen und die Plazierung der Fonds auf dem Kapitalmarkt wurden mit kapitalschwachen und teilweise abhängigen Betreibergesellschaften Pachtverträge geschlossen, die wegen ihrer überhöhten Pachten nicht marktgerecht waren. Besonders bei den in den Jahren 1997/98 aufgelegten Immobilienfonds übersteigen die prospektierten Pachten das Marktniveau um das Zwei- bis Dreifache.« Hanne versuchte, diese Situation dadurch zu verschleiern, daß er Mittel aus dem Eigenkapital später aufgelegter Fonds entnahm und für das Stopfen von Löchern bei anderen Fonds nutzte. Doch Apel und Schirp interessieren sich nicht nur für Hannes Rolle bei den Fonds. Bei einem Fonds »Wohnen im Alter: Seniorenresidenz Voltairepark Potsdam« sind die beiden Anwälte überzeugt, daß die Berlin Hyp gemeinsam mit Hanne die Anleger betrogen habe.

Die Fondsgesellschaft sollte ein ehemaliges Militärhospital in Potsdam als Seniorenresidenz um- und ausbauen. Vorgesehen waren Anlegeranteile von rund 33 Millionen Mark und ein Bankkredit von 30 Millionen Mark. Der Verkauf der Fondsanteile fand zwischen November 1997 und Februar 1999 statt.

Laut Apel und Schirp hatten andere Banken eine Kreditierung des Objekts abgelehnt. Erst Ende 1997 sprang die Berlin Hyp ein und bot eine Finanzierung an. Merkwürdigerweise setzte sich der gesamte Kredit für das Vorhaben Voltairepark aus Teilbeträgen gescheiterter früherer Kreditengagements der Berlin Hyp an Hanne zusammen. Hierfür sind schon angebliche Bereitstellungszinsen angefallen, die den Fondsanlegern des Projekts Voltairepark, die mit diesen Krediten nichts zu tun hatten, in Rechnung gestellt wurden.

Die Realisierung des Fondsprojekts und die Plazierung der Anteile verliefen äußerst schleppend. Insgesamt wurden lediglich 70 Prozent des vorgesehenen Eigenkapitals – die Anlegeranteile – eingeworben.

Dadurch kam das Projekt zum Stillstand. Ohne vollständige Plazierung des Eigenkapitals konnte über den Kredit der Bank nicht verfügt werden. Gleichwohl fielen zugunsten der Bank Bereitstellungszinsen an. Ohne Valutierung des Kredites konnten die Bauarbeiten an dem Objekt nicht vollendet werden. Ohne Verwirklichung des Fonds Voltairepark bestand aber eine akute Insolvenzgefahr für die Unternehmensgruppe Dr. Hanne. Das wäre nicht nur eine Katastrophe für Hanne, sondern auch für die Berlin Hyp, die dem Bauträger immense Kredite eingeräumt hat, gewesen.

Die Berlin Hyp ließ Hanne nicht fallen. Es wurde ein Lösung gefunden – laut Apel und Schirp auf Kosten der Anleger. Der Fonds Voltairepark wurde einfach in zwei Bauabschnitte unterteilt, ohne daß die Fondsgesellschaft entsprechend der Bauteile aufgespalten wurde. »Dies ist äußerst ungewöhnlich«, meint Rechtsanwalt Apel, »da der sogenannte Bauteil A, gemessen an dem Gesamtvertriebsstand im Dezember 1998, mit rund 55 Prozent überzeichnet war.« Eine weitere Finanzierung des Bauteils B wurde durch die Berlin Hyp jedoch gleichzeitig abgelehnt. Damit wurde der sogenannte »Voltairepark-Fonds Bauteil A« geschlossen. Die Hälfte des ursprünglichen Kredits hätte die Berlin Hyp damit auszahlen können, und Hanne und die Berlin Hyp konnten auf die gesamten Anlegergelder zugreifen. Die Anlegergelder wurden bei der BfG Bank, die das Eigenkapital der Zeichner verwaltete, aber nicht entsprechend den Bauabschnitten zugeordnet. Das bedeutet, daß sämtliche Gelder der Anleger, auch der Teil, der dem Fonds Bauteil A nicht zugerechnet war, Hanne und der Berlin Hyp zur Verfügung standen.

Die Anlegergelder waren schnell weg, Hanne und der Voltairepark-Fonds kurz darauf pleite, und die Berlin Hyp zahlte nicht einmal die Hälfte des Kredites aus – sondern gerade genug, um das Grundstück zu erwerben (rund sechs Millionen Mark) –, das ihr bei der Insolvenz als Grundpfandgläubiger sowieso zufiel. Aus den Anlegergeldern hat die Berlin Hyp für die Bereitstellung des Kredites allein im Jahr 1999 rund

1,1 Millionen Mark vereinnahmt. Damit nicht genug. Im Dezember 2000 pfändete die Berlin Hyp das Geschäftskonto der Fondsgesellschaft Voltairepark, so stellen es Apel und Schirp jedenfalls dar, und ließ sich von der BfG Bank das Restguthaben in Höhe von rund 400.000 Mark auszahlen. Darunter befanden sich auch die Einlagen der Anleger, die dem Bauabschnitt B zugewiesen waren, dessen Finanzierung die Berlin Hyp bereits abgelehnt hat.

Man fragt sich, ob der »L-Faktor« – Klaus Landowsky – eine Rolle bei dieser Vorgehensweise der Berlin Hyp spielte. Aus dem üblichen Ablauf von Kreditgeschäften in Berlin macht Jürgen Hanne kein Geheimnis. Allen, die sich dafür interessieren, darunter der Zeitschrift »Stern«, erzählt er über die Berlin Hyp, Klaus Landowsky und die Berliner Bankenszene. Kurz vor dem Abdruck eines Interviews mit Hanne im »Stern« winkte der Baulöwe, der sich im Jahr 2001 nach Kanada abgesetzt hat und heute mit internationalem Haftbefehl gesucht wird, ab. Das Interview liegt bis heute unter Verschluß. Aber der »Stern« war nicht der einzige Gesprächspartner, dem Hanne gern etwas erzählte.

Hanne hat das gesagt, was man in Berlin »immer gewußt hat«, jedoch nie beweisen konnte. Hinsichtlich der Spenden an die CDU meinte Hanne: »Es war ein ungeschriebenes Gesetz in Berlin, daß bei hohen Krediten an Bauträger auch gelegentlich Spenden an die CDU zu erfolgen haben, die, meines Erachtens, in Millionenhöhe gelaufen sein müssen.« Aber auch über die Art der Spenden gibt Hanne uns einen Einblick, der weitere Fragen aufwirft: »Die Spenden wurden dabei häufig nicht direkt, sondern über Zwischenstationen gegeben, wobei ich selbige Personen nicht benennen möchte, da diese Personen im gesamten Berliner Bankwesen so gut wie keine Chance mehr für weitere Kredite hätten, denn das Berliner Bankwesen ist komplett vernetzt, um nicht zu sagen verfilzt.« Wie viele andere Bauträger haben solche Spendenumwege benutzt, und wie sind die Spendengelder bei der CDU angekommen?

Hanne beschreibt die Realpolitik von Berlin als Ursache des Übels: »Die Hauptproblematik lag immer in der Doppelfunktion von Herrn Landowsky, denn wie würde sich ein Kreditnehmer verhalten, wenn er vom höchsten Boß der Hypothekenbank auf eine Spende angesprochen wird, wissend, daß es sich hier um den Fraktionsvorsitzenden der mitregierenden Partei handelt.«

Kapitel 11

Business as usual

Achim Walther, der Wirtschaftsprüfer aus Hannover, der schon 1997 die drohenden, massiven Risiken der Immobilienfonds der Bankgesellschaft ausgemacht hat, ist nicht nur ein scharfsinniger Wirtschaftsprüfer, sondern auch ein politisch denkender Mensch. Kurz nachdem die Krise der Bankgesellschaft ruchbar wird, wendet er sich am 13. Februar 2001 an Berlins sozialdemokratischen Senator für Stadtentwicklung und Landesvorsitzenden der SPD in Berlin, Peter Strieder. In seinem Brief listet Walther sechs grundsätzliche Fragen auf. Aus deren Formulierung ist zu entnehmen, daß es sich beim Absender um einen fundierten Kenner der Materie handelt. Am Ende des Briefes teilt der Wirtschaftsprüfer dem Senator mit: »Sollten Sie ein persönliches, vertrauliches Gespräch in dieser Sache mit mir für sinnvoll halten, lassen Sie es mich bitte wissen.«

Am 21. März 2001 erhält Walther Post aus Berlin. Der Senator bedankt sich herzlich. Nach den netten, einleitenden Worten folgt viel Belangloses. Strieder schließt seinen Brief mit dem Versprechen: »Sie können versichert sein, daß ich nicht zulassen werde, daß Versäumnisse und Verantwortlichkeiten unter den Teppich gekehrt werden. Das Interesse des Landes Berlin an einer starken Bankgesellschaft für den Investitionsstandort Berlin steht dabei im Vordergrund.« Doch es bleibt bei Versprechungen. Kein vertrauliches Gespräch. Keine Fragen. Walthers handgeschriebene Randnotiz besagt alles: »Das ist nichtssagendes Wortgeklingel!«

Doch Walther läßt sich durch Politiker-Rhetorik nicht ruhigstellen. Schließlich fühlt er sich Berlin, wo er geboren wurde und dreißig Jahre gelebt hat, verpflichtet. Am 28. März 2001 wendet er sich an Berlins damaligen Regierenden Bürgermeister Eberhard Diepgen. Dieses Mal geht es zur Sache. Walther läßt Diepgen von seinem früheren Prüfungsauftrag bei der IBG zu den Fondsrisiken wissen und benennt die Fragen zu diesen Risiken. Er informiert Diepgen: »Das Unglück der Bankgesellschaft ist nicht nur eine bedauerliche Schieflage aus falsch eingeschätzten Kreditrisiken. Es ist ein Fall für die Staatsanwaltschaft. Mit hohen Schadenersatzforderungen für Berlin.« Walther schlägt einen Termin vor, um die Angelegenheit zu besprechen. Wen wundert's – bis heute hat er von Diepgen nichts gehört. Laut Diepgen »waren die Vorwürfe von Walther ja nichts Neues.« Er habe allerdings, so Diepgen später, mit Wolfgang Rupf über den Gutachten-Streit gesprochen. Aus Gründen der »Vertraulichkeit«, so Diepgen weiter, habe er den Brief an seinen Nachfolger Klaus Wowereit nicht weitergegeben. In einem Punkt war Diepgen sich allerdings von vornherein sicher: »Ich weiß, daß ich keine persönliche Verantwortung [für die Schieflage der Bank] habe.«

Warum Diepgen den brisanten Brief an Wowereit nicht weitergeben wollte, wird nur der »Visionär« selber wissen. Achim Walther nahm ihm sowieso die Arbeit und Portokosten ab. Am 29. November 2001 wendet sich Walther an Diepgens Nachfolger als Regierender Bürgermeister, Klaus Wowereit. Er läßt Wowereit wissen: »... aus der wirtschaftlichen Schieflage der Bankgesellschaft ergeben sich Schadenersatzansprüche des Landes gegen die Geschäftsführer der ehemaligen IBG, die Vorstände und Aufsichtsräte der Landesbank sowie der Bankgesellschaft und die beteiligten Wirtschaftsprüfungsgesellschaften (einschließlich des Konzernprüfers)«. Walther schlägt einen vertraulichen Gesprächstermin in der fünfzigsten Kalenderwoche vor – also zwei Wochen später. Vielleicht war Walther ein bißchen unpräzise, da er nicht explizit erwähnte, in welchem Jahr er den Termin wünschte. Auch von Wowereit hat Walther – bisher jedenfalls – keine Antwort erhalten.

Wowereit läßt verlauten, daß er den Brief an die damalige SPD-Finanzsenatorin Christiane Krajewski weitergereicht habe. Dort sollten die Hinweise auf strafrechtlich relevante Vorgänge geprüft werden. Solche Feststellungen sind eigentlich Aufgabe der Staatsanwaltschaft. Verwunderlich also, daß die Unterlage nicht direkt dorthin gegangen ist. In der Finanzverwaltung ist der Brief angeblich längere Zeit versandet. »Wenn viele Köche da herumwerkeln, gibt es auch keinen vernünftigen Brei« – lamentierte Wowereit nicht ganz zitatsicher. Der Berliner Bürgermeister räumte aber immerhin ein: »Anlaß zur Kritik könnte sein, daß Walther nicht informiert wurde, wohin der Brief ging.«

Walther gibt nicht auf und wendet sich am 5. Januar 2002 nunmehr an den Oppositionsführer im Berliner Abgeordnetenhaus, den CDU-Politiker Frank Steffel. Wie in den vorangegangenen Briefen informiert er über seine früheren beruflichen Beziehungen zur IBG. Er erklärt: »Aus jahrelang fehlerhaft testierten, nichtigen Jahresabschlüssen im Konzern der Bankgesellschaft sind seitens der CDU Haftungsansprüche zugunsten des Landes Berlin öffentlich zu thematisieren. Die … beteiligten WP-Gesellschaften (einschließlich der Konzernprüfer) müssen in Anspruch genommen werden.« Am Schluß läßt er Steffel wissen: »Sehr geehrter Herr Dr. Steffel, sollten Sie diese Gedanken für politisch interessant und verwertbar halten, helfe ich Ihnen gerne.« Auch von Steffel hat Walther nie etwas gehört. Deswegen fragte ich bei Steffel nach. Steffel, wie alle Politiker, hatte offensichtlich keine Zeit, meine Frage zu beantworten, dafür ein Herr Michael Thiedemann. Er erläuterte: »Das Schreiben des Herrn Walther an Herrn Dr. Steffel stellte einen Kenntnisstand dar. Das Ersuchen um eine Beantwortung findet sich in dem Schreiben nicht.«

Auffällig, dieser fehlende Eifer der Politiker von SPD und CDU, wenn es um Aufklärung und Schadenersatz zu Gunsten der Steuerzahler und des Landes Berlin im Fall Bankgesellschaft geht. Jeder, in seiner Art, hat einen riesigen Bogen um die Hinweise von Walther gemacht.

Anfang 2001 drohen dann die ganzen Machenschaften der Berliner Politik und ihrer Freunde bei der Bankgesellschaft hochzukochen. Es gibt viele Hinweise, die auf jahrelange kriminelle Energie deuten. Die »Erfolgsstory IBG« entlarvt sich als reinste Roßtäuscherei, als plötzlich Risiken in Milliardenhöhe auftauchen. Der Chef der Berlin Hyp, Klaus Landowsky, steht unter Verdacht, Kredite gegen Parteispenden vergeben zu haben. Außerdem ist er für seine Parteifreunde von Aubis ein Kreditgeschäft eingegangen, das an jeglichem kaufmännischen Verstand zweifeln läßt. Bei den Immobilienfonds wurden Freistellungserklärungen vergeben, die – wären sie nicht bereits im Ansatz nichtig gewesen, wie später Bank und Bankaufsicht erleichtert feststellen – eine drastische Eigenkapitalerhöhung seitens der Bank nach sich gezogen hätten. Und zu guter Letzt muß die Bankgesellschaft auch noch ein negatives Rekord-Jahresergebnis einräumen, das sogar den Landeshaushalt von Berlin in Schwierigkeiten bringen wird. Die Bank steht vor der Insolvenz.

Jochen Sanio, Chef des Bundesaufsichtsamtes für das Kreditwesen, in dessen Amtszeit fast sämtliche schrägen Geschäfte der Bankgesellschaft ungehindert über Jahre stattfinden konnten, mußte nun seinen eigenen Ruf retten. Ihm war zunächst die Berliner Politik ziemlich egal. Laut Sanio hat das damalige Bundesaufsichtsamt in den Jahren 1994 bis 2001 etwa 20 Sonderprüfungen bei der Bankgesellschaft durchführen lassen. Sanio hält das für einen deutschen Rekord. Zum Vergleich erläutert er: »Bei einer normalen mittelgroßen Bank gibt es vielleicht alle drei bis vier Jahre routinemäßig eine Sonderprüfung.« Das ist ein beträchtlicher Aufwand dafür, nicht die leiseste Ahnung von dem bevorstehenden Kollaps einer der größten Geldinstitute der Bundesrepublik zu haben. Aus dem zahnlosen Tiger Sanio sollte nun aber ein Mann der Taten werden. Sein Aufsichtsamt fordert Anfang März 2001 den Rücktritt von fünf Vorstandsmitgliedern des Bankgesellschaftkonzerns – darunter Klaus Landowsky.

In seinem Auftritt vor dem Untersuchungsausschuß des Berliner Abgeordnetenhaus am 18. Mai 2001 erklärte Sanio in dem nichtöffentlichen Teil der Sitzung, so die »Berliner Zeitung«, daß Landowsky als Banken-Vorstand entlassen werden sollte. Grund war der Kredit an die Firma Aubis. Das wirtschaftliche Konzept der Firma Aubis sei nicht tragfähig, die Kreditgewährung ohne Eigenkapital sei »ein grober Fehler« gewesen. Keine Bank hätte den Kredit gewähren dürfen, soll Sanio den Ausschußmitgliedern erzählt haben.

Landowsky wollte bis zur Hauptversammlung, die zunächst für Mai geplant war, als Bankchef bleiben. Doch Sanio ließ laut »Berliner Zeitung« Wolfgang Rupf wissen, daß er »unter diesen Umständen den Verbleib Landowskys bis zur Hauptversammlung ebenfalls für nicht akzeptabel« hält. In dem öffentlichen Teil der Sitzung hatte Sanio schon erklärt, daß seine Behörde selten solche Rücktritte schriftlich fordert. Das tue man mündlich, erläuterte Sanio, um den Betroffenen »einen honorigen Ausstieg« zu ermöglichen. »Unserer Behörde ist es egal, wie jemand zurücktritt.«

Landowsky dürfte öffentlich bestreiten, mit seinem Rücktritt seiner Ablösung zuvorgekommen zu sein.

Damit hat Rupf seinen Dienst gegenüber der Berliner CDU getan und Landowsky den honorigen Ausstieg ermöglicht. Er selbst bleibt im Amt.

Auch die SPD benötigte die Dienste Wolfgang Rupfs. Wie ihr Koalitionspartner wollten die Sozialdemokraten auf keinen Fall einen Bankgesellschafts-Skandal. Der hätte ja auch ihnen auf die Füße fallen können. Die SPD war nicht minder in die Operationen der Bankgesellschaft verstrickt als die CDU. Was die SPD jedoch unbedingt brauchen konnte, war ein »Landowsky-Skandal«. Damit könnte sie nicht nur die CDU vom Gipfel der Macht stoßen, sondern hinterher sogar als Partei der Saubermänner dastehen. Es mußte also zunächst um Rupf und die Bankgesellschaft ruhig bleiben, mindestens solange, bis eine neue Regierung – ohne CDU – gewählt war.

Nach außen bemüht sich Rupf, in eine Opferrolle zu schlüpfen. Er behauptet, von nichts gewußt zu haben. Dieses Argument bleibt einmalig. Ein Mann, der seit Anfang 1997 – also über vier Jahre – Vorstandschef der Bankgesellschaft Berlin und Aufsichtratsvorsitzender der Landesbank Berlin, der Berliner Bank, der Berlin Hyp und der IBG war, behauptet, er habe nichts über die Abläufe in seiner Bank gewußt. Das allein wäre zweifelsohne ein sofortiger Kündigungsgrund. Konsequenzen gab es jedoch keine. Rupf blieb, sogar noch gestärkt, im Amt.

Trotz aller gegenteiligen Beteuerungen hatte Rupf all die Jahre sein Schiff völlig unter Kontrolle – und steuerte es jetzt unerschrocken in den Abgrund. Er war es, der die immer größer werdenden Räder, wie das des IBG/IBAG Deals, drehte. Ende 1999 leitete er maßgeblich die größte Verlagerung eines Immobilienkredits in einen Bankgesellschaftsfonds ein.

Am 6. Dezember 1999 traf sich der Aufsichtsrat der IBG, um über das heikle Vorhaben mit 10.000 Plattenwohnungen von der in Schwierigkeiten geratenen Aubis-Gruppe zu entscheiden. Die Berlin Hyp hatte in der Zwischenzeit fast den gesamten Bestand von Aubis durch einen Nießbrauchvertrag übernommen und in Einzelobjektgesellschaften mit der Hilfe von Christian Lauritzen versteckt. Auch sie sollten in die Immobilienfonds transferiert werden. Zunächst hatte man – wie gewöhnlich – ein Gutachten, dieses Mal von der Wirtschaftsprüfungsgesellschaft KPMG, eingeholt, das die Sanierungsfähigkeit der Immobilien bestätigte – selbstverständlich. In der Aufsichtsratssitzung erklärte sich der Mann mit der Ölkanne, Manfred Schoeps, bereit, »die Berlin Hyp bei der Verwertung des Immobilienbestandes durch Übernahme in mehrere IBV-Fonds zu unterstützen«. Rupf stellte laut Protokoll fest: »Durch das vorgeschlagene Konzept würden die Probleme der Berlin Hyp mit Aubis nicht gelöst, sondern nur zeitlich verlagert. Die Imagewirkung nach außen sei bei einer derartigen Aktion maßgeblich.« Die Lage mußte damals äußerst angespannt gewesen sein. Im Protokoll steht es schwarz auf weiß: »Bei dem Vorhaben handele es sich um eine Sanierungsmaßnahme der Berlin Hyp, zu der Herr Landowsky im Moment keine andere Alternative sehe.« Nirgendwo haben wir einen eindeutigeren Hinweis auf die vorsätzliche Verlagerung der Risiken aus der Bank in die Immobilienfonds als in diesem sonst unbekannten Protokoll.

Erneut ist es der rätselhafte Ulf-Wilhelm Decken, der die Stimme der Vernunft hebt: »Herr Decken moniert die kurzfristige Einreichung dieser brisanten Vorlage.« Außerdem will er das komplette Gutachten der KPMG sehen. Er und sein Vorstandskollege Jochem Zeelen stellen formal die richtigen Fragen und Forderungen. Trotzdem werden sie von den anderen Aufsichtratsmitgliedern überstimmt. Knapp ein Jahr später mußten Decken und Zeelen den Vorstand der Landesbank verlassen. Wolfgang Rupf und Norbert Pawlowski, die diese Rettungsaktion für Klaus Landowsky befürworteten, durften im Amt bleiben. Dank des danach offengelegten Bankenskandals kam es nicht mehr dazu, diese zweite marode Masse von Aubis-Plattenbauten in die Immobilienfonds der Bankgesellschaft zu verschieben. Das Ergebnis wäre verheerend gewesen.

Um sich zu schützen, entwickelt der Taktiker Rupf eine geniale Strategie. Als er Wind davon bekommt, daß ein parlamentarischer Untersuchungsausschuß eingesetzt werden wird, fängt er an, reihenweise Manager zu kündigen und mit Strafanzeigen zu überziehen. Ohne Zweifel hätten viele davon seit Jahren aus ihren Ämtern katapultiert werden müssen und gehörten möglicherweise hinter Gitter – andere wiederum hatten sich nichts zu Schulden kommen lassen. Das einzige Motiv für diesen Vorstoß war vermutlich ein anderes: Sie hätten die Möglichkeit gehabt, Rupf und die Bankgesellschaft vor dem Ausschuß detailliert zu belasten. Irgendwie mußten sie zum Schweigen gebracht werden. Insofern waren die Kündigungen bzw. Strafanzeigen ein genialer Schachzug: Denn sobald Personen mit Arbeitsgerichts-, Zivil- und Strafprozessen konfrontiert sind, raten ihnen ihre Anwälte, keine Aussage mehr vor einem Untersuchungsausschuß und der Staatsanwaltschaft abzugeben.

Die meisten der diesen Kündigungen folgenden Arbeitsprozesse verliert die Bank übrigens. Die Kündigungen entbehren meist jeglicher juristischen Relevanz. In den Prozessen, denen ich als Zuhörer folgte, habe ich noch nie so unflätige Bemerkungen von Seiten der Richter über die Arbeitgeber-Argumentation gehört. Rupf kann das jedoch egal sein. Es kostet ihn nichts, die Bank bezahlt die Rechnung und somit letzten Endes der Steuerzahler. Er läßt die Bank von teuren Anwaltskanzleien vertreten und zusätzliche Gutachten zu verschiedenen juristischen Aspekten dieser Prozesse erstellen – natürlich mit Geld aus der Bank. Obwohl die Bank die meisten Prozesse haushoch verliert, geht sie in vielen Fällen in die Berufung. Alles wird noch teurer. Rupf scheut die Kosten nicht: Prozeß heißt nämlich Aussageverweigerung und Aussageverweigerung bedeutet Schutz für Rupf.

Rupfs Kündigungswelle hat einen weiteren, offensichtlichen Vorteil. Mit einem Mal gibt es viele gut bezahlte freie Stellen, die besetzt werden müssen. Bei der Stellenneubesetzung spielt selbstverständlich der Bankchef und Aufsichtsratsvorsitzende aller wichtigen Teilbanken und deren Töchter, Wolfgang Rupf, die Schlüsselrolle. Es bietet sich die Chance, Freunden und Bekannten einen Gefallen zu tun – und vielleicht erinnern sie sich zu einem späteren Zeitpunkt einmal daran, sollte es bei möglicherweise künftigen juristischen Auseinandersetzungen gegen Rupf selber gehen. – All das schützt Rupf jedoch nicht vor unangenehmen Fragen, wie zum Beispiel über die vielen Hornbach-Märkte, die sich in den Immobilienfonds der Bankgesellschaft befinden und über Rupfs zufällig sehr enge Verbindungen zu dem Hornbach-Unternehmen. Oder über die bankeigene Villa, in der er wohnte, die nach seinen persönlichen Wünschen außerordentlich exklusiv ausgestattet wurde.

Gefährlicher noch als seine Selbstbedienungsmentalität ist Rupfs Vorgehensweise in der Bank. Dort passiert nämlich gar nichts. Statt eine Sanierung vorzunehmen, werden unzählige teure Gutachten zum Thema Sanierung bestellt. Und wie jeder aus dem Bankgewerbe weiß: Wenn in einer Bank nicht gehandelt wird, kann auch kein Gewinn entstehen. Im Gegenteil. Durch Nichtstun werden Verluste potenziert. Bei der IBG und IBAG wird diese Politik des Abwartens fatal. Schaperjahn, Vorstand der IBAG, erlitt einen Kreislaufkollaps und steht der Bank nicht mehr zur Verfügung. Kurz danach wird er von der Bankgesellschaft gekündigt.

Die IBG hat Milliarden Euro in Vorratsimmobilien und Restanten – aus Projekten übriggebliebene Wohnungen –, die verkauft werden sollen. Auch bei den Fondsimmobilien mit ihren zunehmenden Vermietungsschwierigkeiten muß gehandelt werden. Doch Rupf legt alles auf Wiedervorlage und bestellt inzwischen ein teures Gutachten von der Beratungsfirma Roland Berger zum Thema: »Restrukturierung und Strategische Neuausrichtung der IBAG«. Die Mitarbeiter von Roland Berger stellen fest, was ohnehin jeder weiß: »Die IBAG befindet sich heute in einer tiefen Krise.« Die Berater entdecken, daß ein Großteil der früheren IBG marode ist. Das Bauträgergeschäft, zum Beispiel, hatte seit 1998 Verluste produziert und wurde über Jahre mit Vermittlungsgebühren des Fonds-Initiator, den IBG-Konzern, subventioniert. Merkwürdigerweise hatten die Wirtschaftsprüfer der IBG, die BDO, nichts davon gewußt. Die Lösung von Roland Berger ist die, die Berater immer vorschlagen: Personal abbauen. Es blieb nur noch die läppische Frage offen, wer die Milliarden Immobilienrisiken nun sanieren soll?

Die IBG und IBAG sind paralysiert. Fünf Monate lang wird quasi ein Zahlungsmoratorium eingelegt. Durch dieses abermalige Nichtstun werden weitere Millionen, wenn nicht Milliarden an Werten vernichtet. Dazu kommen viele hausgemachte Probleme. Der von Schoeps kreierte, erstmals als Aktiengesellschaft konzipierte Immobilienfonds »Universal 1« war ein Flop und ließ sich kaum vermarkten. Es blieb der Bank nichts anderes übrig, als das ganze Unternehmen rückgängig zu machen. Nach vorsichtigen Berechnungen für Entschädigungen, Ausgleich für entgangene Erträge und Wertverlust der Immobilien hat die ganze Aktion die Bank rund 125 Millionen Euro gekostet. Die Immobilien der Fonds, wie das Hotel an der Rennbahn Lausitzring, heute eine Bauruine, kehren wieder zu den Vorratsimmobilien zurück.

Auch der neu aufgelegte Immobilienfonds Deutschland 4 gerät zum Fiasko. 2001 wurde in einem Bericht der Fondsvertriebgesellschaft der Bank, der IBV, registriert, daß viele der Immobilien des ursprünglich im Jahr 2000 mit 58 Immobilien konzipierten Fonds nur Verluste einfahren würden. Die Immobilien, »die zunächst keine Mieteinnahmen erbringen und/oder jetzt eine schlechte Mietprognose haben, wurden ebenso ausgeschlossen wie Objekte mit nicht ausreichender Rentabilität«. Der schon gedruckte Prospekt mußte eingestampft werden, da nach diesen Kriterien nur 27 Objekte profitabel waren. Doch auch der Bericht zu diesen 27 Immobilien enthielt zum größten Teil nur negative Bemerkungen wie »Baukosten zu hoch, Grundstückspreis zu hoch« oder »Anschlußvermietung fraglich«.

Diese Informationen aus der IBV gab ich an den Anlegerschützer Heinz Gerlach weiter mit der Bitte um seine Einschätzung. Nach dem Studium des Materials meldete sich Gerlach sogleich bei der IBV und ließ die Chefetage wissen, daß er über die Hintergründe informiert sei, und sollte der Fonds in dieser Form aufgelegt werden, gäbe es Konsequenzen wegen Prospektbetrugs. Zum Ende des Jahres 2001 erscheint der Fonds Deutschland 4 endlich auf dem Markt – allerdings mit nur elf Objekten, wovon sechs aus den ursprünglich 58 Immobilien stammen. Die schlechten Immobilien kehren in die Ansammlung von Vorratsimmobilien zurück. Interessanterweise sind vier der elf Fondsobjekte Baumärkte von Hornbach. Interessant, weil man in der Bank in der jüngsten Vergangenheit entdecken mußte, wie heikel »Klumpenrisiken« sein können, das heißt Risiken für ein Bündel von Objekten, die aber alle über nur ein- und denselben Mieter oder Betreiber verfügen. Risikomanager sprechen von einer Häufung von Risiken. Ein ordentlicher Kaufmann würde das niemals tun, vor allem wenn er selbst für die Risiken einstehen muß. Sollte nämlich dieser eine Mieter in Schwierigkeiten geraten, kämen gleichzeitig mehrere Fonds in die Problemzone, und wegen der hohen Ertragsanteile der Klumpenrisiken im jeweiligen Fonds können diese Probleme dann beträchtlich sein. Die IBV schert sich um solche Vorsichtsregeln nicht.

Doch mittlerweile scheinen die Anleger dies nicht mehr mitmachen zu wollen: Für den Fonds Deutschland 4 fehlt es an Fondszeichnern. Ende 2002 mußte die Bank Eigenkapital von rund 25 Millionen Euro aufwenden, um diesen – wahrscheinlich letzten – Fonds entsprechend der gegebenen Garantie zu schließen.

Gerade als die Bankgesellschaft den Fonds Deutschland 4 mit so auffällig vielen Hornbachmärkten auflegte, machte sie mit der Deutschen Seniorenförderung und Krankenhilfe e.V. (DSK) und ihrer Betriebsgesellschaft »Pro Seniore« –, dem größten Pflegeheimbetreiber der Bundesrepublik, die Klumpenrisiko-Erfahrung. Rund 25 Seniorenresidenzen und Pflegeheime befinden sich in den Immobilienfonds der Bankgesellschaft.

Ende 2001 hatte ich zum Fonds Deutschland 3, der zu dieser Zeit noch nicht geschlossen war, die Information erhalten, daß die zwei Objekte der DSK, Seniorenwohn- und pflegeheime in Erkelenz und Eschweiler, ihre Pacht nicht bezahlten. Erneut wandte ich mich an Heinz Gerlach, um seine Meinung dazu einzuholen. Er konfrontierte damit die Fondsemittenden der Bank, die Firma IBV, und bekam eine seltsame, jedoch typische

Antwort: »Aufgrund der abgeschlossenen Mietgarantie-/Generalmietverträge erhalten die Fonds die Mieten unabhängig vom tatsächlichen Eingang der Mieten in einer Summe vom Garantiegeber, der IBG. Insofern entsteht den Anlegern selbst dann kaum Nachteil, wenn es bei der DSK zu Mietausfällen kommen könnte.« Mit anderen Worten, es ist ihnen egal, ob Pacht bezahlt wird. Die Fonds haben eine Garantie von der Bank, und die Bank eine Garantie vom Land Berlin. Kein Wunder, daß nur einen Monat später die IBV eine Werbekampagne zu ihrem Fonds Deutschland 3 mit der Überschrift »So ein Fonds kommt nie wieder«, lanciert. In der Tat. Solche Fonds dürfen nie wieder kommen.

Im Februar 2002 tauchen erste Berichte auf, daß die DSK für sämtliche Objekte in den Immobilienfonds der Bankgesellschaft ihre Pacht eigentlich nie bezahlt hatte – angeblich wegen Baumängeln. Am 27. November 2002 läßt die Staatsanwaltschaft Saarbrücken Hartmut Ostermann, Chef der DSK (außerdem Präsident des Fußballclub 1. FC Saarbrücken) und eine Geschäftsführerin seiner Unternehmensgruppe verhaften. Es besteht der Verdacht der Steuerhinterziehung und Untreue in der vermuteten Höhe von 17 Millionen Euro. Laut Staatsanwaltschaft Saarbrücken kam Ostermann dank einer Kaution in Höhe von 500.000 Euro während der Ermittlung wieder frei, jedoch mit Meldeauflagen.

Die Ironie liegt darin, daß am 16. August 1999 die Wirtschaftsprüfungsgesellschaft BDO eine Stellungnahme zur Bonität des Deutsche Seniorenförderung und Krankenhilfe e.V. erstellt hat. Als Schlußbemerkung schrieben die BDO-Prüfer: »Zusammenfassend ist festzustellen, daß sich sowohl die Liquiditätssituation als auch die Vermögens-, Finanz-, und Ertragslage der DSK und der DSK-Gruppe zum 31. Dezember 1998 positiv darstellen. Die Bonität kann als gut eingeschätzt werden.« Kaum anderthalb Jahre später, am 14. Mai 2001, stellt die BDO in einem Bericht an die IBG fest, daß für das Klumpenrisiko der Deutsche Seniorenförderung und Krankenhilfe e. V./Pro Seniore Unternehmensgruppe Rückstellungen wegen drohender Verluste von 26,5 Millionen Euro nötig waren.

Wie so oft bei solch positiven Berichten der BDO gab es erneut warnende Stimmen innerhalb der IBG. Fast zur gleichen Zeit der BDO-Lobeshymne gab es ein Schreiben des Konzernkreditbüros der IBG zur Bonitätsprüfung der DSK, in dem vom Konzernkreditbüro weitergehende

Unterlagen zur Bonitätsprüfung angefordert wurden und bis dahin von weiteren Engagements gegenüber der DSK abgeraten wird, mindestens solange kein abschließender Einblick möglich ist. Für Schoeps, notiert ein IBG-Protokoll, bleibt dieser Brief seines eigenen Konzernkreditbüros in der IBG »unverständlich.

Doch Schoeps hätte es mehr über die DSK erfahren können, denn der neue Leiter der Bavaria Niederlassung Stuttgart, einer Tochterfirma der IBG, hieß zu dieser Zeit Helmut Müller. Nach Schoeps Angaben war Müller davor Direktor der DSK-Gruppe gewesen.

Bevor Helmut Müller zur DSK ging, war er Fraktionschef der SPD im Stadtrat und dann Bürgermeister von Saarbrücken. Er wurde von seiner Partei als Vorstandsmitglied in die Sparkasse Saarbrücken gehievt. Er wurde sogar zum Präsidenten des Saarländischen Sparkassen- und Giroverbands gewählt. Beide Ämter räumte er bald danach, als 1995 durch Enthüllungen der »Saarbrücker Zeitung« ruchbar wurde, daß er und der Vorstandsvorsitzende der Sparkasse Bordellrechnungen von einem windigen Finanzjongleur bezahlen ließen, der von der Sparkasse verdächtig günstige Kredite erhielt. Müllers Amtsbruder beging daraufhin Selbstmord. Die Strafanzeige gegen Müller wurde von der Saarbrücker Staatsanwaltschaft eingestellt. Müller erhielt von der Sparkasse einen Auflösungsvertrag, wobei er bis zum Rentenalter ein garantiertes Einkommen von 100.000 Mark jährlich erhält. Solch großzügiger Umgang mit Bankvorständen scheint also Tradition in allen Regionen der Bundesrepublik zu haben.

Nachdem Müller bei der IBG weitere Geschäfte mit der DSK vorantrieb, stieg er zum Geschäftsführer des Fondvertreibers der Bankgesellschaft, IBV, auf. Erst 2002 wurde er fristlos gekündigt, weil er dem Rettungsplan für den in Schwierigkeiten geratenen Gardelegen/Bad Freienwalde Fonds zugunsten der Anleger zugestimmt hatte.

Das DSK-Abenteuer konfrontiert die Bankgesellschaft und den Steuerzahler mit einer neuen Problematik. Versucht die Bank nämlich, ihr Geld von der DSK einzutreiben, stürzt sie die DSK höchstwahrscheinlich in die Insolvenz. Nicht nur ist die ausgebliebene Pacht – um die 70 Millionen Euro, schätzen Insider – weg, sondern viele der Seniorenheime würden zugemacht, ohne Aussicht auf einen neuen Mieter – ein wahres Fiasko. Um das zu verhindern, scheint die Strategie der Bankgesellschaft zu sein, die Schulden der DSK in Nachrangkredite umzuwandeln und damit praktisch Mitunternehmer bei der DSK zu werden. Dadurch könnte das Land Berlin bald stolzer Mehrheitseigner des größten – und marodesten – Pflegeheimbetreibers der Bundesrepublik werden.

Während Rupf und die Berliner Politik die Bank verfallen lassen und Milliardenverluste entstehen, konzentriert sich die SPD auf die Macht. Am 16. Juni 2001 wurde im Zuge des »Landowsky-Skandals« erstmals in der Nachkriegsgeschichte Berlins der Regierende Bürgermeister, der Herr der Superlative Eberhard Diepgen, durch einen Mißtrauensantrag abgewählt. Nun besitzen die SPD und die Grünen die Regentschaft in Berlin – und alles setzt sich fort wie gehabt.

Berlins Politik will erneut ein großes Ding drehen. Sie wollen nicht nur die Bank loswerden, sondern glauben auch noch, dabei einen Reibach machen zu können. Die Politiker der SPD und der Grünen haben offensichtlich immer noch nicht die Dimension der Krise in der Bankgesellschaft begriffen. In Gesprächen mit ihnen erfährt man, daß die Bank »viel wert« sei, und weiter: »Jetzt wollen die kapitalistischen Haie ein Schnäppchen machen.« Nicht nur wollen sie das Geld wiederbekommen, das Berlin für die Eigenkapitalerhöhung zugeschossen hat, sondern sie glauben, daß sie noch mehrere Milliarden dazu verdienen können.

Einer stört diesen Glauben nicht – Wolfgang Rupf. Er liefert dem Aufsichtsrat ein teuer erstelltes Sanierungskonzept nach dem anderen. Für Consultingfirmen ist Berlin zum Schlaraffenland geworden. Man kann sich vor gutdotierten Aufträgen der Bankgesellschaft kaum retten.

Die einzigen, die einen Handlungsbedarf sehen, sind die Vertreter der Arbeitnehmer im Aufsichtsrat der Bankgesellschaft. Über die Jahre hat die Bankgesellschaft für viele Tausende von Mitarbeitern – viele davon überflüssig – Lohn und Brot mit zahlreichen und üppigen Gehältern und Sonderleistungen verschafft. Diesen Mitarbeitern wurde der Bestand ihrer Arbeitsplätze mit Hilfe der beteiligten Gewerkschaften versprochen, und Schutz vor »betriebsbedingten« Kündigungen. Dafür machten sie in den Aufsichtsräten gemeinsame Sache mit den Vorständen. Doch jetzt erkennen sie die Gefahr der Stunde. Im Juli 2001 wollen sie einen Antrag zur sofortigen Abberufung von Rupf stellen. Dafür brauchen sie die Stimmen von 75 Prozent der Aufsichtsratsmitglieder – folglich auch von der Arbeitgeberseite, bei denen sie sich aber nicht sicher sind. Doch die Politik, die bis zu den Wahlen im Oktober keinen Rupf- oder Bankenskandal will, setzt einen angeblichen Kompromiß durch. Rupf soll bis zur Hauptversammlung am 29. August 2001 bleiben. Der Antrag auf sofortige Entlassung wird daraufhin von den Arbeitnehmervertretern zurückgezogen.

Ein seit Jahrzehnten die Berliner Polithalbwelt beobachtender Anwalt berichtet mir über seine Einschätzung, die auf fundiertem Wissen basiert, der Abläufe im zweiten Halbjahr 2001 folgendes: Die Kapitalerhöhung im Juli 2001 wurde vom Wowereit-Wieland-Senat kurz nach dessen Inthronisierung beschlossen. Im Laufe des Sommers und Herbst hatte die Bank jedoch dieses frische Kapital verfrühstückt. Die Mitglieder des rot-grünen Senats wußten selbstverständlich schon zu dieser Zeit, daß die Kapitalerhöhung bereits im Jahre 2001 nahezu aufgebraucht würde, um das laufende operative Geschäft der Bank zu finanzieren, und daß bereits im Jahre 2002 die Frage der zusätzlichen Sicherheitsgewährung für das Land Berlin erneut auf der Tagesordnung stehen würde. Sie wußten auch, die Risiken in Wahrheit noch nicht abzusehen waren, insbesondere daß die Risiken aus den Immobilien- und Fondsgeschäften, aber auch das operative Geschäft der Banken nicht mehr auskömmlich war. Anders gesagt: Sie waren sich im Klaren, daß die Bank ein Faß ohne Boden war.

Sie wußten, daß die Konkursalternative bedeutet hätte, daß mit den Gläubigern, also auch den Zeichnern der Fonds, aber auch dem kopfstarken Heer der Arbeitnehmer, der Versorgungsberechtigten, der Direktoren und Manager, den Aufsichtsratmitgliedern und den Kreditnehmern, kurz mit allen Kostgängern der Bank bei Konkurseintritt sofort über einen »gerechten« Interessen- und Forderungsausgleich hätte verhandelt werden können. Der Konkurs bedeutete die große Chance, die Erfüllung der Mietgarantien und Andienungsgarantien zu verweigern, überflüssige und nicht mehr benötigte Arbeitskräfte »abzubauen« und die Versorgungsansprüche der ungetreuen Managementblase zu beschneiden. Sie wußten, daß damit auch die Auseinandersetzung mit den Gläubigern aus den Fondsgeschäften erleichtert worden wäre, denen ohnehin entgegenzuhalten ist, daß sie die Unauskömmlichkeit der Versprechungen der Bank hätten erkennen müssen, und oftmals auch erkannt haben, also kaum auf den Bestand ihrer faulen Forderungen vertrauen durften.

Alle Berliner »Spitzenpolitiker« aller Parteien, natürlich auch die grünen Senatoren, wußten im entscheidenden zweiten Halbjahr 2001, daß im Konkursfalle keineswegs die Sparguthaben von Tante Frieda gefährdet waren. Gleichwohl hat keiner der beteiligten Senatoren (die Grünen stellten immerhin den Justiz- und die Wirtschaftssenatorin bis zum 17. Januar 2002), aber auch keine der beteiligten Fraktionen die Konkursvariante ernsthaft auf die Tagesordnung gesetzt. Sie haben das Berliner Wahlvolk aktiv an einer Entscheidung über die Zukunft der Bank gehindert, indem sie es im Wahlkampf über die wahre Lage der Bank getäuscht haben. Dabei traf die grünen Senatoren besondere Verantwortung für eine schonungslose und wahrhaftige Aufklärung, weil von der SPD, die selbst tief verstrickt war und zahlreiche eigene Leichen in den Kellern der Bank verbarg, ohnehin niemand eine ehrliche Bestandsaufnahme erwartete. Aber eben von den früheren Kritikern des Bankbiotops, den Grünen. Ihr Schweigen nährte die eitle, gleichwohl verständliche Hoffnung der Berliner, daß es so schlimm schon nicht stehe, und daß es so weiter gehen könne wie bisher. Die Placebo-Aktivitäten des grünen Justizsenators Wieland, der unfähige Staatsanwälte an Randerscheinungen des Vorgangs setzte, um damit der Öffentlichkeit weiszumachen, daß die »Ermittlungen« den Vorgang aufklären und den Schaden begrenzen würde, halfen die nächste Ausbeutungsrunde des Berliner Fiskus, die »Risikoabschirmung«, vorzubereiten.

Selbst nach der verlorenen Wahl vom 21. Oktober 2001, als überhaupt kein Grund für die abgewählten Grünen mehr bestand, »staatstragend« an der Vertuschung und Verdeckung des wahren Ausmaßes des Skandals mitzuwirken, schwiegen deren Politiker und überließen das Feld den Protagonisten der Theorie des Schreckens ohne Ende. In der Zeit der rot-grünen Landesregierung bis zum 17. Januar 2002, als die Wowereit-Gysi-Regierung an die »Macht« kam, wurde der Plan der »Risikoabschirmung« ausgeheckt und vorbereitet, denn bereits Ende Januar 2002 konnte der Europäischen Kommission ein »Sanierungsmodell« vorgelegt werden.

Wenn die Grünen getan hätten, was ihre Pflicht war, und was das Publikum von ihnen erwartete, wären möglicherweise bereits im Jahre 2001 die Risiken begrenzt worden auf die zu jener Zeit fälligen und materialisierten Forderungen. Ein sauberer und schneller Konkurs im Jahre

2001 hätte im Jahre 2001 den harten Schnitt bedeutet. Über Versorgungsansprüche des Bankenvorstands, eine wesentliche Abteilung der Beutegemeinschaft, würden heute keine Arbeits- und Zivilgerichte entscheiden, sondern – zunächst – Konkursverwalter, die im Gegensatz zu Berliner Landespolitikern das Sanierungsgeschäft verstehen. Es gäbe auch für die Anwälte der Verantwortlichen nicht mehr so viel auf Kosten der Bank zu verdienen.

Aus perverser Staatsräson und politischem Opportunismus wurde nicht einmal darüber diskutiert, so daß das Publikum nicht erfuhr, wie schlimm es in Wahrheit stand. Das trübt die heute vergossenen Krokodilstränen der Vertreter dieser Partei über das, was die rot-rote Regierung dann ins Werk setzte: die von Rot-Grün ausgeheckte und vorbereitete Risikoabschirmung.

In den kurzen Monaten der Regierungsbeteiligung der Grünen verloren auch diese ihre Unschuld. Diese Unschuld konnte ihnen die spätere Weigerung, am 9. April 2002 im Berliner Abgeordnetenhaus für die Risikoabschirmung zu stimmen, nicht wieder verschaffen. Durch ihre Teilnahme am Schweigekartell der Berliner Politik um das Milliardengrab der Bankgesellschaft halfen sie, der Öffentlichkeit im Wahlkampf des Spätsommer 2001, die Entscheidung über die tatsächlichen Alternativen über die Zukunft dieses Milliardengrabs vorzuenthalten.

Soweit die Einschätzung des Anwalts.

Während die Politik, allen voran Christiane Krajewski, SPD-Finanzsenatorin der Übergangsregierung, großartig von Konsequenzen für Rupf tönt, enthüllt Rupf dies alles als leeres Geschwätz. Am Tag vor der Hauptversammlung, dem 28. August 2001, bietet Rupf dem Berliner Senat seinen Rücktritt an. Die Politik rührt sich wieder nicht. Rupf bleibt vier weitere Monate im Amt.

Der Aufsichtsrat und die Berliner Politik glauben nach viereinhalb Jahren immer noch, mit Wolfgang Rupf den großen Bank-Sanierer zu haben. Sie stehen alle noch in seiner Schuld wegen seines Beitrags zur Schadensbegrenzung. Die Krise der Bank wird immer noch ausschließlich als Landowsky-Skandal begriffen. Jedoch wird auf Grund von neuen Enthüllungen in den Medien Rupfs Rolle als Verantwortlicher für den Skandal immer offensichtlicher. Man sucht nun langsam doch einen Nachfolger.

Ende November 2001 erhielt ich die Information, daß die Zahlen der Bankgesellschaft des dritten Quartals so mies waren, daß Rupf das Ergebnis dem Aufsichtsrat gar nicht erst vorgelegt hat. Diese Arbeit erledigten wir für Rupf. Trotz außerordentlicher Erträge von rund 300 Millionen Euro produzierte die Bank in den ersten drei Quartalen einen Verlust von 369 Millionen Euro. Alles deutet auf einen Jahresverlust für das Institut von rund 800 Millionen Euro hin. In einem längeren Artikel von Wolfgang Reuter im »Spiegel« vom 26. November 2001 zur Bankenkrise in der Bundesrepublik mit dem Titel »Wer ist der Nächste?« reichten diese Zahlen, um Rupfs Schicksal zu besiegeln.

Während der Senat vielleicht bestens informiert war, war das nicht der Fall bei dem Bundesaufsichtsamt für das Kreditwesen. Dieses Mal reagieren Jochen Sanio und seine Mitarbeiter. Eine klare Botschaft erreicht Berlin: Entweder die Bank hält ihre Eigenkapitalquote aufrecht oder die Lizenz wird ihr entzogen.

Am 30. November 2001, nach fast genau fünf Jahren bei der Bankgesellschaft, muß Wolfgang Rupf seinen Stuhl räumen. Der SPD ist er jetzt gleichgültig. Sie haben die Wahlen am 21. Oktober gewonnen.

Der Aufsichtsratsvorsitzende der Bankgesellschaft, Dieter Feddersen hat, wie sein Vorgänger Edzard Reuter, nicht den Anstand, nach dieser klaren Bankrotterklärung zurückzutreten. Aber Anstand war sowieso nicht Feddersens Stärke.

Ende 1999 hat der Landesrechnungshof Berlin moniert, daß die Kanzlei White & Case, Feddersen, in der Feddersen tätig ist, die Bankgesellschaft und deren Kontrollgremium in Rechtsfragen berät. Da es sich bei dieser Beratung um eine Kerntätigkeit des Aufsichtsrates handele, meinte der Rechnungshof, sei dies unzulässig. Feddersen ergriff den taktischen Rückzug: »Obwohl ich diese Auffassung für unrichtig halte, habe ich seinerzeit veranlaßt, daß sämtliche Honorare für unsere Beratungsleistungen bis zur endgültigen Klärung auf ein Anderkonto überwiesen wurden.« Erst einen Monat später, als die wahren Dimensionen des Bankgesellschafts-Desasters, das Rupf und Feddersen produziert hatten, deutlich werden, tritt Feddersen zurück. Nicht nur hatten Rupf und Feddersen erneut die Dividende vermasselt, sondern nun war aus dem Landowsky-Skandal ein weit bedeutenderer »Bankenskandal« geworden.

Der neue Vorstandsvorsitzende heißt Hans-Jörg Vetter. Er wurde bereits im November von Berlins Finanzsenatorin Christiane Krajewski in den Bankgesellschafts-Vorstand geholt. Einen Monat später ist er dessen Chef. – 1952 in Göppingen geboren, gilt Vetter als Immobilienspezialist. Er ist Bankfachmann – ohne ausgeprägte überregionale oder internationale Erfahrung. Er arbeitete sich zum stellvertretenden Vorstandsvorsitzenden der Landesbank Hessen-Thüringen hoch. Als es im Jahr 2000 um deren neuen Vorsitz ging, scheitert er mit seiner Kandidatur. Die Politik favorisierte Vetter, die Belegschaft lehnte ihn ab. Er verläßt daraufhin die Landesbank Hessen-Thüringen. Wie bei Wolfgang Rupf rettet die Bankgesellschaft erneut einen »EdeKa-Banker«, der steil von der Karriereleiter gestürzt ist. Die »Financial Times Deutschland« schrieb über Vetter: »Der Ruf, ein erfolgreicher Sanierer zu sein, eilt Hans-Jörg Vetter nicht voraus. Überhaupt ist der Göppinger bislang noch nicht besonders aufgefallen.« Doch wie Rupf vor ihm kann jetzt Vetter Jobs verteilen, und dank der Liquidation der für die Fonds vorgesehenen Vorratsimmobilien ist Vetter zum Immobilien-Mogul geworden. Er wird entscheiden, wer die Rosinen aus dem Kuchen picken darf und zu welchem Preis. Die Bankgesellschaft hat jetzt einen neuen Chef, doch immer noch keinen Sanierer.

Es sind nicht nur die operativen Verluste, die die Bankgesellschaft plagen. Die Risiken der Immobilienfonds – der drohende Verlust durch Rendite-Garantien – werden nach weiteren Prüfungen immer höher eingeschätzt. Die Prüfer von Ernst & Young waren mit ihrer Berechnung (die von Rupf, der BDO und Price Waterhouse Coopers unterdrückt wurde) auf der richtigen Spur. Die Fonds und Vorratsimmobilien drohen die ganze Bank erneut in die Insolvenz zu ziehen.

Um die Bank nicht pleite gehen zu lassen, unterzeichnet das Land am 17. Dezember 2001 eine Grundsatzvereinbarung mit der Bankgesellschaft. Darin erklärt sich Berlin bereit, daß das Land die Bankgesellschaft für die nächsten dreißig Jahre von den Risiken aus dem Immobiliendienstleistungsgeschäft, wie beispielsweise Miet- und Andienungsgarantien, befreit – zukünftige Kosten, die zu den bereits gewährten zwei Milliarden Euro Rettungsbeihilfen noch hinzukommen. Das Land koppelt den gesamten Immobiliendienstleistungsbereich (LPFV für die Risiken, IBAG für das operative Geschäft und IBG für das Altgeschäft) von der

Bank ab, um die Risiken zu übernehmen. »Abschirmung« nennt die SPD-Senatorin Krajewski diese Maßnahme, ein Begriff, den sie selber prägt. Richtig heißt es: Privatisierung der Gewinne und Sozialisierung der Verluste, der Griff nach Milliarden Steueraufkommen.

Außerdem muß das Land für die Risiken der Vorratsimmobilien, die für zukünftige Fonds erworben worden sind, aufkommen. Der Buchwert liegt angeblich bei rund drei Milliarden Euro. Viele dieser Objekte sind zweifellos zu teuer eingekauft worden, weswegen die Bankgesellschaft hierfür bereits im Jahr 2001 Rückstellungen in Höhe von 250 Millionen Euro gebildet hat. Bankinsider beziffern den Wertberichtigungsbedarf dagegen auf das Doppelte: mindestens eine halbe Milliarde Euro.

Trotz der Befreiung von den Risiken aus den Fonds und dem Immobiliendienstleistungsbereich wird die Krise im operativen Bereich der Bankgesellschaft mit neuen Täuschungsmanövern verschleiert. So wurde in der Grundsatzvereinbarung zwischen dem Land Berlin und der Bank bezüglich der Abschirmung geregelt, daß die Bank ihre Rückstellungen für drohende Verluste aus dem Immobilienfondsbereich verwenden darf, um »damit einen Bilanzgewinn im Geschäftsjahr 2001« zu ermöglichen. Diese Rückstellungen in fast Milliardenhöhe sind zum kleineren Teil durch Gebühren, die die Fondszeichner für die verschiedenen Garantien der Fonds bezahlen mußten, entstanden. Zum überwiegenden Teil sind sie aus der vom Land Berlin hauptsächlich getragenen Eigenkapitalerhöhung zustande gekommen. Jetzt werden diese Rückstellungen, die dem Steuerzahler zustehen, da er die Fondsrisiken übernommen hat, von der Berliner Politik verschenkt, um ein gutes Ergebnis bei der Bankgesellschaft zu erzielen. Damit soll der Mythos von einer Bankgesellschaft, die ohne Fondsrisiken »gesund« sei, aufrechterhalten und die Illusion, daß die Politik alles im Griff habe, fortgeschrieben werden. Nicht nur sollen die Steuerzahler die betrügerischen Finanzoperationen der Berliner Politik bezahlen, sondern sie werden gleichzeitig um das ihnen gehörende Geld betrogen.

Durch diesen kaltschnäuzigen Griff in die Immobilienfonds-Rückstellungen weist die Bankgesellschaft für 2001 außerordentliche Erträge in Höhe von 965 Millionen Euro aus. Ganz geht der Plan der Berliner Politik dennoch nicht in Erfüllung. Im Jahr 2001 verbucht die Bankgesellschaft trotz dieses Zuschusses ein Minus von 112 Millionen Euro. Ohne diese aufgelösten Rückstellungen, mit der das Land der Bank unter die Arme greift, und ohne andere »außerordentliche« Erträge hätte das Finanzinstitut ein Minus von über eine Milliarde Euro im Jahr 2001 melden müssen. Das drastische Defizit im operativen Geschäft wird so erfolgreich verschleiert.

Doch auch damit ist die Bilanztrickkiste von Vetter und der Bankgesellschaft noch nicht erschöpft. Die Bank hatte in Investmentfonds, die auf dem Eurostoxx 50 (ein Index von 50 wichtigen Aktien aus den EU-Ländern) basieren, rund eine Milliarde Euro angelegt. Im Jahresabschlußbericht für das Jahr 2001 schrieb die Wirtschaftsprüfungsgesellschaft Price Waterhouse Coopers, daß diese Investmentfondsanteile »zum Jahresende 286 Mio. Euro unter dem Buchwert« lagen. »Eine Abschreibung wurde nicht vorgenommen«, berichten die Prüfer weiter, da die Bank davon ausgeht, daß die Wertminderungen in den Euro-Stoxx basierten Fonds nicht dauerhaft sind.« So verschwinden Verluste ganz legal – mindestens für einige Zeit. In der Zwischenzeit hat der Euro-Stoxx-Index nochmals rund 35 Prozent eingebüßt.

Weitere Risiken verschwinden dank der tagtäglichen Unfähigkeit des Chef-Controllers der Bankgesellschaft, Norbert Pawlowski. Bei einzelnen Kreditnehmern im Ausland weiß die Bankgesellschaft gar nicht, was sie in den Büchern hat. So rügen die Prüfer, daß die Bank »die Sicherheiten derzeit nicht vollständig ermitteln« konnte für einzelne Kreditnehmer. Damit ist die Mängelliste aber noch nicht beendet: »Die Vollständigkeit der von der Bank ermittelten Brutto- und Nettoländerobligen des Konzerns kann von uns nicht abschließend beurteilt werden, da die Ermittlung der Länderobligen mit hohem manuellen Aufwand erfolgt. Bei der von uns in Stichproben überprüften Länderobligen für die Bankgesellschaft Berlin AG ergaben sich in mehreren Fällen Abweichungen bei den ermittelten Obligen und Sicherheiten.« 132 Millionen Euro an ungedeckten Länderkrediten mit akutem Risiko schlummern bei der Bank.

Man wundert sich ebenso über die hohe Bewertung von 125 nichtkonsolidierten Beteiligungen der Bank, die laut dem Jahresabschlußbericht einen Buchwert von 427 Millionen Euro haben. Doch einige dieser Beteiligungen produzieren hohe Verluste, der Rest kaum Gewinne. 2001 betrug die Verlustübernahme seitens der Bank 49 Millionen Euro aus vierzehn Gesellschaften. Auch hier seien Abschreibungen notwendig, die seit Jahren geflissentlich »übersehen« wurden, erklären Bankinsider.

Bei den Immobilienkrediten der Bankgesellschaft brennt es ebenso. Das Management Board der Bankgesellschaft erstellt zusammen mit der Unternehmensberatung Consart im Jahr 2001 einen Bericht, wonach 13 von insgesamt 45 Milliarden Euro der Immobilienfinanzierungen im Portfolio der Bankgesellschaft als risikobehaftet bezeichnet werden müssen. Dazu zählt auch die große Unbekannte: Kredite an Objektgesellschaften und Treuhänder außerhalb der Bankgesellschaft-Bilanzen. Laut dem Konzernprüfbericht der Bankgesellschaft für das Jahr 2001 erreichen diese Kredite Milliardenhöhe. Dazu zählt die »Dr. Christian Lauritzen Postbauer-Heng Gruppe« mit Krediten in Höhe von 232 Millionen Euro. In den Jahren 1999 und 2000 waren es über 700 Millionen Euro, wobei es auch einen Privatkredit von 814.000 Euro für Lauritzens Einfamilienhaus in Nürnberg gab. Wir wissen übrigens, daß Lauritzen die einzige Freistellungserklärung von der Bank besitzt, die von dem Bundesaufsichtsamt für Kreditwesen als wirksam anerkannt wurde. Dazu zählt das Schneider-Pleiteprojekt Unter den Linden. Zu diesem Kreis gehört auch die Caroline Weber Gruppe, die im Prüfbericht als »vormals Aubis« bezeichnet wird mit Krediten in Höhe von 351 Millionen Euro. Hier wurden die faulen Kredite der Aubis Gruppe aus der Berlin Hyp entsorgt – finanziert selbstverständlich von der Berlin Hyp selber. Frau Weber ist übrigens Mitarbeiterin der Firma »Dr. Lauritzen Consulting«. Dann gibt es die Dr. Hans Köning Roth Gruppe mit Krediten in Höhe von rund 1,2 Milliarden Euro. Köning ist Lauritzens Kanzleipartner. Bei allen drei Kreditgruppen gab es schon massive Einzelwertberichtigung, wahrscheinlich nur der Anfang einer negativen Entwicklung.

In der Bank tickt eine weitere Zeitbombe. 1992 wurde die landeseigene Wohnungsbaukreditanstalt, die Vorgängerin der Investitionsbank Berlin, auf die Landesbank Berlin übertragen. Dabei sind auch die Mittel der Wohnungsbaukreditanstalt in Höhe von damals zwei Milliarden Mark in die Landesbank »eingebracht worden«. Die müssen an das Land Berlin verzinst zurückgezahlt werden.

Man findet eine typische Berliner Lösung: Mitte Februar 2003 entscheidet der Senat, daß er diese Milliarden, sollten sie dem Land zuwachsen, sofort wieder in die Bank einlegen werde, in einer Höhe, die

die Insolvenz der Landesbank vermeidet. Gleichzeitig wird die Lernmittelfreiheit, das heißt das öffentliche Geld für die Lehrbücher der Berliner Schulkinder zur Disposition gestellt.

Am 22. Januar 2002 dürften Berlins Regierender Bürgermeister Klaus Wowereit und der neue Finanzsenator Thilo Sarrazin tief durchgeatmet haben. An jenem Dienstag wurde ein sogenanntes Sanierungskonzept für die Bankgesellschaft abgesegnet. Erstellt hat es die Unternehmensberatung Boston Consulting Group. Dieses Konzept wurde sogleich über das Bundesfinanzministerium bei der Wettbewerbsbehörde der Europäischen Kommission eingereicht. Wettbewerbskommissar Monti muß auf dieser Grundlage entscheiden, ob die vom Land Berlin bereits im Herbst 2001 gewährte Rettungsbeihilfe in Höhe von zwei Milliarden Euro das Placet der EU-Behörde erhält, die sogenannte »EU-Notifizierung«.

Eine gutachterliche Stellungnahme im Auftrag der Bank ist von einer positiven Entscheidung überzeugt; so heißt es im Konzernabschluß der Bankgesellschaft für das Jahr 2001: »Die Kommission wird vielmehr mit hoher Wahrscheinlichkeit entsprechend ihrer bisherigen Praxis bei Umstrukturierungsbeihilfen im Bankensektor unter Berücksichtigung der gravierenden negativen Folgen einer Insolvenz der Bankgesellschaft für das Bankensystem und für das Vertrauen der Öffentlichkeit nach Möglichkeit versuchen, eine Genehmigungsfähigkeit der Umstrukturierungsbeihilfen herbeizuführen, wenn auch unter strengen Auflagen, einschließlich der Verpflichtung zu einer zeitnahen Privatisierung der Bankgesellschaft.« Doch die Europäische Kommission hat ernste Zweifel an der Zulässigkeit der Beihilfe vom Land Berlin. Ihre Skepsis liegt darin begründet, daß durch diese Subvention marktmißbräuchliche Strukturen in der Bankgesellschaft erhalten werden.

Die gutachterlicher Stellungnahme der Bank kommt zu dem Schluß, daß man in Brüssel mit hoher Wahrscheinlichkeit die beantragten Umstrukturierungsbeihilfen genehmigen wird, wenn auch unter noch zu definierenden Auflagen und Beschränkungen.

Am 22. Januar 2002 ist business as usual in der Bankgesellschaft. Die Berliner Steuerzahler sind also nicht die einzigen, die getäuscht werden sollen. Auch der EU-Kommission unter Mario Monti soll das Märchen von einer Bank, die sich längst aus der Talsohle zieht, aufgetischt werden. Wie immer ganz oben auf der Agenda: Täuschen und Vertuschen.

Kapitel 12

Alles im Griff

Klaus Hansen gilt als Mann der Tat. Zu seinen bleibenden Verdiensten gehört die Übernahme einer 21,6 Milliarden Bürgschaft durch das Land Berlin für die maroden Immobilienfonds der Bankgesellschaft Berlin. Das war im April 2002. Heute verantwortet Klaus Hansen das Risikomanagement der Immobilienfonds der Bankgesellschaft und die Erstellung der Rechnungen an das Land Berlin. Das macht Hansen zu einem wichtigen Mann in der Stadt. Die finanzielle Zukunft Berlins hängt davon ab, daß die Rechnungen an das Land so gering wie möglich gehalten werden. Als am 9. April 2002 das Abgeordnetenhaus die massiven Fondsrisiken der Bankgesellschaft übernahm, ging man davon aus, daß die Benennung und Schätzung der Risiken sich in den sicheren Händen eines ordentlichen Kaufmanns befanden.

Diese sicheren Hände befinden sich am Ende der Arme von Klaus Hansen. Laut eigener Darstellung hat er mit diesen seinen Händen alles im Griff. Er steht heute nicht nur der IBAG vor, in der sämtliche Immobiliendienstleistungsfirmen der Bankgesellschaft gebündelt sind, sondern er zählt auch zu den Geschäftsführern der Banktochter LPFV Finanzbeteiligungs- und Verwaltungs GmbH, in die seit 2001 die Risiken der alten IBG verschoben sind. Die LPFV ist klein aber fein, sie ist das Nervenzentrum der Fondsrisiken und verwaltet 50 Fonds mit 40.000 Wohnungen, rund 600 Gewerbeobjekten und 70.000 Zeichnern. In der LPFV ruht die Hoffnung der Berliner darauf, daß die Risiken, für die sie allesamt einstehen müssen, viel geringer sind als befürchtet.

Hansen meint, die LPFV habe die Fondsrisiken unter Kontrolle. Der Manager schwärmt von seinem im Aufbau befindlichen Risiko-Controlling. Dort, im Kern des LPFV-Überwachungssystems, habe er »zwei hochkompetente Mitarbeiter«. Sie sollen die Grundlagen dafür schaffen, die »bestehenden Risiken auf Fonds- und Objektebene zu erkennen und kaufmännisch abschätzen«.

In einem Großraumbüro der Bank in der Nürnberger Straße 61/62 sitzen die LPFV-Mitarbeiter Daßau und Lemcke. Sie haben Probleme –

große Probleme. Sie ringen mit Zahlen und Daten, mit fachlich falschen Begriffen, die sich Verwirrung stiftend in ihrer Datenbasis festgesetzt haben. Sie stöhnen über fehlende EDV-Techniken, über nicht vorhandene Mittel zur Steuerung und Kontrolle von Kosten und Risiken. Sie vermissen ein leistungsfähiges Analyse-System. Beide schreiben im Juli an ihre Chefs, die im April für den Berliner Finanzsenator Sarrazin die Risiken über eine Zeit von mehr als zwanzig Jahren zu schätzen haben, daß »die Erfassung und Bewertung von Risiken nur auf Jahresbasis erfolgt« und daß die Eingabedaten, Rechenalgorithmen und Prämissen in den vorhandenen Risikomodellen [...] teilweise nicht der Garantie-Vertragsrealität« entsprechen. Und außerdem schreiben sie, daß sie »keine EDV-technischen Schnittstellen« zu anderen Systemen, wie zum Beispiel der Fondstochter der Bankgesellschaft, IBV, haben. Das heißt, im Juli 2002 ist es nach den vor Jahren erfolgten Mahnungen der Sonderprüfer Walther und Fasselt-Mette noch immer nicht möglich, Daten aus der IBV zu überspielen, also von dort, wo die tatsächlichen Risiken ganz aktuell monatlich bekannt sind: die Leerstände, die Mindermieten, die uneinbringbaren Forderungen an die säumigen Betreiber.

In der Etappe herrscht Verzweiflung. Wie es um die Arbeitsfähigkeit des für die Zukunft der Hauptstadt-Finanzen entscheidenden Risiko-Controllings steht, ist in dieser internen Vorlage vom Juli 2002 gnadenlos beschrieben. Unter dem Punkt »Fragen an das Risiko-Controlling« heißt es etwa: »Können alle vom Risk-Review-Komitee geforderten Kennzahlen bereitgestellt werden? Kann über jede Garantieart zeitnah und vollständig fondsbezogen informiert werden? Können neu auftretende Risiken schnell und umfassend bewertet werden? Und: »Ist zukünftig eine zeitnahe und transparente Abrechnung und Dokumentation gegenüber dem Land gewährleistet?« Unter den insgesamt acht Punkten die herausgehobene Antwort: Die Fragen sind überwiegend mit »Nein« zu beantworten. Damit haben Berlin und sein Finanzsenator, der alle Zahlen verantwortete, an die alle Abgeordneten glauben, dann offensichtlich doch ein Problem. – Diese Gemengelage, so der Schluß von Daßau und Lemcke, führe »zu einem erheblichen operationellen Risiko«. Und dieses Risiko bestimmt immerhin Berlins Zukunft.

Diese grundlegenden Probleme sind nicht neu. In dem Wirtschaftsprüfungsbericht von Price Waterhouse Coopers zum Jahresabschluß 2001 der Bankgesellschaft Berlin heißt es zur LPFV unter anderem, »daß die Lösung drängender Probleme nicht immer in dem Maße erfolgt, wie es im Sinne einer Schadenminimierung notwendig wäre«. Eine ernüchternde Beschreibung, die zudem noch als betont zurückhaltend gelten darf. In den derzeitigen Strukturen des Immobiliengeschäfts der Bankgesellschaft könnte die LPFV ihre, für das Land Berlin lebenswichtigen, Aufgaben selbst bei besserer Ausstattung nicht erfüllen. Denn die Arbeit der Risikocontroller basiert auf Daten zu Mindermieten, Leerständen, offenen Mietforderungen, Sanierungsstaus und anderen Einflüssen. Diese Informationen kann die LPFV nicht selber erheben. Sie ist auf die Zuarbeit der Immobilien Beteiligungs- und Vertriebsgesellschaft mbH IBV angewiesen.

Im Juli 2002 stellte der IBV-Betriebsrat fest: Durch die gegenwärtige Umstrukturierung innerhalb der IBAG-Vorgängerin IBG drohe »eine ernsthafte Gefährdung des laufenden Geschäftsbetriebs und damit drohende finanzielle Belastungen des Landes Berlin durch erhöhte Inanspruchnahmen aus Garantieverpflichtungen«. Das Fondscontrolling der IBG sei aufgelöst, dessen Aufgaben teilweise an ungeschulte Mitarbeiter übergeben. Eine massive Abwanderung von Wissensträgern auf praktisch allen Ebenen habe zu Engpässen im Personalbestand und zu Schwächen im know-how geführt.

Der sensible Bereich »Mietgarantien« hat bei Mitarbeitern der Bankgesellschaft den Ruf, in »desolatem« Zustand zu sein. Offenbar gibt es dafür Gründe. Laut Insider-Erkenntnissen habe die IBG im Jahr 2002 über mehr als 25 Prozent potentieller Mieten bei den Vorratsimmobilien keine genauen Informationen. Die für die Bürgschaftsleistungen Berlins entscheidenden Einnahmen können nur geschätzt werden. Bloß in wessen Interesse? Die Bankgesellschaft soll vierteljährlich einen Bericht zu den Risiken, die das Land übernommen hat, an Berlins Abgeordnetenhaus liefern. Maßgeblich daran beteiligt ist auch Klaus Hansen. »Das ist eine Kriegserklärung und kein Bericht«, beschwert sich ein Abgeordneter. In der Tat, die Information ist veraltet, unpräzise und knapp. Bewegt sich auch Klaus Hansen in der Tradition der Bankgesellschaft des Täuschens und Vertuschens?

Zweifellos, erklären seine Freunde, ist anzuerkennen, daß Klaus Hansen sich ernsthaft an die Aufarbeitung der Hinterlassenschaft von

Schoeps, Rupf, Pawlowski und Landowsky macht Er selber sei Opfer des geerbten Chaos.

Daß Hansen ausschließlich im Interesse des Landes handeln könnte, bezweifeln einige seiner Kollegen. Der Grund: Hansens enge Verbindungen zu der Beraterfirma Roland Berger sowie persönliche Verwicklungen in Fondsgeschäfte der Bankgesellschaft.

Wenige Menschen kennen Hansens Vorgeschichte in dem Berliner Geldinstitut: Hansen hatte nach vierzehn Jahren als Mitarbeiter der Berliner Bank das Geldinstitut am 1. Februar 2001 verlassen. Laut Handelsregister Berlin war Hansen sogar schon im Januar Geschäftsführer der Firma CMP Capital Management-Partners GmbH geworden. Zu den Gesellschaftern der CMP, die sich auf Kauf und Sanierung von angeschlagenen Firmen spezialisiert hat, gehört nicht nur die Bayerische Hypo- und Vereinsbank AG, sondern auch Roland Berger und einer dessen Topmanager, Karl Kraus, den Hansen als »mein Freund Charlie« bezeichnet. Man kennt sich. Karl Kraus, in der Branche als »die Machete« bekannt, war bei der Sanierung von Herlitz und Holtzmann dabei, und er präsentiert 2001 dem Aufsichtsrat der Bankgesellschaft auf Folien »wenig konkrete Pläne für die Zukunft«. Niemand wird überrascht sein zu hören, daß Herlitz und Holtzmann Großkunden der Bank AG sind.

Kaum sechs Monate nach seiner Einstellung legt Hansen sein Amt als geschäftsführender Gesellschafter der CMP am 30. September nieder und kehrt als IBAG-Vorstandsmitglied zur Bankgesellschaft zurück. Gleichzeitig tauchte bei der IBAG ein neuer Prokurist auf: Jan Duken, zuvor ein Mitarbeiter von Roland Berger. Dort war Hansens bisheriger Geschäftspartner »Charlie« Kraus seit Monaten mit der Restrukturierung der IBAG beschäftigt – angeblich ein Millionenauftrag. Einen möglichen Interessenkonflikt sieht Hansen nicht: »Aus früheren Projekten kenne ich die Leute von Roland Berger über viele Jahre hinweg und weiß deshalb, daß sie hervorragende Arbeit leisten.«

An diesem Punkt sind mögliche Interessenkonflikte von Klaus Hansen aber nicht erschöpft. Hansen gilt als geistiger Vater der Grundsatzvereinbarung und wichtigster Verhandlungsführer bei der Detailvereinbarung, über die das Land Berlin die Risiken der maroden Immobilienfonds der Bankgesellschaft mit 21,6 Milliarden Euro abdeckte. Er unterschrieb das Dokument als Vorstandsmitglied der IBAG. Eine Rettungsaktion mit

Steuergeldern, von der auch Hansen profitierte. Er besitzt nach eigenen Angaben Fondsanteile in Höhe von 500.000 Mark. Außerdem räumt er ein: »Ich habe Anteile an den Immobilienfonds an meinen Freundeskreis vermittelt .« Provisionen will er nicht erhalten haben.

Hansen und seine Mannschaft sollen nicht unkontrolliert bleiben. Das Land Berlin errichtet dafür die »Berliner Gesellschaft zum Controlling der Immobilien-Altrisiken mbH« (BCIA). Dafür wurde Peter Hohlbein zum Geschäftsführer ernannt. Hohlbein und SPD-Finanzsenator Thilo Sarrazin, der für die neue Kontrollgesellschaft zuständig ist, waren ehemals Kollegen in der Treuhand Liegenschaft Gesellschaft (TLG). Die neue Gesellschaft will ihre Aktivitäten Anfang 2003 aufnehmen. Man kann sich nur fragen, ob hier nicht eine weitere Arbeitsbeschaffungsmaßnahme für Freunde des Senats entsteht oder die Gesellschaft tatsächlich etwas unternehmen soll (und die Kompetenzen dafür besitzt), um die Risiken des Landes zu minimieren. Es droht eher ein hochbürokratisierter Apparat zu werden, gefüttert mit sehr teuren Gutachten zu allen Einzelfragen, ohne finale Entscheidungen, zuständig nur für »vorläufige Genehmigungen«. Die Lösungen der Berliner Politiker von heute werden nur zu oft die Probleme der Berliner Bevölkerung von morgen.

Aus den Unterlagen von Daßau und Lemcke wird deutlich, daß die Bankgesellschaft und damit das Land Berlin, als es die Fonds- und Immobiliendienstleistungsrisiken der Bankgesellschaft Berlin am 9. April 2002 übernahm, diese Risiken gar nicht überschaut haben.

Mit ernster Miene hatte Finanzsenator Thilo Sarrazin den Abgeordneten etwas von Worst-Case, Best-Case und Base-Case erzählt. Dabei erläuterten er und seine Pressesprecher ausgiebig die Geheimnisse hinter diesen drei Zauberformeln. Auf die Anfrage, ob die Zahlen überhaupt stimmten, gab es keine Antwort. Sogar Berlins Abgeordnete wurden mißtrauisch und forderten eine Hochrechnung der Risiken. Sie lag bei 21,6 Milliarden Euro.

Im Abgeordnetenhaus sind die Parlamentarier völlig überfordert. Man muß wissen, daß die Berliner Abgeordneten fachlich nicht gerade die kompetentesten sind. Ich glaube nicht, daß mehr als ein paar Prozent eine Bilanz lesen können, geschweige denn verstehen. Ich gehe davon aus, daß die meisten Abgeordneten keine Ahnung hatten, worüber sie abstimmten – heute möglicherweise immer noch nicht.

Als ich bei einigen Abgeordneten, die ich persönlich kenne, nachfragte, wer sie beraten hätte, war die Auskunft erschütternd. Als wichtigste Meinung galt die von Jochen Sanio, Chef der Bundesanstalt für Finanzdienstleistungsaufsicht, Nachfolgerin des Bundesaufsichtsamts für das Kreditwesen. Manager der Bankgesellschaft, die Wirtschaftsprüfer der Bank, die Senatoren und ihre Verwaltungen würden auch konsultiert. Das waren also die wichtigsten Berater der Berliner Abgeordneten.

Das bedeutet: Die vier Hauptverantwortlichen für den Bankenskandal, die Berliner Politik, die Bankmanager, das Bundesaufsichtsamt und die Wirtschaftsprüfer, beraten die Abgeordneten, ob der Steuerzahler die Verluste der Bank übernehmen soll! Wenn ich einer von diesen Beratern gewesen wäre, ich wüßte genau, was ich empfohlen hätte.

Was die Berliner Abgeordneten damals nicht wußten: Sie hatten an diesem Tag sämtliche Trümpfe in ihrer Hand – das Geld. Mit diesem unschlagbaren Argument in der Hand wurden sie Opfer eines großen Bluffs – und der kam ausgerechnet von Jochen Sanio, der beim Bankgesellschaft-Debakel über Jahre zugeschaut hat.

Gesichert ist die Tatsache, daß Bundesaufsichtsamtschef Sanio die Bankgesellschaft dichtzumachen drohte. Er prophezeite, berichteten Abgeordnete, man müsse irgendwann die Bundeswehr holen, damit sie Suppenküchen auf den Straßen Berlins aufstellt, weil die Berliner kein Geld mehr abheben könnten. Hätte Sanio die Bankgesellschaft dichtgemacht, hätte es auf jeden Fall einige unmittelbare Auswirkungen gegeben. Das System der Landesbanken in Deutschland hätte einen ernsthaften Schlag erhalten, wäre vielleicht am Ende gewesen. Keine Landesbank hätte weiterhin Kreditwürdigkeit besessen. Sie leben nämlich von der staatlichen Garantie, die hinter ihnen steht. Wenn ein deutsches Bundesland plötzlich sagt: »Wir bezahlen unsere Schulden nicht«, wäre es mit jeglicher Kreditwürdigkeit der deutschen Landesbanken. Der Ruf vom sicheren Bankenplatz Deutschland wäre erschüttert. Die Weltfinanzexperten hätten Antworten auf die richtigen Fragen – Fragen, die in der Bundesrepublik nicht gestellt werden – eingefordert. Auch die Neuverschuldung der Bundesrepublik bezüglich der Maastricht-Kriterien wäre ein Problem geworden – oder zumindest problematischer, als sie es derzeit ist. Die Schließung der Bankgesellschaft wäre das Finanzereignis des Jahres, wenn nicht des Jahrzehnts. Und Jochen Sanio – nach einer

Anstandspause – wäre wahrscheinlich als Frühpensionär in Vergessenheit geraten.

Zu diesem Szenario wäre es übrigens letztendlich nicht gekommen. Angeblich gab es schon mehrere Rettungspläne. Vielleicht wäre die Bundesregierung eingesprungen und damit sämtliche Steuerzahler der Bundesrepublik. Vielleicht hätten die anderen Landesbanken ihrer Schwesterbank unter die Arme gegriffen mit dem gleichen Ergebnis wie bei der ersten Lösung. Vielleicht hätten sich auch Privatbanken daran beteiligt. Wissen werden wir es nie. Die Mehrheit der Berliner Abgeordneten ist jedenfalls gleich in die Knie gegangen, ohne über solche Alternativen auch nur nachzudenken.

Ein besonderer Aspekt ist dabei die Rolle der PDS. Frisch zum Koalitionspartner der SPD gekürt, stimmte die Fraktion mit Ausnahme von zwei Abgeordneten für die Risikoübernahme. Schon bei dieser ersten Gelegenheit verriet die Partei ihre eigene Position aus Gründen der Machterhaltung. Entscheidend bei der PDS war Harald Wolf, damaliger Fraktionschef der PDS, heute Wirtschaftssenator, der seine Partei in Berlin aufgebaut hatte. Bei den Abgeordnetenhauswahlen Ende 2001 hatte die PDS die Christdemokraten fast eingeholt. Bei den Bundestagswahlen im Jahr 2002 haben die PDS-Wähler dann ihrer Partei die Stimme vorenthalten. Die Geschichte könnte Wolf dereinst beurteilen als den Mann, der die PDS ins Nichts führte. – Ich wohnte einer Veranstaltung der PDS im Jahr 2002 bei. Auf dem Podium saß Harald Wolf. Er versuchte, seine Entscheidung zu rechtfertigen. Ein aufgebrachter Zuschauer, wahrscheinlich PDS-Mitglied, brachte es auf den Punkt: »Sie reden wie einer aus der mittleren Managementebene der Bank. Wir haben Sie jedoch gewählt, um eine sozialverantwortliche Politik zu realisieren.«

Die Grünen und die FDP hielten dem Druck von Seiten des Senats, der Regierungsparteien und der Bankgesellschaft stand und stimmten en bloc gegen die Risikoübernahme durch das Land Berlin. Die oppositionelle CDU, die sich immer noch nicht von ihrer Filz- und Korruptionstradition trennen konnte, stimmte dafür oder enthielt sich der Stimme (einige, die Immobilienfondsanteile der Bankgesellschaft besitzen, stimmten nicht mit ab). Der Abgeordnete Alexander Kaczmarek war das einzige CDU-Mitglied, der dagegen votierte. In der PDS sprachen nur die Abgeordneten Freke Over und Bärbel Holzheuer-Rothensteiner ein klares

Nein. In der SPD hatten nur Hans-Georg Lorenz und Ulrike Müller so viel Mut, dem Druck ihrer Partei zu widerstehen. – Vielleicht sollte Berlin sich überlegen, eine Plastik, ähnlich wie für die Bürger von Calais, zu errichten, als Ehrung für die wenigen Abgeordneten, die dagegen stimmten.

Erneut erhielt Mario Monti Post aus Berlin. Erneut hatte das Land Berlin seine Bank subventioniert und brauchte sein Plazet. Nun mußten die deutsche Politik, Jochen Sanio, die Wirtschaftsprüfungsgesellschaften und die Manager der Bankgesellschaft Monti und seine Behörde bearbeiten. Nach dem 9. April 2002 hatte das Land Berlin nicht nur einen Zuschuß von fast zwei Milliarden Euro gegeben, sondern unübersehbare Risiken aus dem Immobiliendienstleistungsbereich der Bank übernommen (die Fonds, IBAG und IBG). Doch das Hauptproblem war damit immer noch nicht gelöst: Berlin hatte sich ein marodes Geldinstitut ans Bein gebunden. Die Hoffnung auf einen Verkauf lebt weiter. Was die meisten dabei nicht verstehen: gefeilscht wird nicht, wie sonst üblich, um einen Verkaufspreis, sondern darum, wieviel das Land Berlin an den »Käufer« zahlen muß. Bei dem desolaten Zustand der Bank muß jeder Investor davon ausgehen, daß seine potentiellen Verluste die möglichen Gewinne bei weitem übersteigen. Diese Schere tut sich in der gegenwärtigen Wirtschafts- und Bankenkrise der Bundesrepublik von Monat zu Monat immer weiter auf.

Anfangs gab es drei ernstzunehmende Bieter – zwei davon aus den USA. Das US-Konsortium BGB Capital Partners mit Ex-Goldmann-Sachs-Investmentbanker J. Christopher Flowers und die US-Beteiligungsgesellschaft Texas Pacific Group. Ursprünglich waren sie beide unabhängige Bieter, die später aber eine gemeinsame Offerte abgaben. Offensichtlich kennt das Konsortium die politische Komponente von Berlins Pseudobank. Das darf man schon erwarten angesichts des Beraterteams, das sie in dieser heiklen Angelegenheit engagierten: den ehemaligen Finanzminister Theo Waigel (CSU), den früheren Wirtschaftsminister Otto Graf Lambsdorff (FDP) und Ex-Bundesbankchef Karl Otto Pöhl (SPD). Diese Art Beratung nennt man Political Engineering – ein Wirtschaftszweig, der in der Bundesrepublik heutzutage wahrscheinlich Milliarden umsetzt.

Der zweite amerikanische Bieter ist die Investmentgesellschaft Lone Star. In ihrer Ecke befinden sich als Coaches nicht minder bekannte Namen: der frühere Außenminister Hans Dietrich Genscher (FDP) und Hans Friderichs (FDP), ehemaliger Chef der Dresdner Bank und vorher unter Kohl Bundeswirtschaftsminister.

Der dritte, einzige deutsche Bieter war die Norddeutsche Landesbank unter der Führung von Manfred Bodin, zusammen mit dem Deutschen Sparkassen- und Giroverband. Sie sind dann ziemlich frühzeitig ausgestiegen, da sie den Eindruck hatten, daß die Bankgesellschaft ihnen wichtige Bankunterlagen vorenthalten hatte. Es gab zuletzt Gerüchte, daß es eine SPD-Lösung mit Segen des Bundeskanzlers geben würde, wobei die Nord/LB die Bankgesellschaft übernehmen sollte. Mit der Wahlniederlage der SPD am 2. Februar 2003 in Niedersachsen dürfte diese Option wahrscheinlich auszuschließen sein.

Die Berliner Politik wie die potentiellen Investoren wissen, wieviel Wert beziehungsweise wie wenig Wert die Bank noch hat. Für das Land ist es dringend notwendig, die rund zwei Milliarden Euro Eigenkapitalerhöhung aus dem Jahr 2001 wiederzubekommen. Sie sollten – so lautet jedenfalls die Erklärung gegenüber der Europäischen Kommission – eigentlich als Überbrückungskredit fungieren, um eine Privatisierung der Bank zu ermöglichen.

Die zwei Milliarden dürften für keinen der Interessenten ein Problem sein. Diese Summe bezahlen sie gern an das Land Berlin – sofern sie diese zwei Milliarden Euro als Rendite wiederbekommen. Sie brauchen auch nicht genau zu wissen, wie hoch die Risiken der Bankgesellschaft tatsächlich sind. Dafür, sowie für die zwei Milliarden, soll nämlich das Land bürgen. Mit dem Rest, wie dem Retailbanking-Bereich, darunter der Sparkasse, werden sie einen Gewinn zu machen wissen, auch wenn das eine schnelle Veräußerung bedeutet.

Der Verkauf von Assets – die einzelnen werthaltigen Teile eines Unternehmens, die den Buchwert ausmachen – ist ihr Geschäft, sie rechnen mit 15 Prozent Rendite aus einer solchen Investition auf eine Zeit von sechs Jahren. Zu glauben, daß die Interessenten nach dem Studium der Akten entdecken werden, daß die Bankgesellschaft eine verkannte Goldgrube sei, ist ziemlich naiv. Die Interessenten sind international tätige »Raider«, die nur die kurzfristige Wertentwicklung der Assets interessiert, um sie schnell weiterzuverkaufen. Sie leben vom Zerschlagen und Weiterverkaufen. Wahrscheinlich ist, daß sie drei bis vier Jahre lang mit dem Senat über dessen Bürgschaft für Altrisiken verhandeln, die Bankgesellschaft in eigener Regie umstrukturieren und Assets herausverkaufen. Das kann dann so aussehen, daß sich Kunden der Bankgesellschaft plötzlich bei ganz anderen Banken wiederfinden. Zurück bleibt ein Gerippe, das einmal eine regionale Bank war. Dabei bräuchte Berlin wirklich eine regionale Bank, die an der Prosperität der Region interessiert ist, weil sie mit ihr lebt. Eine regionale Bank hätte eine andere Risikoneigung als internationale Banken, weil sie ihren Bankenplatz und die Kunden kennt. Sie wäre in ihrer Margengestaltung anders verpflichtet. Ein Raider oder irgend ein anderer internationaler Investor kann niemals Motor einer regionalen Entwicklung sein. Diesen Motor bräuchte das Land Berlin aber dringender als jemals zuvor.

Aber was machen die Vertreter des Landes Berlin? Sie machen den dritten schwerwiegenden Fehler – nach der Gründung der Bankgesellschaft und der Risikoübernahme. Sie bringen die in der Region marktbeherrschende Bank in die völlige Abhängigkeit von weltweit und kurzfristig agierenden Investoren, sie liefern die Zukunft des Landes und mehr als die Hälfte aller Bankkunden endgültig unkontrollierbaren Interessen aus.

Währenddessen tut die Bankgesellschaft das, was sie so exzellent kann – Verluste produzieren. Angesichts ihres zweiten Quartalsergebnisses 2002 gab die Bankgesellschaft ihrer Presserklärung die prahlerische Überschrift: »Konzern-Geschäftsentwicklung im ersten Halbjahr im Plan«. Es gab Verluste von »nur« 154 Millionen Euro. Nach dem dritten Quartal war die Überschrift der Pressemeldung ungewöhnlich lang – immer ein schlechtes Zeichen: »Bankgesellschaft Berlin: Sanierung zeigt Erfolg, Operatives Geschäft verbessert, Ergebnis nach Steuern durch Abschreibung belastet.« Wer die beiden Quartalsberichte kurz vergleicht, entdeckt, daß sich die Gewinnfelder in der Bank im dritten Quartal verringert hatten, während die negativen Ergebnisse, vor allem die Risikovorsorge, rapide zunahmen. Eine Abschreibung auf die im Anlagevermögen gehaltenen Euro-Stoxx-50-Fonds zog das Ergebnis nach Steuern hinunter bis minus 569 Millionen Euro. Nach Steinriede, Moser und Rupf reiht sich Hans-Jörg Vetter nahtlos in die Tradition der Spitzen der Bankgesellschaft ein.

Während ich dieses Kapitel schreibe, sind die Jahresabschlußberichte der Bankgesellschaft noch nicht abgeschlossen. Ein Blick in das interne

Papier »Hochrechnung Ergebnis 2002« der Bank zeigt ein weiterhin düsteres Bild, auch wenn Teile immer noch optimistisch ausgelegt sind. Ein Verlust von 627 Millionen Euro, allerdings vor Steuern, wird von der Bank vorausgesagt. Mit Ertragssteuern wird die Bankgesellschaft vermutlich das Jahr 2002 mit einem Minus von eher 700 Millionen Euro abschließen. Nur dank außerordentlicher Erträge ist diese Zahl nicht noch höher.

Hauptursache, laut »Hochrechnung«, sind die Verluste der Euro-Stoxx-Fonds, die bei 320 Millionen Euro liegen. Ein bitteres Fiasko des institutionellen Zockens. Auch die Berlin Capital Fund GmbH, der Versuch der Bankgesellschaft, sich im Venture-Capital Bereich zu profilieren, endete mit einem 45 Millionen Euro Minus. Die Johannes Evers BerlinOnline- und Inteligo-Abenteuer haben die Bank weitere neun bzw. 18 Millionen Euro gekostet. Die Risikovorsorge im Kreditgeschäft soll laut »Hochrechnung« bei 599 Millionen Euro liegen, 182 Millionen davon allein aus der Berlin Hyp.

Auch die IBG ist zu einem dunklen, tiefen Loch geworden. Für das Geschäftsjahr 2003 erwartet die IBG-Geschäftsführung einen Verlust von 13,2 Millionen Euro. Die IBG hatte offensichtlich im Jahr 2002 keine nennenswerten Einnahmen, und es ist in Zukunft auch nicht damit zu rechnen. Durch ihren Jahresverlust entsteht für die IBG ein nicht durch Eigenkapital gedeckter Fehlbetrag von rund acht Millionen Euro. Für das Jahr 2003 erwartet die Geschäftsführung ein Minus in Höhe von 16,7 Millionen Euro. Die IBG ist praktisch insolvent. Deswegen mußte die Bankgesellschaft für die IBG im Jahr 2002 in Höhe von 30 Millionen Euro zuschießen.

Als ob die Bankgesellschaft nicht schon genügend Probleme hätte, erreichte sie am 2. Juli 2002 ein Brief aus Brüssel – von der Europäischen Kommission. Darin führte die Kommission an, »die Landesbank Berlin habe nach vorläufiger Einschätzung für die übertragenen und von ihr nutzbaren Mittel der Wohnungsbaukreditanstalt von rund zwei Milliarden Mark eine marktgerechte Vergütung zu zahlen, die über die tatsächlich geleistete Vergütung (durchschnittlich 0,25 Prozent auf die von der Landesbank Berlin in Anspruch genommenen Beiträge) hinausgehe.«

In der Frage der Zinshöhe spielt Politik eine gewisse Rolle. Auch die Europäische Kommission ist sich des »TBTF-Faktors« (d.h. der Einschätzung, daß ein Konkurs wegen der politischen Dimension verhindert werden muß) bewußt. Trotzdem kann sie diese Beihilfe des Landes Berlin nicht ungesühnt lassen, da sonst die Privatbanken klagen könnten. Insider rechnen mit einer Zinszahlung von bis zu einer Milliarde Euro.

Price Waterhouse Coopers als Konzernprüfer der Bankgesellschaft wollen offensichtlich kein Risiko in dieser Frage eingehen. In der Aufsichtsratsvorlage der Bank heißt es: »Die Wirtschaftsprüfer des Bankgesellschaft-Konzerns haben keinen Zweifel gelassen, daß der Vorstand der Landesbank Berlin in deren Einzelabschluß und der Vorstand der BGB im Konzernabschluß wegen der eventuellen Wohnungsbaukreditanstalt-Rückforderung für das Jahr 2002 eine sehr erhebliche Rückstellung bilden müßten, die von der Landesbank Berlin und dem Konzern gegenwärtig bankaufsichtsrechtlich nicht verkraftet werden könnte.«

Nicht nur müßte die Landesbank Berlin eine Milliarde Euro an das Land zurückzahlen, sondern auch die anfallenden Zinsen. Eine solche Zahlung könnte die Landesbank und damit die Bankgesellschaft nicht leisten. Damit, so die Bank, träte folgender Fall ein: »Das Land Berlin ist als Anstaltsträger der Landesbank Berlin verpflichtet, der Landesbank die zur Erfüllung ihrer Aufgaben erforderlichen Mittel zur Verfügung zu stellen. Sollte die Erfüllung einer etwaigen Rückzahlungsverpflichtung der Landesbank Berlin dazu führen, daß deren Gesamtkapitalquote unter der für eine Fortsetzung des Geschäftsbetriebs unbedingt erforderlichen Wert sinkt, müßte das Land aufgrund seiner Anstaltslast die notwendige Kapitalausstattung bei der LBB wiederherstellen.« Also eine erneute Beihilfe für die Bank.

Die einzig wirklich gute Nachricht scheint die Tatsache zu sein, daß im Jahr 2002 die Garantien aus den Immobilienfonds nur in Höhe von 100 Millionen Euro in Anspruch genommen wurden. Ein Erfolg, meint die Bank. Kein Wunder, entgegnen Insider. Bei der Vereinbarung zwischen Land und Bank zur Übernahme der Risiken durfte der Fondsgarantieverwalter LPFV nur 100 Millionen Euro der für Garantien vorgesehenen Rücklagen behalten. Nur diese Summe stand der LPFV für das Jahr 2002 zu Verfügung. Mehr nicht. Es gibt genügend buchhalterische Möglichkeiten, Verluste in die Zukunft zu verschieben. Ab 2003 darf die LPFV anders berechnen. Von da ab bezahlt nämlich der Steuerzahler.

Kapitel 13

Die Bankrotterklärung

Während die Berliner Politik und das Management der Bankgesellschaft die Illusion verbreiten, daß mit ihrem Geldinstitut alles bestens bestellt wäre und von einer immer noch drohenden Insolvenz keine Kenntnis haben, gab es doch eine Bankrotterklärung. Die kam jedoch nicht von der Bank, sondern von der Berliner Staatsanwaltschaft.

Der Konkursverwalter war kein anderer als Berlins – mal-ist-er-es, mal-ist-er-es-nicht – Generalstaatsanwalt Hansjürgen Karge. Im Sommer 2002 erklärte er öffentlich zu den Verfahren gegen die Verantwortlichen des Bankgesellschaft-Desasters, daß man nicht zu viel erwarten solle. Es sei schwierig, Schuldige dingfest zu machen, meint der Generalstaatsanwalt, und viele Fälle seien in der Zwischenzeit verjährt.

Nachdem die SPD behauptete, daß es im Herbst 2002 zu Anklagen gegen führende Bankmanager kommen werde, wandte der Generalstaatsanwalt sich erneut an die Öffentlichkeit: »Daß eine Partei so etwas ankündigt, das hat es noch nicht gegeben«, erklärte Karge. Die Staatsanwaltschaft werde von der SPD gedrängt, unbegründete Anklagen zu erheben. Diese Bankrotterklärung Karges war ein ziemlicher Schock. Aufklärung und Anklage, das sind die Aufgaben der Staatsanwaltschaft in der Demokratie, und jetzt behauptet ihr höchster Vertreter, beides wird es wahrscheinlich nicht geben.

Um Karges Aussagen zu begreifen, muß man ein wenig über die Berliner Staatsanwaltschaft wissen. Man muß sich vorstellen, ein nettes Ehepaar entscheidet sich, einen Hund für die Familie zu kaufen – einen Dackel. Sie schauen sich einen ganzen Wurf kleiner Dackel an. Als sie den Zwinger, wo sich die kleinen Hunde befinden, betreten, ziehen sich alle knurrend in eine Ecke zurück – bis auf einen, der gleich herbei läuft, um Hände und Füße des Ehepaares leidenschaftlich zu lecken. Über die Jahre wird Rex – so nennen sie ihren Hund – konsequent ruiniert. Es gibt Brötchen – nur die obere Hälfte – mit Erdbeermarmelade morgens, Schnitzel zu Mittag, Sachertorte mit Schlagsahne zum Kaffee und Eierlikörpralinen vorm Fernseher. Nach fast zehn Jahren hat Rex kaum noch

Zähne oder Haare, stinkt aus dem Maul, und seine Beine, wegen Bauchumfangs, berühren kaum noch den Boden. Eines Morgens liegt Rex auf der Küchenbank – auf dem Rücken – und läßt sich die fünfte obere Brötchenhälfte, dick mit Butter und Erdbeermarmelade geschmiert, servieren. Plötzlich reißt der Sohn der Familie die Küchentür auf und ruft voller Enthusiasmus: »Rex, wir gehen Hasen jagen!« So verhält es sich – metaphorisch verschleiert – mit der Berliner Staatsanwaltschaft.

Ich glaube nicht, daß die amtierende Berliner Staatsanwaltschaft ein Ruhmesblatt in der Geschichte der Strafverfolgung hinterlassen wird. Sie selber glaubt das wohl auch nicht. Alleinschuldig sind sie an diesem Ruf nicht. In einer Stadt, wo Filz und Korruption bestimmend waren und immer noch sind, wollte die regierende Kaste keine effektive Strafverfolgung im Bereich Wirtschaftskriminalität. Sie hat aus dem Antes-Skandal der achtziger Jahre gelernt (wobei dieser Betriebsunfall eher auf einen einzigen Staatsanwalt, Hans-Jürgen Fätkinhäuer, und einen Polizeikommissar, Uwe Schmidt, zurückzuführen ist). Für die Oligarchie war es ein unglückliches Kapitel, das auf keinen Fall wiederholt werden sollte.

Elan ist sicherlich nicht eine der auffälligen Eigenschaften der Berliner Staatsanwaltschaft. Früher war ein Termin bei ihr eine eher peinliche Angelegenheit. Eine ganze Stunde Klagen über fehlende Ausstattung und unmögliche Arbeitsbedingungen mußte man sich anhören. Es stimmte auch. Man muß sich vorstellen, viele hatten keine Computer, also mußten sie ihre privaten Laptops mit zur Arbeit bringen. Es lagen Hunderte von Akten auf Regalen gestapelt, die von Hunderten von Fällen stammten, die abgearbeitet werden mußten. Das Ergebnis war dementsprechend. Aus schlechtem Gewissen hat man am Schluß sein Anliegen gar nicht erst vorgetragen. Doch immerhin gab es für die Staatsanwälte ein sicheres Gehalt und ein relativ ruhiges Leben.

Aus meiner Erfahrung mit Staatsanwaltschaften in der Bundesrepublik sieht es anderswo mit der Motivation – auch wenn sie technisch besser ausgerüstet waren – nicht viel anders aus. Wenn man an die Berufskollegen in Italien denkt, die dutzendweise im Dienst umgebracht wurden, fragt man sich: Was machen die deutschen Staatsanwälte so richtig oder die Italiener so falsch?

Karge, selber SPD-Mitglied wurde 1995 von der Großen Koalition nach Berlin geholt. Eine beeindruckende Karriere hatte er nicht hinter sich. Seine letzte Station, bevor er zum Generalstaatsanwalt der Hauptstadt ernannt wurde, war Leiter der Staatsanwaltschaft im verschlafenen Marburg. Er war sicherlich der richtige Mann für Berlins Große Koalition und Kleine Oligarchie. Peinlich war aber folgendes: Als die neuen Machthaber der Stadt, die SPD, sich im Jahr 2002 als eifrige Verfolger der Bankgesellschafts-Bösewichte zu profilieren versuchten, behauptete Karge öffentlich, daß die SPD schnelle Ergebnisse und publikumswirksame Verurteilungen krimineller Bankmanager wünsche, tatsächlich aber seien viele Straftaten längst verjährt, und die Materie sei außerordentlich kompliziert. Es war sonnenklar: Karge und seine Staatsanwaltschaft gehen nicht auf Hasenjagd – und wenn dazu gezwungen, endet das Unterfangen sowieso mit einem Herzinfarkt. Das weiß natürlich auch die SPD. Bloß der Generalstaatsanwalt soll so etwas nicht in die Öffentlichkeit tragen. Karge ist offensichtlich alt – schon über sechzig – und unbelehrbar. Deswegen mußte er weg. Im August 2002 ist er regelrecht vom Berliner Parlament abgewählt worden. Daraufhin hat er sich wieder ins Amt hineingeklagt. Dort sitzt er in seinem Büro und hat zunächst recht.

Anfang Februar 2003 hat Berlins gegenwärtige SPD-Justizsenatorin Karin Schubert, die Karge aus dem Amt unter anderem wegen seiner publikumswirksamen Behauptungen hieven wollte, öffentlich erklärt, was Karge schon längst vor ihr festgestellt hatte: Man solle nicht erwarten, daß die Berliner Staatsanwaltschaft auf Hasenjagd geht: »Die in jüngster Zeit erhobenen Vorwürfe gegenüber der Staatsanwaltschaft, die Ermittlungen gingen nicht zügig voran, entbehren jeder Grundlage. Es ist fatal, wenn ohne jede Kenntnis von der Arbeit der Staatsanwaltschaft oder vom Stand der Verfahren falsche Behauptungen aufgestellt werden.

In dem so umfassenden Verfahren Bankgesellschaft, das zu Recht ein außerordentliches öffentliches Interesse erfährt, ist niemandem damit gedient, wenn Anklagen ohne ausreichende Ermittlungsgrundlagen ›mit der heißen Nadel‹ gestrickt werden. Sorgfältige Arbeit ist hier Voraussetzung für rechtskräftige Verurteilungen und ›Schnellschüssen‹ in jedem Fall vorzuziehen.«

Über Karges schlimmstem Ausfall redet keiner – und es scheint auch keinen gestört zu haben. Ein wissenschaftlicher Mitarbeiter der PDS für den Bankgesellschaft-Untersuchungsausschuß im Berliner Abgeordnetenhaus hatte einen potentiell wichtigen Zeugen aufgetan, der daraufhin vorgeladen wurde. Der Zeuge, Engelbert Maus, war enger Mitarbeiter von Manfred Schoeps. Vor dem Auftritt von Maus hatte der PDS-Assistent den Hinweis erhalten, daß brisante Informationen zur Aufklärung der Unregelmäßigkeiten bei den Immobilienfonds der Bank auf Maus' Computer zu finden seien. Daraufhin wurde die Staatsanwaltschaft eingeschaltet.

Zur Beschlagnahmung von Maus' Computers kam es allerdings nicht. Karge, der kurz vor der Abwahl stand, benutzte diese Information, um den Untersuchungsausschuß und die Berliner Parlamentarier anzugreifen. Er beschwerte sich beim Rechtsausschuß des Berliner Parlaments, daß in diesem Fall der Untersuchungsausschuß auf die Ermittlungsarbeit der Staatsanwaltschaft politischen Einfluß nehme. Karge nannte Roß und Reiter. Durch seine Handlungsweise wußten nun so viele Personen von dem Fall, daß man davon ausgehen kann, daß Maus vorgewarnt war und entsprechend handeln konnte, was eigentlich wiederum überflüssig war, da die Staatsanwaltschaft angeblich nichts in dieser Richtung unternahm. In der Zwischenzeit hat der Untersuchungsausschuß entdeckt, daß Maus vielleicht die Nadel im Heuhaufen sei, die sie so lange suchten. Maus, als er vor dem Untersuchungsausschuß erschien, verweigerte übrigens die Aussage gemäß Paragraph 55 der Strafprozeßordnung – auch wenn es gar keine Ermittlung gegen ihn gibt.

Die Ermittlungen der Berliner Staatsanwaltschaft zum Fall Bankgesellschaft war von Anfang an unglücklich. Als die Bankenkrise durch den Skandal um Aubis und die Landowsky-Spende im Februar 2001 eingeläutet und die erste Strafanzeige gestellt wurde, war es der Oberstaatsanwalt Hans-Jürgen Dorsch, Leiter einer Wirtschaftsabteilung, der die Ermittlung koordinierte. Dorsch angeblich deswegen, weil er für Wirtschaftsdelikte mit den Buchstaben A bis H zuständig war, Fälle wie »Aubis« und die »Bankgesellschaft Berlin«. Ausgerechnet Dorsch! Denn Dorsch ist ein Staatsanwalt, der einen Ruf zu verteidigen hat.

Er machte sich bereits einen Namen, als er die Ermittlungen gegen den unglückseligen Leiter der gescheiterten Berliner Olympia-Bewerbung, Axel Nawrocki, einen CDU-Parteisoldaten, einstellte. Damals war die gesamte politische Prominenz Berlins in die Bewerbung verwickelt. Der politische Chef hieß Eberhard Diepgen. Der Bund der Steuerzahler Berlins stellte Ende August 1996 Strafanzeige gegen Nawrocki, die Verantwortlichen der Olympia GmbH, die die Bewerbung betrieben, und gegen die Verantwortlichen in der Senatskanzlei wegen Verschwendung öffentlicher Mittel. Die Strafanzeige basierte auf einem vernichtenden Bericht des Landesrechnungshofes. Am 30. Januar 1998, fast anderthalb Jahre später, stellte Dorsch die Ermittlung ein. Der Einstellungsbescheid spiegelt eine merkwürdige Ermittlung.

Günther Brinker, Vorsitzender des Berliner Bundes der Steuerzahler, gab sich damit nicht zufrieden. »Wir haben Beschwerde erst bei der Generalstaatsanwaltschaft, Hansjürgen Karge, und danach beim Justizsenator eingelegt – ohne Erfolg.«

Dorsch war auch für den Fall Karow-Nord zuständig. Ende 1998 wurde wegen Betrugsverdachts gegen die Firma »Industrie- und Wohnbau Groth + Graalfs GmbH« ermittelt. Die Firma hatte fragwürdige Rechnungen für den öffentlichen Straßenbau in Karow-Nord bei der Berliner Bauverwaltung eingereicht. Das Mammutprojekt Karow-Nord im Bezirk Weißensee ist eines der größten Wohnungsbaugebiete Europas. Das Projekt, das die öffentliche Hand mit 1,7 Milliarden Mark fördert, entwickelte eine Arbeitsgemeinschaft. Die »Industrie- und Wohnbau Groth + Graalfs GmbH« führt die Geschäfte dieser Arbeitsgemeinschaft. Eigentümer der Firma ist der Baulöwe Klaus Groth – bekannt als CDU-Mitglied, Diepgen-Berater, CDU-Parteigroßspender und Großkreditnehmer der Berlin Hyp. Das Land beauftragte die Arge unter anderen mit dem Bau von Straßen und Parks im Vertragsgebiet. Bei einer Überprüfung der Straßenbaupauschalen entdeckte die Berliner Bauverwaltung überteuerte Abrechnungen von über 20 Millionen Mark.

Belangt wurde Groth + Graalfs nur wegen der Verrechnung von rund drei Millionen Mark für das Abrechnen von Privatstraßen auf Kosten der öffentlichen Hand. Das Verfahren wegen Betruges zum Nachteil des Landes Berlin gegen den Prokuristen der Firma wurde am 20. Dezember 2000 vorläufig gegen eine Zahlung von nur 300.000 Mark von der Justiz eingestellt. Nur wenige Wochen davor wurde Eberhard Diepgen neben seinem Amt als Regierender Bürgermeister zum Justizsenator gekürt. Am 23. Februar 2001 wurden die Ermittlungen schließlich endgültig eingestellt.

Im »Tagesspiegel« erläuterte Oberstaatsanwalt Dorsch die Gründe. Da kein Geld geflossen sei – das gesamte Projekt befindet sich noch in der

Abrechnungsphase –, sei auch kein Schaden entstanden. Tatsächlich war es nie vorgesehen, daß Berlin überhaupt Groths Firma für die Arbeit bezahlen sollte. Vereinbart war ein kompliziertes Verrechnungssystem, wobei das Land sogar etliche Millionen von der Arbeitsgemeinschaft hätte erhalten sollen. Wegen der überteuerten Preise für den Straßenbau mußte das Land auf dieses Geld warten und wegen der ausgebliebenen Zahlung den Zins aufbringen.

Zu den eklatantesten Fällen von Dorsch gehört Dr. Jürgen Hanne. Heute lebt Hanne in Kanada – und schläft ruhig. Hannes Schulden von rund 150 Millionen Euro liegen bei der Bankgesellschaft Berlin – und gelten als notleidend. Rund 35 Strafanzeigen wurden gegen Jürgen Hanne bei der Berliner Staatsanwaltschaft gestellt – die Akten liegen und liegen und liegen, wenn sie nicht eingestellt werden.

Am 7. Mai 2000 flog Hanne one-way nach Calgary in Kanada. Das Telefon in Hannes Berliner Büro war abgemeldet. Daß Hanne eine solche Reise dringend nötig hatte, liegt unter anderem daran, daß er in den letzten Jahren über eine Milliarde Mark in Hotels und Seniorenresidenzen verbaut hatte. Dabei prellte er Tausende von Investoren um einen dreistelligen Millionenbetrag und hinterließ immense Schulden.

Als ich Anfang des Jahres 2001 bei der damaligen Pressesprecherin der Berliner Staatsanwaltschaft anfragte, hielt sie Hannes Aufenthalt in Kanada für unproblematisch. Schließlich habe er sich nicht »abgesetzt«. Ein besseres Wort fiel ihr leider nicht ein. »Sollte es jedoch notwendig sein«, erklärte sie mit der Selbstsicherheit einer preußischen Justizbeamtin, »könnten wir ihn zurückholen«. Doch, wie so oft, war die Berliner Staatsanwaltschaft nicht so gut informiert. So einfach ist das nicht. Hanne hat die kanadische Staatsbürgerschaft, und kaum ein Land dieser Welt liefert einen eigenen Bürger wegen Wirtschaftsdelikten aus. Diese Erfahrung machte inzwischen auch die Berliner Staatsanwaltschaft, die Hanne erneut mit einem internationalen Haftbefehl sucht – ohne Erfolg.

Wie Jürgen Hanne seinen Schulden und den Strafanzeigen entkam, ist eine höchst merkwürdige Geschichte. Am 21. März 2000, nur sechs Wochen, bevor Hanne seinen verlängerten Urlaub nach Kanada antrat, nahm ihn die Polizei am Zürcher Flughafen fest und überstellte ihn nach Berlin. Gegen Hanne lag schon der erste internationale Haftbefehl aus Berlin wegen Kapitalanlagebetruges in zwei Fällen und wegen versuchten Betruges zum Nachteil der Landesbank Berlin vor, die, wie die Berlin Hyp, Hanne ebenfalls Kredite gewährt hatte. Doch der Haftbefehl kam »zu spät«, konstatiert Rechtsanwalt Wolfgang Schirp, der selber Strafanzeige gegen Hanne stellte. Seine Kanzlei vertritt viele von Hanne geschädigte Investoren und ist dabei, für die Anleger ihre Ansprüche gegen den Fondvertreiber durchzusetzen. Wären die Ermittlungen nicht verschleppt worden, »hätte man Hanne an der Veruntreuung von weiteren Millionen hindern können«, so Schirp.

Rund fünf Wochen nach seiner Verhaftung, am 14. April 2001, stand Hanne schon vor dem Berliner Schöffengericht. Nicht einmal sechzig Minuten dauerte die Verhandlung. Das Urteil lautete 18 Monate Haft auf Bewährung. Die Berichterstatter vom »Tagesspiegel« und von der »Welt« waren der Meinung, daß es einen Deal zwischen der Staatsanwaltschaft und der Verteidigung gegeben hätte. Rechtsanwalt Schirp: »Ich war überrascht über diesen sogenannten Deal. Das ist ein außergewöhnlich niedriges Strafmaß für derart umfangreiche Betrugsfälle. Es war mir auch klar, daß sich Hanne ins Ausland absetzen würde.« Schirp hatte recht. Hanne verließ kurz darauf die Bundesrepublik. Das paßte einigen in der Stadt sogar gut ins Konzept. Zuständig für den Fall Hanne bei der Staatsanwaltschaft war der Oberstaatsanwalt Hans-Jürgen Dorsch.

Nun war Dorsch im Jahr 2001 als Leiter der »Sonderermittlungsgruppe Bankwirtschaft« für die Ermittlungen zu Aubis, zur Bankgesellschaft und ähnlichen Themen zuständig geworden. Justizsenator Diepgen wußte sicherlich, warum bei Dorsch die Sachen in besten Händen waren. Unklar bleibt die Motivation von Wolfgang Wieland von den Grünen, Diepgens Nachfolger als Justizsenator (er reagierte leider nicht auf meine telefonische Nachfrage), Dorsch als Leiter der Sonderermittlungsgruppe zu belassen. Ausgerechnet die Grünen, die wahrlich jahrelang gegen den Berliner Sumpf gekämpft haben. Hier war die Gelegenheit, bahnbrechend neue Wege einzuschlagen. Die Grünen haben dabei versagt. Nicht nur die Grünen, offensichtlich auch Dorsch, der Anfang März 2002 als Leiter der Sonderermittlungsgruppe abgelöst wurde. Es ist nicht so, daß Dorsch etwas falsch gemacht hätte, sondern so, daß er nicht eben übermäßig viel gemacht hat.

Eine Entscheidung in Dorschs Ermittlungsgruppe soll jedoch nicht in Vergessenheit geraten. Dafür haben meine Kollegen von der »Kontraste«-Redaktion Olaf Jahn, Susanne Opalka und Ursel Sieber dank hervorragender Recherche gesorgt. Laut »Kontraste«-Recherche erhielten am 19. September 2001 die Manager von Aubis, Klaus-Hermann Wienhold und Christian Neuling, Einblick in ihre Ermittlungsakten. In diesen Akten befanden sich einige Hinweise aus der Bank auf einen ehemaligen Aubis-Mitarbeiter, der wichtige Beweise zu angeblichen Betrügereien von Aubis gegen Geld an die Bankgesellschaft zum Verkauf angeboten hatte. Den jungen Mann hatte die Staatsanwaltschaft noch nicht vernommen. Zehn Tage nach dieser Aktenübergabe wurde der Ex-Mitarbeiter im Grunewald unter dubiosen Umständen aufgehängt gefunden.

Die »Kontraste«-Redakteure kamen zu dem Schluß, daß dieser Ex-Aubis-Mitarbeiter tatsächlich schwer belastende Unterlagen über Aubis besaß. Außerdem waren sie der Meinung, daß der angebliche Selbstmord seitens der Berliner Staatsanwaltschaft nie ordentlich aufgeklärt wurde. Auf Anfrage bei anderen Staatsanwaltschaften erfuhren sie auch, daß es unproblematisch gewesen wäre, für das Einsehen der Ermittlungsakten seitens der Aubis Geschäftsführer die Unterlagen zu dem früheren Aubis-Mitarbeiter herauszunehmen – es hätte nur Arbeit bedeutet.

Der neue Chef der staatsanwaltschaftlichen Sonderermittlungsgruppe Bankgesellschaft heißt Claus-Peter Wulff, auch er steht kurz vor der Rente, ist ebenso elan- und farblos wie Dorsch und Karge. Seit 1998 leitete er die Zentralstelle für »Korruptionsbekämpfung«. Wenn kaum jemand in Berlin jemals etwas von Wulff oder dieser Zentralstelle gehört hat, ist das kein Wunder. Sie waren nicht besonders erfolgreich bei der Sache.

Wulffs Auftritt vor dem parlamentarischen Untersuchungsausschuß war eine Sternstunde für Studenten der Psyche von Berlins Staatsanwaltschaft: Er erklärte zum Beispiel, warum man Staatsanwalt wird: »Als Beamter führt man ja ein Leben in gesicherter Armut.« Er stellte die Prozeßstrategie dar: »Es hat keinen Sinn, beispielsweise sich zu einem Gericht zu begeben, sei es auch zu einer großen Strafkammer, wenn wir dann dahin kämen mit fünf oder zehn oder 15 Angeklagten, weil jeder von denen drei Verteidiger haben kann, das sind dann also schon gegebenenfalls 30 Verteidiger. Wenn Sie zehn Angeklagte haben und wenn jeder von denen zehn Minuten redet, sind wir in fünf Stunden noch keinen Schritt weiter. Das hat also keinen Sinn. Deshalb werden wir das also in handliche Teile verpacken.« Wulff betont immer wieder, die Ermittlungsgruppe wolle nicht in »sinnlosen Aktionismus verfallen«. Deswegen haben sie sich entschieden, sich auf die Fälle Gardelegen/Bad Freienwalde und die Gehag-Fonds zu konzentrieren – in der Presse als »Promifonds« bezeichnet. In beiden Fällen geht es eher um Kleindelikte und nicht um die wahren Milliarden-Verbrechen der Bankgesellschafts-Manager und -Aufsichtsräte.

Wulff verfolgt zwei Fälle, die eher Lappalien sind, und schlimmer noch. Experten meinen, in diesen beiden Fällen habe die Staatsanwaltschaft kaum eine Chance. Doch sie sind klein und übersichtlich. Man gewinnt den Eindruck, daß die Berliner Staatsanwaltschaft sich gar nicht an die wichtigen Ermittlungen heranwagt, weil sie glaubten, daß sie sowieso deklassiert wird. Wie ein Amateur-Fußballverein, der beim DFB-Pokal gegen den FC Bayern antreten muß, weiß die Berliner Staatsanwaltschaft, das sie gegen die angeblich Besten vor Gericht stehen werden – Männer und Frauen, die sich nicht für eine gesicherte Armut entschieden haben. Dazu kommt ein weiteres Problem für die Staatsanwaltschaft. Die Gesetze in Deutschland sind nicht nur wirtschaftsverbrecherfreundlich, sie fordern förmlich White Collar Crime heraus. Die juristische Hürde zur Verurteilung eines Wirtschaftsverbrechens ist so hoch gesetzt, daß nur eine sehr erfahrene, hochmotivierte, dynamische, kampflustige, fast idealistische Staatsanwaltschaft hier eine Chance hätte – und das sind nicht unbedingt Eigenschaften, die auf die Berliner Staatsanwaltschaft zutreffen.

Ein typisches Beispiel für deren Vorgehensweise war die Reaktion auf die Beiträge in »Kontraste« und »Handelsblatt« von Olaf Jahn und mir zur Falschtestierung seitens der Wirtschaftsprüfer BDO im Fall IBG. Nach den Erfahrungen mit Enron in den USA, wo Unterlagen von Enrons Wirtschaftsprüfer, Arthur Andersen, fieberhaft vernichtet wurden, hätte Wulff die Unterlagen bei BDO sofort nach der Sendung beschlagnahmen lassen müssen. Das ist bis heute nichts passiert. Der Grund war einfach: Obwohl der Senat behauptet, er habe den Walther-Bericht an die Staatsanwaltschaft weitergeleitet, gab es gar keine Ermittlung. Statt dessen haben Wulff & Co. nach Veröffentlichung unserer Reportage ein Ermittlungsverfahren gegen Olaf Jahn und mich wegen Beihilfe zum Geheimnisverrat eingeleitet.

Damit hören die Peinlichkeiten aber noch nicht auf. Als ich am 14. Februar 2003 den Pressesprecher der Staatsanwaltschaft nach Ermittlungen in Sachen BDO frage, meint dieser, es gebe keine und habe nie welche gegeben. Merkwürdig. Offensichtlich folgte nach der Strafanzeige gegen Olaf Jahn und mich (2 StB Js 15/02), eine weitere Strafanzeige, dieses Mal gegen die Wirtschaftsprüfungsgesellschaft BDO. Laut einer »Übersicht der bei der Staatsanwaltschaft Berlin im Ermittlungskomplex Bankgesellschaft Berlin geführten bzw. abgeschlossenen Verfahren« des Generalstaatsanwalts bei dem Landgericht Berlin vom 3. Januar 2003 ist eine Ermittlung (2 StB Js 16 /02) aufgelistet – also unmittelbar nach der Einleitung der Ermittlung gegen uns. Zu der Ermittlung 2 StB Js 16 /02 heißt es weiter, »Falschtestierung von Bilanzen der BGB (Bankgesellschaft) durch BDO«. Diese Ermittlung wurde schnellstens – nach nur wenigen Wochen, am 30. September 2002 – eingestellt. Offensichtlich ist es um die Arbeit der Berliner Staatsanwaltschaft so bestellt: die Aufklärer werden verfolgt, die Täter nicht.

Ein Mann, der das besonders zu spüren bekommt, ist Jens Nagel. Obwohl Sohn des ehemaligen SPD-Bausenators, gilt er als äußerst integer und kompetent. Er hat auch für die Landesbank Berlin gearbeitet. Im Jahr 1996 hat er vehement gegen die Übernahme der viertausend Aubis-Plattenbauwohnungen in die Fonds der Bankgesellschaft argumentiert. Jens Nagel sagte dann am 8. Juni 2001 vor dem Berliner Untersuchungsausschuß zur Bankgesellschaft aus. Dort erklärte er, wieso die Berechnungen von Aubis nicht gestimmt hätten, und daß er seine Kritik damals vorgetragen habe. Nachdem er seine negative Einschätzung in der Bank vorbrachte, sei er wenig später von seinem Chef, Manfred Schoeps, von der Überprüfung des umstrittenen Kredits abgezogen worden, erklärte Nagel dem Untersuchungsausschuß, angeblich auf Drängen Landowskys. Daraufhin wurde er von Landowsky und den Aubis-Chefs Wienhold und Neuling wegen Falschaussage angezeigt. Die Ermittlung wurde nicht so schnell eingestellt wie bei der BDO, sondern läuft nun seit bald zwei Jahren immer noch. Damit setzt die Berliner Staatsanwaltschaft ein deutliches Signal.

Nicht daß eine Anklage seitens der Staatsanwaltschaft unbedingt erfolgreich wäre. Wie die Staatsanwaltschaft wurde auch die Richterschaft über Jahre gehegt und gepflegt. Das stellte man am Februar 2002 fest, als die beiden Geschäftsführer von Aubis, Klaus Wienhold und Christian Neuling verhaftet wurden. Am gleichen Abend noch hob der Richter, der den Haftbefehl genehmigt hatte, ihn wieder auf. Beide Männer befanden sich erneut auf freiem Fuß. Der Richter, erfuhr ich später, war ein ehemaliger Sprecher von Justizsenator Eberhard Diepgen. Unter dem Motto »Übung macht den Meister« verhaftete die Staatsanwaltschaft die beiden kurz danach wieder – und sperrten sie dieses Mal für einige Wochen ein. Danach wurden sie gegen eine Kaution von je 500.000 Euro auf freien Fuß gesetzt. Nun wartet man auf das Hauptverfahren. Das ist allerdings immer noch nicht in Sicht.

Wie die Staatsanwaltsschaft sollen auch die Berliner Gerichte überlastet sein. Es wird berlinweit gemunkelt, daß die Richter deswegen Vergleiche, die weniger Arbeit verursachen, vorziehen. Auch bei der Frage, ob ein Richter Karriere macht oder nicht, ist er von der Politik abhängig. Im Richterwahlausschuß, der für Einstellungen und Beförderungen der Richter zuständig ist, sitzen auch viele Vertreter der Politik.

Wenn man in Berlin verurteilt wird, sind die Urteile nicht unbedingt volksnah. Diese Tatsache wird mir immer wieder bei Presse-Prozessen vor Augen geführt. Am Landgericht Berlin ist die 27. Zivilkammer, Vorsitzender Michael Mauck, für Presserecht zuständig. Für den SFB-Dokumentarfilm »Pleite ohne Ende – Die Bankgesellschaft Berlin« hatten wir völlig legal vom öffentlichen Bürgersteig aus die Villa von Wolfgang Rupf in Königstein gefilmt. Kaum war der Film ausgestrahlt, erwirkten Wolfgang Rupfs Anwälte bei Maucks Kammer eine einstweilige Verfügung dagegen, diese Sequenz mit Villa auszustrahlen. Die Begründung: Jeder könnte anhand des Bildes die Villa aufsuchen und Rupf vielleicht etwas antun. Die Veröffentlichung des Bildes wäre vergleichbar mit der Veröffentlichung von Rupfs Adresse, argumentierten seine Rechtsanwälte. Die Richter dieser Kammer sind offensichtlich das, was man »Low-Tech-Menschen« nennt. Sie würden nach der Sendung – sollten sie Herrn Rupf etwas antun wollen – nach Königstein fahren und alle Straßen abfahren, bis sie Rupfs Villa gefunden hätten.

Andere Menschen würden einfach bei der Telefonauskunft anrufen und sich nach der Adresse von Dr. Wolfgang Rupf irgendwo in der Bundesrepublik erkundigen und gleich die Adresse bekommen – genau wie wir es gemacht haben. Das Kammergericht hob übrigens die einstweilige Verfügung auf. Doch neun Monate lang, als der Film aktuell war, durfte er nicht – ohne teure Überarbeitung – ausgestrahlt werden.

Das letzte Steinchen der Nicht-Aufklärung liegt beim Untersuchungsausschuß des Abgeordnetenhauses Berlin. »Untersuchungsausschüsse sind die gefürchtetsten und spektakulärsten Instrumente eines Parlaments. Sie werden zur Aufklärung von Vorkommnissen und Mißständen im Lande bestellt«, heißt es auf der Homepage des Berliner Abgeordnetenhauses. Sind sie das? Ich fragte bei allen Fraktionen an, ob das stimmt. Geantwortet haben zwei, Bündnis 90/Die Grünen und die CDU.

Barbara Osterheld, engagiertes Mitglied des gegenwärtigen Untersuchungsausschusses zur Bankgesellschaft, sieht die Aufgabe des Ausschusses nicht in der Verbreitung von Furcht und Schrecken, sondern: »Die Aufgabe besteht einerseits in der Aufarbeitung bestimmter Vorkommnisse, andererseits im Formulieren von Vorschlägen, wie diese Vorkommnisse künftig verhindert werden können.« Osterheld weist auf die Fleißarbeit, die den Untersuchungsausschußmitgliedern abverlangt wird, hin, womit sie übrigens hinreichend Erfahrung hat.

Die CDU, vertreten in diesem Fall von ihrem parlamentarischen Geschäftsführer Nicolas Zimmer, meinte: »Eine wesentliche Komponente des Untersuchungsausschusses ist die Möglichkeit, Sachverhalte öffentlich zu machen.« Zimmer sieht jedoch einen Haken: »Wenn aber die geschäftlichen Interessen eines Unternehmens die Beratungen in nichtöffentliche Sitzungen drängen, wichtige Zeugen nicht erscheinen oder sich wegen staatsanwaltschaftlicher Ermittlungsverfahren auf ihr Aussageverweigerungsrecht berufen, sind Zweifel an der Wirksamkeit angebracht.« Dazu muß man sagen, daß Zimmer, der als integeres Mitglied der Berliner CDU-Fraktion im Abgeordnetenhaus gelten kann, mit seinen dezidierten Stellungnahmen nicht immer die Meinung seiner Partei wiedergibt.

Der Untersuchungsausschuß ist völlig überfordert. Als Teilzeitparlament sollen die Abgeordneten zusätzlich zu ihrem Mandat einen festen Arbeitsplatz haben. Sie müssen sich um mehrere politische Aufgaben und Themen kümmern – zusätzlich zum Untersuchungsausschuß. Keiner von ihnen gilt als Bankexperte. Die Assistenten – die meisten mit einer halben Stelle oder anderen Aufgaben versehen – sind auch nicht aus der Finanzbranche. Es fehlt vollständig das notwendige Spezialwissen. Es gibt auch das alte Problem, daß Ausschußmitglieder sehr viel Eifer an den Tag legen, wenn es um eine mögliche Blamage der anderen Partei geht. Wenn die Beweislage den Ruf der eigenen Partei bedroht, erweisen sich dieselben Mitglieder eher als Blockierer.

Der gegenwärtige Untersuchungsausschuß zur Bankgesellschaft leidet nicht nur unter Überforderung, sondern auch unter einer Reihe von Behinderungen. Erstens, die Bank ist sehr zögerlich mit der Herausgabe von Unterlagen. Das nimmt bedrohliche Dimensionen an, sollte die Bankgesellschaft verkauft werden. Bei einer Privatbank wird der Ausschuß keinen weiteren Zugang zu Unterlagen haben. Der Steuerzahler kann Milliarden für das Mißmanagement der Bankgesellschaft aufbringen, aber ein Recht zu wissen, was in der Bank passiert ist, es erscheint den Bankmanagern als Zumutung.

Die Dokumente, die der Ausschuß von der Bank erhalten hat, sind geheim. Deren Inhalt darf der Ausschuß in seinem öffentlichen Abschlußbericht nicht erwähnen. Die Öffentlichkeit erfährt also wenig von der Wahrheit. Dasselbe betrifft die Zeugen, deren Aussagen in nichtöffentlichen Sitzungen stattfinden – wenn von einer Aussageverweigerung nicht Gebrauch gemacht wird. Am Ende wird nur ein kleiner Kreis von Abgeordneten den Abschlußbericht lesen können mit dem Ziel, die Fehler zu korrigieren oder Details zu ändern. Bloß bis dahin hat Berlin wahrscheinlich keine Bank mehr und wird nie wieder eine haben. In Kürze: Der Berliner Steuerzahler wird die wahren Ergebnisse des Untersuchungsausschusses nie erfahren.

Doch angesichts dieses einzigartigen Versagens der deutschen Demokratie gibt es Menschen, die nicht aufgeben. Wir finden sie am 19. Dezember 2002 im Raum 319 der Juristischen Fakultät der Humboldt Universität zu Berlin. Es hat sich ein kleiner Kreis zusammengefunden, bestehend aus Professor Albrecht Dehnhard, Verwaltungsexperte der Fachhochschule für Verwaltung und Rechtspflege, Mathilde Stanglmayr, Bankerin und Immobilien-Bewertungsexpertin, die sich die Mühe gemacht haben, viele der Immobilienfondsobjekte der Bankgesellschaft in Augenschein zu nehmen, Professor Markus C. Kerber, Privatdozent an der Technischen Universität Berlin und Spezialist für Finanzverfassungsrecht, Professor Hans-Peter Schwintowski, Bankenrecht-Experte der Juristischen Fakultät der Humboldt Universität, Achim Klaiber, wissenschaftlicher Assistent an der Humboldt Universität, und dem Fachanwalt für Steuerrecht Frank Rodloff. Der Raum, die Bibliothek des Instituts für Energie- und Wettbewerbsrecht in der Kommunalen Wirtschaft, ist klein und freundlich mit hellen Dielen, Holzregalen und -tischen und großen Fenstern zum Hof.

Eine Tasse Kaffee mit dem in Deutschland obligatorischen Keks gibt es nicht – weder Kaffee noch Keks. Auch kein Mineralwasser. Demokratie ist von Natur aus eigentlich sparsam. Unter eher spartanischen Bedingungen also sitzt um siebzehn Uhr an einem Freitagnachmittag dieser Expertenkreis zusammen, während die Bankmanager, Politiker und Staatsanwälte wahrscheinlich längst zu Hause, in der Kneipe oder bei einem Empfang sind. Die Teilnahme an dieser Sitzung ist freiwillig und unbezahlt.

Die Auseinandersetzung bleibt sachlich, sogar mit einem Schuß Humor – auch wenn es um die Bankgesellschaft geht. Jeder und jede weiß, wovon sie reden. Mir wird klar, warum sich normalerweise gesetzte, souveräne Banker und Wirtschaftsprüfer in irrationale Furien verwandeln, wenn es um Professoren geht. In dieser Professorenwelt geht es um eindeutige Gesetzeslagen und abgesicherte Auslegungen, weit entfernt vom unternehmerischen Geschäft des Ermessens und Abwägens. In diesem Spannungsfeld zwischen beiden Welten liegt die demokratische Vernunft – und die ist zur Zeit ziemlich aus dem Lot.

Der Expertenkreis, der an diesem Freitagabend in der Institutsbibliothek diskutiert, entspricht nicht dem Bild vom universitären Elfenbeinturm. Sie sitzen hier, weil sie besorgt sind. Sie machen sich Gedanken über die Zukunft Berlins. »Der Arbeitskreis versteht sich als Sprachrohr jener Menschen in unserer Stadt, die ebenso wie die Mitglieder des Arbeitskreises von der Krise der Bankgesellschaft völlig überrascht wurden und nun praktisch hilflos mit ansehen, wie der Berliner Senat im wesentlichen unter Ausschluß der Öffentlichkeit versucht, die katastrophalen Folgen der Bankkrise mehr schlecht als recht zu lösen. In der Öffentlichkeit drängt sich der Eindruck auf, als würde das Ausmaß der vom Land Berlin letztlich zu tragenden Risiken verschleiert und verniedlicht werden.« Sie wollen sich mit ihrer Besorgnis an die Öffentlichkeit wenden – und mögliche Lösungsansätze anbieten.

Bei einem Pressegespräch am 28. Januar 2003 – ohne Kaffee, Keks oder Mineralwasser – legt diese Gruppe, die sich »Wissenschaftlicher Arbeitskreis zur Bankgesellschaft Berlin« nennt, das Ergebnis ihrer Arbeit vor: »Zehn Thesen zur Überwindung der Bankenkrise«. Unter den Thesen befinden sich eine Reihe von Ansätzen zum Umgang mit verschiedenen Aspekten der unseligen Lage der Bank: Reduzierung der Rendite und Auszahlung an die Fondszeichner: Die Mietgarantien sollen auf ein marktübliches Niveau von fünf Jahren zurückgeführt, das Andienungsrecht abgeschafft werden. Sie argumentieren nach Paragraph 138 des Bürgerlichen Gesetzbuches in Bezug auf sittenwidrige Rechtsgeschäfte, da es für diese Garantien »keinerlei Rechtfertigung durch die Rechtsordnung gibt, da Marktrisiken in einer Marktwirtschaft gerade nicht vom Staat, sondern vom Investor selbst (hier dem Fondszeichner) getragen werden.« Der Kreis stellt außerdem wegen fehlenden unternehmerischen Risikos die zu den Fonds gehörenden Steuervorteile in Frage.

Eine Neubewertung der Garantiepflicht des Landes Berlin für ihre Landesbank und die Bankgesellschaft: Das Land Berlin dürfte keine Risiken, wie im Fall der Landesbank, übernehmen, ohne eine Obergrenze zu setzen. Die Haftung des Landes Berlin besteht nur für einen Teil der Verbindlichkeiten der Bankgesellschaft: Die Landesbank Berlin und die Bankgesellschaft Berlin haben Garantien übernommen, die nicht in Zusammenhang mit den öffentlichen Aufgaben einer Landesbank standen. die Bürgschaft ist damit rechtswidrig.

Die Unrechtmäßigkeit der Senatsermächtigung, die Risiken der Fonds und des Immobiliendienstleistungsbereiches der Bankgesellschaft zu übernehmen: Gemäß der Landeshaushaltsordnung Berlins darf das Land Garantien nur für Projekte, die voraussichtlich wirtschaftlich erfolgreich werden, gewähren.

Das Haftungs- und Strafrecht gilt auch für das Fehlverhalten der Politiker, wie zum Beispiel in den verschiedenen Aufsichtsräten der Bankgesellschaft und ihrer Teilbanken: Die Aufsichtsräte des Konzerns Bankgesellschaft, worin auch viele Politiker saßen, haben ihre Aufsichtspflicht durch nicht ausreichende Aufmerksamkeit verletzt. Gemäß Artikel 91 der Verfassung von Berlin existiert eine Schadenersatzpflicht.

Dazu geben sie einige Empfehlungen: das Offenlegen wichtiger Gutachten zur Bankgesellschaft gegenüber dem Wissenschaftlichen Arbeitskreis, um eine auch für die Öffentlichkeit greifbare und begreifbare Aufarbeitung zu ermöglichen; eine Verstärkung der Berliner Staatsanwaltschaft bei ihren Ermittlungen durch Staatsanwälte anderer Bundesländer und der Bundesanwaltschaft; eine Überprüfung, ob die von dem Senat geschaffene Controlling Gesellschaft für die abgeschirmten Risiken eine effektive Lösung ist; die Anwendung einer sachgerechten Bewertungsmethode zur Erfassung der Risiken, die das Land Berlin von der Bankgesellschaft übernommen hatte; und zu guter Letzt fragen sie nach dem möglichen Fehlverhalten und der Haftung der Wirtschaftsprüfungsgesellschaft und des damaligen Bundesaufsichtsamt für das Kreditwesen.

Hinter diesen sachlichen Punkten steckt eine klare Aussage: Sämtliche verantwortlichen Institutionen Berlins und der Bundesrepublik haben kläglich versagt und, schlimmer noch, dieselben Institutionen versuchen heute, diese Fehler zu kaschieren.

Aus diesen und anderen Kreisen ist eine äußerst radikale Lösung vorgeschlagen worden: die Insolvenz der Bankgesellschaft. Wenn in Deutschland jemand nachhaltig mehr Geld ausgibt, als er einnimmt, dann gibt es zwei Handlungsalternativen: Geld nachschießen, bis es reicht, und wenn es niemals reicht, Geld nachschießen bis zum St. Nimmerleinstag; oder Konkurs. Die erste Handlungsalternative besteht für private und kaufmännisch Handelnde in Wahrheit nicht, für sie gibt es nur den Konkurs. Wir haben gesehen, daß die Bankgesellschaft mehrfach konkursreif war. Gleichwohl hat es zu keinem Zeitpunkt die Handlungsalternative »Konkurs« gegeben; ja: Sie ist nicht einmal ernsthaft erwogen worden, und sie wird es heute nicht.

Die Konkursvariante wurde im Jahr 2001 verspielt. Sie ist aber auch heute trotz der Risikoabschirmung nicht unmöglich, jedenfalls nicht für die Zukunft. Denn wenn der Gesetzgeber das Gesetz, das eine Risikoabschirmung für die Zukunft verspricht, für die Zukunft wieder beseitigt, dann sind jedenfalls zukünftig fällig werdende Ansprüche nicht mehr risikoabgeschirmt. Dann stellt sich – nur eben zwei oder mehrere Jahre und viele Millionen, die noch verballert wurden, später – die Frage erneut: Will und muß der Berliner Landeshaushalt bis ans Ende aller Tage jeden, aber auch wirklich jeden durch faule Verträge zustandegekommenen Anspruch erfüllen helfen, selbst die Ansprüche derjenigen, die die Geldverschleuderungsmaschine in Gang gesetzt, erfunden und fortlaufend geschmiert haben?

Andere bemühen sich um Schadenersatz. Der Berliner Rechtsanwalt Peter Ackermann überlegte sich Anfang Juni 2000, Aktien der Bankgesellschaft zu erwerben. Wie man es von einem engagierten Aktienkäufer erwartet, informierte er sich über das Geldinstitut. Eingehend studierte er also den neuesten Geschäftsbericht der Bankgesellschaft für das Jahr 1999 und besorgte sich die Rede des Vorstandsvorsitzenden der Kreditanstalt, Wolfgang Rupf während der Hauptversammlung der Bank am 9. Juni 2000. Auf Grundlage dieser Informationen kam Herr Ackermann zu dem Schluß, daß die Bankgesellschaft ein professionell geführter, in jeder Beziehung gut aufgestellter Bankkonzern mit einheitlicher Führung, guter Substanz und hoher, stabiler Dividendenrendite wäre. Daraufhin kaufte er Aktien der Bankgesellschaft – Aktien, die heute fast wertlos sind.

Mit Recht fragt sich Ackermann, wie so etwas passieren kann. Der von ihm intensiv studierte Geschäftsbericht, dessen Zahlenwerk und Inhalt die Wirtschaftsprüfungsgesellschaft Price Waterhouse Coopers geprüft hatte, stammte vom März 2000. Rupfs Rede vor der Hauptversammlung folgte am 9. Juni 2000. Einige Monate später, Anfang 2001, stand die Bankgesellschaft aber schon vor der Insolvenz.

Ackermann verklagte die Bankgesellschaft und ihr Vorstandsmitglied Nobert Pawlowski auf Schadenersatz. Er hätte außerdem auch Price Waterhouse Coopers und andere Manager oder den Aufsichtsrat verklagen können, »aber das treibt die Kosten nur in die Höhe. Wir brauchen erst ein positives Urteil, dann können wir weitersehen«, erklärt Ackermanns Anwalt Dirk Fischer.

Auf sechsundvierzig Seiten führt Fischer eine brillante und sachkundige Argumentation. Mit Zitaten aus dem Lagebericht der Aktiengesellschaft und dem Konzernlagebericht deckt er ein Szenario vorsätzlicher Täuschung auf. Wie heißt es dort aus offiziellem Munde so schön: »Professionelles Management sowie verantwortungsvoller und ergebnisbewußter Umgang mit Risiken wurden im Konzern Bankgesellschaft Berlin als Voraussetzungen für eine erfolgreiche Umsetzung unserer Geschäftspolitik und strategischen Planungen angesehen. Um dies zu realisieren, wurde bereits in den letzten Jahren ein komplexes internes Überwachungssystem eingerichtet.«

Wenn man sich den tatsächlichen Umgang mit den Fondsrisiken, die Immobilienverlagerungen, die schier endlosen Kredite an Berlins Baulöwen und Pawlowskis Controlling-Desaster betrachtet und wenn man dann noch bedenkt, daß die Bankgesellschaft auf ihrem »ergebnisbewußten« Weg irgendwo 15 Milliarden Euro Minus gemacht hat, kann einem die eben zitierte Selbstdarstellung der Bankgesellschaft möglicherweise mehr als nur leicht geschönt vorkommen. Die Stellungnahme von Ackermanns Rechtsanwalt ist auch mit einer Reihe von Zitaten aus Rupfs Rede vor der Hauptversammlung gespickt – einer Rede, die beim Durchlesen aus heutiger Sicht äußerst amüsant wirkt: »Die Risikolage des Konzerns ist beherrschbar«, »Die Risikovorsorge des Jahres 2000 wird unter der des Vorjahres liegen«, oder zur IBG: »Die Verdächtigungen und Spekulationen über Milliardenverluste neuer bisher unbekannter Risiken, insbesondere im Zusammenhang mit den Immobiliengeschäften im Konzern, werden zurückgewiesen.«

Fischers Schwierigkeiten liegen nicht darin, die Täuschung nachzuweisen, sondern das Gesetz zu finden, das seinen Mandanten vor solcher Täuschung schützt und Schadenersatz zubilligt. In der Bundesrepublik tendieren die Gesetze eher dahin, die Anleger bei Betrugsfällen im Stich zu lassen oder – anders gesehen – kriminelle Manager zu schützen.

Es gibt zwar die Prospekthaftung, das heißt man darf beim Verkauf einer Anlage den Kunden nicht falsch informieren. Dies gilt jedoch bei börsennotierten Aktien grundsätzlich nur bei der Emission, beim Erstverkauf also. Doch Aktien werden und sollen nach der Emission weitergehandelt werden. »Es kann jedoch nicht sein, daß eine Bank in Geschäftsberichten vorsätzlich falsche Angaben macht, um dann nicht dafür zur Verantwortung gezogen zu werden«, meint Fischer. Dieser Auffassung scheint auch die 23. Zivilkammer am Berliner Landgericht zuzuneigen. Sie hat zumindest nicht sofort die Klage abgewiesen und erklärte: »Die Kammer kann sich dabei nach wie vor eine allgemeine Vertrauenshaftung der Gesellschaft für deren Geschäftsberichte unter engen Voraussetzungen vorstellen.« Fischer ist auf jeden Fall »angenehm überrascht«. Doch einen Sieg hat er noch lange nicht errungen. Für ein Gericht setzt ein solch bahnbrechendes Urteil viel Engagement und Mut voraus – und das sind nicht unbedingt die selbstverständlichen Qualitäten Berliner Richter. Die Kammer hat sich auch gleich eine Hintertür offen gelassen, indem sie in ihrem Beschluß anmerkt, sollte eine Haftung aus einem fehlerhaften Geschäftsbericht festgestellt werden, könnten »nahezu alle Gesellschafter die Gesellschaft verklagen« und »dies zu einer uferlosen Haftung der Gesellschaft und damit zu deren Wertschmälerung führen, was letztlich wiederum alle, auch und gerade die nicht klagenden Gesellschafter, durch fallende Börsenkurse schädigen würde«. Gäbe es nicht eine solche besonders kluge Richterlogik, müßten Wirtschaftsbetrüger in der Bundesrepublik ein kümmerliches Dasein fristen. Der Prozeß zieht sich vermutlich hin – wahrscheinlich über Jahre –, und die Ansprüche der anderen Aktienbesitzer werden dann längst verjährt sein. Ein anderer Zivilprozeß betrifft die Berlin Hyp und ihre Kreditgeschäfte mit Jürgen Hanne – in Zusammenhang mit dem Fonds Voltairepark, der im Jahr 2002 Insolvenz anmeldete. Die beiden Berliner Rechtsanwälte Peter Apel und Wolfgang Schirp konnten ein Urteil wegen Schadenersatzansprüchen gegen die Initiatoren und den Vertrieb erfolgreich erstreiten und für die getäuschten Anleger Geld zurückholen.

In zwei Schadenersatzklagen gegen die Berlin Hyp waren die beiden Anwälte in der ersten Instanz hingegen nicht erfolgreich, da das Landgericht Berlin eine Haftung der Berlin Hyp ablehnte. Das Gericht war der Auffassung, daß der Bank kein Schädigungsvorsatz nachzuweisen sei und die Anleger ein Mitverschulden treffe. Darüberhinaus sei keine Kausalität zwischen schädigender Handlung und Schaden ersichtlich. Ferner sei nicht erkennbar, worin der Schaden liegen solle. Die Anwälte sind der Auffassung, daß diese Urteile angreifbar sind, und haben jeweils Berufung eingelegt. Mit einer Entscheidung des Berufungsgericht ist allerdings voraussichtlich erst Mitte 2004 zu rechnen.

Auch die Bankgesellschaft Berlin prozessiert – gegen ihre früheren Manager, Wirtschaftsprüfer und andere. Man fragt jedoch nach der Seriosität dieser Bemühungen. Es laufen Dutzende von Prozessen. Einige gegen Manager, deren einziges Verbrechen es war, zu viel über die Machenschaften ihrer Chefs zu wissen. Viel Erfolg gab es bisher sowieso nicht, dafür aber reichlich Kosten. Im Zusammenhang mit den Untersuchungen bezüglich möglicher Regreßansprüche gegen Wirtschaftsprüfungsgesellschaften erhielt die Bankgesellschaft am 17. September 2002 eine Zwischenrechnung über 396.000 Euro. Der Rechnungsbetrag konnte auf dem Verhandlungswege auf 255.000 Euro reduziert werden. Bei diesen Untersuchungen geht es um die Bewertung der Tätigkeit von Wirtschaftsprüfungsgesellschaften, vermutlich im Bereich der Berlin Hyp und Landesbank Berlin. Für die Verfahren gegen ausgeschiedene Vorstandsmitglieder sind zum Beispiel nur für den Zeitraum von 1. Januar bis Ende August 2002 Anwaltskosten in Höhe von 742.000 Euro angefallen. Für Arbeitsgerichtsverfahren von Beschäftigten der Bank, mit Ausnahme von Vorstandsmitgliedern, mußte der Konzern rund 263.000 Euro im Jahr 2002 bis einschließlich 25. Oktober bezahlen. Für diesen Abschnitt vom Jahr 2002 sind das also insgesamt schon fast 1,3 Millionen Euro.

Bisher muten die juristischen Bemühungen der Bankgesellschaft eher chaotisch an – Kritiker reden sogar von Gefälligkeitsaufträgen an mit dem Vorstand befreundete Kanzleien. Merkwürdigkeiten häufen sich. Wie kann die Bankgesellschaft gegen Rupf und Landowsky juristisch vorgehen, während Norbert Pawlowski und Johannes Evers, die an vielen gemeinsamen fragwürdigen Entscheidungen beteiligt waren, heute immer noch als ehrenwerte Vorstandsmitglieder der Bankgesellschaft fungieren? Wie könnte die Bank Schadenersatz von der Wirtschaftsprüfungsgesellschaft BDO verlangen, wenn Price Waterhouse Coopers als Bankgesellschaft-Konzernprüfer die BDO-Prüfergebnisse akzeptiert hat und heute noch den Konzern prüft?

Trotz aller eingeleiteten oder vorbereiteten Klagen der Bankgesellschaft brauchten sämtliche Manager und Aufsichtsratsmitglieder zunächst keine Angst vor Schadenersatzforderungen zu haben. Sie sollten für ihre Fehler nicht bezahlen müssen. Die Bankgesellschaft hatte über Jahre auf eigene Kosten teure Vermögensschadenshaftpflichtversicherungen für Mitglieder der einzelnen Organe bei der Firma Chubb Insurance Company in Düsseldorf abgeschlossen. Mit dieser Police hat die Bank ihre eigenen Manager und die Aufsichtsratsmitglieder vor den finanziellen Konsequenzen ihres Fehlverhaltens geschützt. Die Versicherung bezahlt nicht nur den Rechtsschutz, die Anwalts- und Gerichtskosten, sondern auch den Schadenersatz. Doch am 10. Januar 2003 schrieb Chubb an den Vorstand der Bankgesellschaft und kündigte jeglichen Rechtsschutz für Bankgesellschafts-Manager »wegen arglistiger Täuschung«. Die Versicherung schreibt weiter: »Als rechtliche Folge des Rücktritts und der Anfechtung ergibt sich die Unwirksamkeit des Versicherungsvertrages von Beginn an.« Damit wird eine neue Prozeßlawine losgetreten – mit neuen Anwaltskosten für die Bankgesellschaft.

Trotz aller öffentlichen Äußerungen von Justizsenatoren, Generalstaatsanwälten, Oberstaatsanwälten und Politikern ist die tatsächliche

Frage nicht, wann Anklage gegen die Bankmanager, Aufsichtsräte, Wirtschaftsprüfer und andere erhoben wird, sondern ob überhaupt Anklage erhoben wird.

Ein britischer Richter erklärte im Jahr 1923: »Verbrechen sollten nicht nur bestraft werden, sondern sollten auch sichtbar und eindeutig bestraft werden.« In der Bundesrepublik (und besonders in Berlin) ist es anders: Verbrechen und Manipulationen im Dunstkreis von Politik und Geld sollten nicht nur nicht bestraft werden, sondern sie sollten auch sichtbar und eindeutig nicht bestraft werden, so daß niemand es in der Zukunft als lohnendes Ziel ansehen kann, solchen Verbrechen auf die Spur zu kommen und sie an die Öffentlichkeit zu bringen.

Epilog

Wo bleibt die Gerechtigkeit, und wo liegt der Sinn?

Die Bankgesellschaft Berlin war schon bei ihrer Gründung eine Fehlkonstruktion. Allerdings eine Fehlkonstruktion mit System. Das Geldinstitut war ein Instrument, mit dem Berlins Beutegemeinschaft zur Großwildjagd aufbrechen wollte. Es war ein fundamentloses, von Pfuschern zusammengezimmertes Bankhaus, das den architektonischen Prinzipien der Inkompetenz und Großmannssucht folgte. Dazu kam zu guter Letzt ein Anstrich von Täuschung und Vertuschung.

Sämtliche Kontrollinstanzen – Senat, Aufsichtsräte, das Bundesaufsichtsamt für das Kreditwesen und die Wirtschaftsprüfungsgesellschaften haben nicht nur versagt, sie haben schon in der Bauphase mitgearbeitet, später ihr eigenes Handwerk begutachtet und für gut erklärt. Der Zusammenbruch dieses Geldinstituts resultierte weniger aus unternehmerischen Risiken denn aus kollektiver Verantwortungslosigkeit.

Die Bankgesellschaft ist kein Sonderfall. Sie ist nur vielen anderen Banken fünf Jahre voraus. Bei anderen Geldinstituten werden die Namen der Bankmanager, Aufsichtsratsmitglieder und Politikern anders lauten, doch die Wirtschaftprüfungsgesellschaften und verschiedene Kontrollinstanzen werden dieselben sein. Die Strukturen auch.

Was das Land Berlin betrifft, geht es hier nicht nur um eine Bank. Das Land hat viele Bankgesellschaften. Sie heißen städtische Wohnungsbaugesellschaften, öffentliche Wohnungsbauförderungen, Eigenbetriebe, Beteiligungen, und die Liste setzt sich fort. Alle korrumpiert durch die Politik und ihre Seilschaften. Die Rechnungen werden scheibchenweise – genau wie bei der Bankgesellschaft – auf den Tisch kommen.

Über die potentiellen Milliarden-Kosten der Bankgesellschaft für das Land Berlin wird viel spekuliert. Auffällig wenig wird von den menschlichen Kosten gesprochen. Mit 16.000 Mitarbeitern war die Bankgesellschaft Berlin einer der größten Arbeitgeber der Stadt. Ein Viertel der Stellen soll abgebaut werden – wahrscheinlich ist das nur der Anfang. Das sind 4000 Existenzen – viele mit Familien. Darüber redet man hierzulande nicht. Doch in Berlin ist das nur die Spitze des Eisbergs.

Für das Land Berlin wird die Politik der letzten Jahrzehnte verheerende Auswirkungen haben. Es geht um Hunderttausende von Existenzen. Dabei geht es nicht nur um Arbeitsplätze, sondern um die Lebensqualität der Stadt. Man wird es in der Bildung, im Sozialbereich, in der Kultur, beim öffentlichen Verkehr und bis in jeden Winkel des alltäglichen Lebens spüren. Diese Metropole befindet sich im wirtschaftlichen freien Fall mit all den dazugehörenden Konsequenzen. Dadurch werden die gesellschaftlichen Strukturen Berlins wie eine Strickdecke aufgerippelt. Zurückbleiben wird ein kulturloses Armenhaus.

Am Schluß wird die Hauptstadt die gleichen Kennzeichen wie die anderer Städte der neuen Bundesländer haben: Bevölkerungsabwanderung, Überalterung und ein Verkommen der Stadt. In Berlin wird man keine Zukunft finden, nur Schulden.

Die Klüngelpolitik Berlins ist wahrlich nicht einzigartig in Deutschland. Es gibt sie überall in der Bundesrepublik. Jahrelang hat die deutsche Oligarchie wie die Made im Speck gelebt. Doch die Maden sind über Jahrzehnte größer und fetter geworden – der Speck hingegen weniger. Das Boot Deutschland liegt so tief im Wasser, nicht weil es zu voll ist, sondern weil die notwendigen Investitionen, Reparaturen und die Instandsetzung zu lange vernachlässigt wurden, wodurch es heute an unzähligen Stellen leckt – und nicht erst seit der Schröderdämmerung.

Überall in Deutschland findet man Verkrustung – in der Politik, der Wirtschaft, der Justiz, der Kultur, den Medien. Man braucht nur die Augen aufzumachen, um den Zustand zu erkennen. Die einzigen, die Interesse daran haben, diese zum sicheren Niedergang verurteilten Strukturen aufrechtzuerhalten, sind die Profiteure – und sie werden immer gieriger.

Die Deutschen klammern sich an ihre verkrusteten Dogmen. Sie glauben immer noch daran, daß eine christlich demokratische Partei christlich und demokratisch, daß eine sozialdemokratische Partei sozial und demokratisch sei. Sie meinen, Gewerkschaften vertreten die Rechte der Arbeitnehmer, merken aber nicht, daß sie heute die Vorteile ihrer privilegierten Mitglieder gegen allen anderen durchsetzen. Sie sind überzeugt, daß öffentliche Betriebe in ihren Interessen handeln und registrieren nicht, daß die meisten durch und durch korrumpiert sind und ihnen horrenden Schaden zufügen.

Gore Vidal hat über die Vereinigten Staaten gesagt: »Wir haben nur eine Partei mit zwei rechten Flügeln.« Diese Einschätzung ist auf die Bundesrepublik übertragbar. In Deutschland herrscht eine Partei mit vier rechten Flügeln und einer fünften Partei, die gern dazu gehören möchte – was sie allen am 9. April 2002 in Berlin bei der Abstimmung über die Risikoabschirmung der Bankgesellschaft bewies. Und der Bundestag fungiert eher als Kulisse für eine Fernseh-Soap namens »Deutsche Demokratie« oder als Casting-Bühne für die vielen Talkshows, die händeringend nach neuen Gesichtern suchen – und doch immer nur dieselben auf den Laufsteg schicken.

Der Niedergang der Bankgesellschaft ist für die Bundesrepublik eine Offenbarung. Deswegen hat die deutsche Macht- und Geldelite so viel Interesse daran, daß der Niedergang dieses Geldinstituts niemals wirklich aufgeklärt wird.

Der holländische Humanist Erasmus von Rotterdam hatte schon um 1500 das Problem erkannt – und trotz fünfhundert Jahren Erfahrung und einem neuen Millenium sind wir heute nicht ein kleines bißchen weiter: »Stiehlt einer ein Geldstück, dann hängt man ihn. Wer öffentliche Gelder unterschlägt, wer durch Monopole, Wucher und tausenderlei Machenschaften und Betrügereien noch so viel zusammenstiehlt, wird unter die vornehmen Leute gerechnet.«